起马局

战术运用

象棋大师实战集锦

方长勤　编著

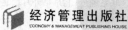

经济管理出版社

ECONOMY & MANAGEMENT PUBLISHING HOUSE

图书在版编目(CIP)数据

起马局战术运用:象棋大师实战集锦/方长勤编
著.—北京:经济管理出版社,2011.5
　ISBN 978－7－5096－1489－1

　Ⅰ.①起… Ⅱ.①方… Ⅲ.①中国象棋－布局
(棋类运动) Ⅳ.①G891.2

中国版本图书馆 CIP 数据核字(2011)第 099063 号

出版发行:*经济管理出版社*

北京市海淀区北蜂窝 8 号中雅大厦 11 层
电话:(010)51915602　　　邮编:100038
印刷:文阁印刷厂印刷　　　　经销:新华书店

组稿编辑:郝光明　　　　责任编辑:郝光明　郑学文
责任印制:杨国强　　　　责任校对:蒋　方

880mm×1230mm/32　　　9.75 印张　　281 千字
2011 年 8 月第 1 版　　　2011 年 8 月第 1 次印刷

定价:21.00 元

书号:ISBN 978－7－5096－1489－1

前　言

　　近年来，象棋布局得到不断的创新和发展，已在系统化和战略化上走向更高的层次。因此，对于布局的研究具有重要的指导性和实际意义。青少年棋手及自由职业棋手要在整体上提高技术水平，就必须学好各种布局体系，牢记各种主要变化，掌握变化规律，并在理论上有所认识，才能在实战中取得好成绩。

　　起马局是当前全国大赛中流行的布局之一。它大打散手仗，没有一定的规范，战略战术灵活，变化深奥，出奇不意的攻击随时出现。为了更好地掌握这种布局，现从象棋大师们近年来的对局中选出典型局例，加以述评，通过对局中的得失，使读者更好地吸取其精华，在实战中发挥得更加出色。

方长勤

2010 年 12 月 31 日于北京

目　录

第一章　起内马局对各种应法

（第1～150局）

第1局　李来群胜张元启

1. 马八进七　卒3进1　　　　2. 兵三进一　马2进3
3. 马二进三　车1进1　　　　4. 车九进一　车1平7
5. 马三进二　马8进9

红方运用起马局，意欲保持局面稳健，准备较量中残局功力。

6. 车九平六　卒7进1

可炮8平6，较为工稳。

7. 炮二平三　炮8平7

可车9平8，马二进一，炮8进5，兵三进一，车7平8，相三进五，前车进2，兵一进一，前车平9，兵一进一，车9平6，黑方好走。

8. 马二进一　卒7进1　　　　9. 炮三进五　炮2平7
10. 车六进六　马9退8　　　11. 车六平七　车9进3
12. 车七进二　车7平2

经过子力交换，红方多得一象，黑方过河一卒，形成各有千秋之势。

13. 炮八平九　卒5进1
14. 车一平二（图1）　车2进6

如图1所示，红方抢先出动右车，加强对黑方的攻击，正确。如车七退四吃卒，炮7平5，车一平二，马8进7，红方不占便宜。

15. 马七退五　炮7平5

平中炮抢攻，力求先发制人。

16. 马五进六　炮5进4

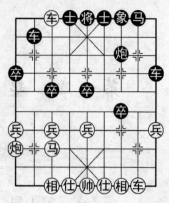

红方先跃出窝心马，可以施展对杀，如车二进九贪吃马，将陷入被攻之中。举例如下：车二进九，炮5进4，马五进六，卒5进1，马六进七，车9平4，马七退五，车4进5，黑胜。

图1

17. 马六进七　车2平5

18. 仕六进五　车5平3

如车5平8捉车，炮九平五，车8进2，马七进六，将5进1，车七退一，将5进1，马六退五，红方胜势。

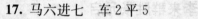

19. 仕五进六　车3平4	**20. 车二进三　车9平4**

21. 炮九退二　前车平5

如前车平3要相攻杀，车二平五，车3进2，帅五进一，车3退1，帅五退一，车4进5，车五进二，士6进5，车五进三，将5平6，车五进一，将6进1，车七退一，将6进1，车五平四，红胜。

22. 仕四进五　车5平3	**23. 仕五进六　车3进2**
24. 帅五进一　车3平1	**25. 车二平五　车4进1**

26. 马七退六　车4平2

如象7进5，马六进五，马8进6，黑方还可应付。

27. 车五进二　车2平5	**28. 马六进五　车1退1**
29. 帅五退一　车1进1	**30. 帅五进一　车1退1**
31. 帅五退一　车1进1	**32. 帅五进一　车1平6**
33. 相三进五　车6退8	**34. 马五退三　马8进9**

红方多兵，胜势难以动摇。

35. 车七退四　车6平4	**36. 兵七进一　车4进6**
37. 车七平五　士4进5	**38. 兵七进一　马9进7**

39. 车五平六　车4平1　　　　**40.** 马三进四　车1进1

41. 师五退一　车1进1　　　　**42.** 相五退七　象7进5

43. 马四进三　马7退6　　　　**44.** 车六平四　士5进6

45. 车四进二　将5进1　　　　**46.** 师五平四

第2局　庄玉庭胜宇兵

1. 马二进三　卒7进1　　　　**2.** 兵七进一　马8进7

3. 马八进七　车9进1　　　　**4.** 炮八平九　车9平3

红方平边炮，力争尽快出动左车。如车九进一，车9平3，炮二进四，马7进8，马七进六，象3进5，车一进一，形成另一路攻守变化。

5. 炮二进四　马7进6

跃马河口，伏下卒7进1的反击。如卒3进1，炮二平三，卒3进1，炮三进三，士6进5，车一平二，黑方失象过卒，形势显然不利。

6. 车九平八　象3进5　　　　**7.** 车八进五　马6进7

黑方进马避捉，只好如此应对。如卒3进1，兵七进一，卒7进1，炮二平九，卒7进1，兵七进一，红占优。

8. 炮二平三　卒7进1　　　　**9.** 车一平二　车3平6

10. 车二进六　卒9进1　　　　**11.** 马七进六　马2进4

12. 马六进四　车6平7

平车力解中象之危。如车6进2，炮九平四，卒7平6，马四进六，卒6平7，炮三平五，车6平5，车二平五，马4进5，马六进七，将5进1，马七进九，红方大占优势。

13. 炮九退一　卒7平6　　　　**14.** 炮九平三　马7退6

红方平炮攻击黑马，兑子之后，黑方左路会出现弱点，再乘势吃去过河卒，由此加大了攻击力。

15. 车八平四　车7平9

16. 马三进四　炮8平7（图2）

如图 2 所示，可炮 8 平 9，不给红方乘势进攻的机会。

17. 前炮进三　象 5 退 7

红方乘机运炮打象，形成双车马炮的强大攻势，黑方防不胜防。

18. 炮三进八　士 6 进 5

19. 车二进三　炮 7 平 6

20. 马四进六　炮 2 退 2

退炮加速失败。如车 9 平 7，炮三平六，炮 6 退 2，马六进五，仍难防守。

21. 炮三平六

红方得车，胜局已定。

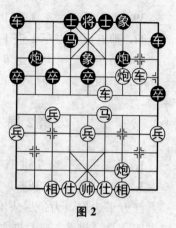

图 2

第 3 局　陈寒峰胜龚晓民

1. 马八进七　卒 3 进 1　　　**2.** 兵三进一　马 2 进 3

3. 马二进三　车 1 进 1　　　**4.** 车九进一　车 1 平 7

平车 7 路，准备兑卒争先。如象 7 进 5，局势相对平稳。

5. 炮八进四　卒 7 进 1　　　**6.** 炮八平七　卒 7 进 1

过河 7 路卒，和红方对抢攻势。如象 7 进 5，车九平八，炮 2 平 1，兵三进一，车 7 进 3，马三进四，红方仍持先手。

7. 炮七进三　士 4 进 5　　　**8.** 车九平八　卒 7 进 1

9. 马三退五　炮 2 退 2　　　**10.** 兵七进一　卒 3 进 1

11. 炮七退一　士 5 退 4

红方先兑兵，然后再退炮捉车，灵活有力。

12. 炮七退四　车 7 进 3　　　**13.** 马七进六　马 8 进 7

14. 炮二平五　车 9 进 1

15. 车一平二（图 3）　车 7 平 4

如图 3 所示，红方出右直车捉炮，是抢先之着，由此更加有力地控制了局势。以下黑方如马 7 进 8 打车，马六进五，马 3 进 5，炮七进五，士 4 进 5，炮五进四，将 5 平 4，炮七退一，红占优势。

16. 马五进七　马 7 进 8

红方进马保马，加强防守力量。如车二进七兑子，车 4 进 1，车二平三，车 9 平 4，马五进七，前车平 3，红方无好处。

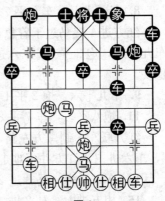

图 3

17. 炮五平二　炮 2 进 2

18. 车八进五　卒 7 进 1　　**19. 炮二进二　车 9 平 6**

20. 车二进三　车 6 进 7　　**21. 仕六进五　马 8 进 6**

22. 炮二平三　马 6 进 4　　**23. 兵五进一　马 4 退 6**

24. 马七进五　车 4 进 1

黑方只好一车换二子。如车 6 平 9 避捉，马六退七，红方大占优势。

25. 马五退四　车 4 平 3　　**26. 相七进五　车 3 进 2**

27. 车二平四　炮 8 平 5　　**28. 马四进三　卒 7 平 8**

红方进马打卒，细致之着，由此化解了黑方的反击之势。如车四进一，黑方有马 3 进 4 提双车的走法。

29. 车八退三　车 3 平 1　　**30. 车四进一**

红方多子胜。

第 4 局　刘宗泽负柳大华

1. 马八进七　卒 3 进 1　　**2. 兵三进一　马 2 进 3**

3. 马二进三　车 1 进 1　　**4. 车九进一　象 7 进 5**

5. 炮二平一　炮 8 进 4

红方平边炮，打算尽快出动右直车，进一步压制对方。

6. 相七进五　马 8 进 7　　**7. 车一平二　炮 8 平 3**

8. 车二进七　　车 9 平 7

红方进车捉马过于着急，接下来又难以施展出好的手段。不如车九平六，炮 2 平 1，车六进三，车 1 平 2，炮八退二，形势还算稳妥。

9. 车九平六　　炮 2 平 1　　　**10. 炮八进四　　车 1 平 2**

11. 炮八平三　　车 7 平 8　　　**12. 车六平二　　车 8 进 2**

红方联车牵制黑方左路，作用并不大。不如车二进二，马 7 退 8，车六进三，红方并不难走。

13. 车二进六　　马 3 进 2　　　**14. 马三进二　　卒 3 进 1**

15. 相五进七　　马 2 进 4

黑方抢先运卒过河，已成反先之势。红方如兵三进一，马 2 进 4，马二进四，象 5 进 7，车二平三，象 3 进 5，黑方占优势。

16. 相三进五　　马 4 进 6　　　**17. 马二进一　　马 6 退 5**

及时退马捉炮，并伏下马 5 进 4 的攻击手段，有力。

18. 马一进三　　马 5 退 7　　　**19. 兵三进一　　马 7 进 5**

20. 兵五进一　　马 5 退 3　　　**21. 兵三进一　　卒 5 进 1**

22. 车二退四　　车 2 进 5　　　**23. 车二平四　　士 4 进 5**

24. 仕四进五　　炮 1 进 4

抓住红车无根的弱点，乘机发动边炮抢攻，使争斗更为紧张。

25. 帅五平四　　炮 1 进 3　　　**26. 帅四进一　　炮 3 平 4**

27. 仕五进六　　卒 5 进 1　　　**28. 炮一平二　　将 5 平 4**

29. 炮二进七　　将 4 进 1　　　**30. 车四进五　　炮 4 平 6**

31. 车四退二　　马 3 进 5　　　**32. 车四平六　　士 5 进 4**

33. 车六平九　　炮 6 退 5

红方吃卒抢杀，企图寻求机会。如马三进四，将 4 平 5，马四退三，马 5 退 6，仍是黑方主动。

34. 马三进四　　将 4 平 5　　　**35. 炮二退一　　将 5 退 1**

36. 车九进二（图 4）　　马 5 退 7

如图 4 所示，黑方看到红方的不利之处，乘机退马吃去红兵，由此牢固地掌握了主动权。

37. 车九退八　将5平6
38. 炮二退三　马7进8
39. 车九进三　车2退2
40. 炮二进一　马8进7
进马要杀，红方已难应付。
41. 仕六进五　车2平6
42. 仕五进四　炮6进6
43. 帅四平五　炮6平4
44. 帅五平六　炮4退4
黑方绝杀获胜。

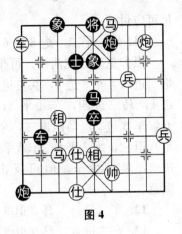

图 4

第5局　吕钦胜陈寒峰

1. 马八进七　卒3进1
起马局可以较量内功，拉长争斗的战线，有经验的棋手比较喜欢使用。

2. 炮二平四　马2进3　　　3. 马二进三　马8进9

4. 车一平二　车9平8
如炮8平7，炮八平九，车1平2，车九平八，炮2进4，车二进七，炮7进4，车二平七，炮7进3，仕四进五，车9平8，形成较为复杂的局势，黑方弃子风险较大。

5. 兵三进一　象3进5　　　6. 相七进五　士4进5

7. 炮八退一　卒9进1　　　8. 炮八平一　炮2进2

9. 车九平八　车1平4
如炮8平6，车二进九，马9退8，车八进四，马8进9，仕六进五，马9进8，红方略占优势。

10. 车八进四（图5）　马9进8
如图5所示，黑方跃马打车形成子力交换，并不能占到什么好处。应卒7进1，车二进六，炮8平6，车二进三，马9退8，兵三进一，炮2平7，炮一进四，马8进9，马三进二，炮7退3，黑方足可应付。

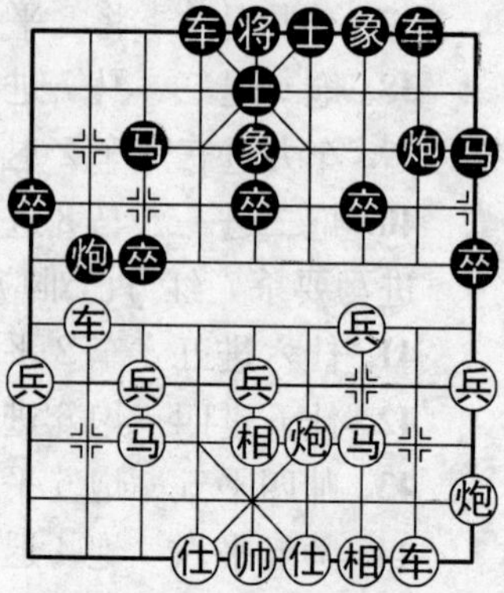

11. 炮一平二　炮 8 进 6

黑方兑炮比较消极。可车 4 进 6，炮二进六，车 8 进 2，兵三进一，卒 7 进 1，马三进四，车 4 平 3，车二进五，车 8 进 2，马四进二，卒 3 进 1，车八退三，炮 2 平 8，车八平二，马 3 进 2，黑方少子，但可反击，尚可满意。

12. 车二进一　马 8 退 9

13. 车二进八　马 9 退 8

图 5

14. 马三进四　马 8 进 9

15. 兵七进一　卒 3 进 1

红方兑兵活通左马，创造了攻击的条件。

16. 车八平七　炮 2 平 3　　　　**17. 马七进六　车 4 进 3**

黑方如马 9 进 8 对抢先手，马四进五，马 3 进 5，马六进五，炮 3 退 4，红方虽然好走，但取胜难度较大。

18. 炮四退一　车 4 平 2

应卒 5 进 1，车七平八，马 9 进 8，兵三进一，马 8 进 7，黑方仍可周旋下去。

19. 炮四平三　士 5 退 4　　　　**20. 炮三平二　卒 5 进 1**

21. 炮二进五　车 2 退 2

如卒 7 进 1，马四进五，车 2 平 5，马六进五，马 3 进 5，兵五进一，黑方难以对付。

22. 炮二进一　车 2 平 6　　　　**23. 马六进七　车 6 进 1**

24. 炮二退三　车 6 平 8

处于下风的黑方慌忙应战，着法失误，红方走出连保带消的佳着，扩大了优势。可车 6 进 1 捉马，马七退五，士 6 进 5，这样还可固守。

25. 马四进三　车 8 进 1　　　　**26. 马三退五　士 6 进 5**

如车 8 进 2 吃炮，马五进六，将 5 进 1，车七平八，将 5 平 6，马七进五，红方胜势。

27. 兵三进一　炮 3 平 7　　**28.** 炮二平五　马 3 进 5

29. 马七进九　车 8 平 6　　**30.** 炮五进二　将 5 平 6

31. 炮五平八

黑方难以防守，故放弃争战。

第 6 局　孙庆利负张致忠

1. 马八进七　卒 7 进 1

不走卒 3 进 1 制约对方的马路，而是开通己方的马路，也是一种走法。

2. 炮八平九　炮 2 平 5　　**3.** 车九平八　马 2 进 3

4. 兵七进一　马 8 进 7　　**5.** 马二进三　车 1 进 1

6. 炮二进四　车 1 平 4　　**7.** 相三进五　车 4 进 3

8. 仕四进五　卒 3 进 1

如炮二平七，象 3 进 1，车一平二，卒 7 进 1，兵三进一，马 7 进 8，车二平一，各有千秋。

9. 兵七进一　车 4 平 3　　**10.** 马七进六　车 3 平 4

11. 车八进四　炮 5 平 4　　**12.** 马六退七　车 4 平 3

红方可炮九平六，车 4 平 3，车一平四，变化下去，红方仍持先手。

13. 马七进六　象 7 进 5　　**14.** 炮二平九　车 3 平 4

15. 前炮退二　炮 8 进 3　　**16.** 马六退七　炮 8 平 1

17. 兵九进一　车 4 平 3　　**18.** 马七进九　马 3 进 4

19. 车八平七（图 6）　车 3 平 2

如图 6 所示，红方可马九进七，马 4 进 6，炮九平七，车 3 平 6，马七进八，红方好走。以下黑方不兑车而车 3 平 2 避开，难以争先，不如炮 4 平 1 打马，车七进一，象 5 进 3，马九进七，炮 1 进 5，相七进九，马 4 进 6，马三退四，车 9 平 8，黑方好走。

20. 兵九进一　车 2 进 2　　**21.** 马九进八　马 4 进 5

22. 马三进五　车2平5
23. 车一平三　士6进5
24. 马八进七　车5平4
红方应兵三进一，尽快出动右车，比较紧凑。
25. 兵九平八　车9平8
26. 马七进九　象3进1

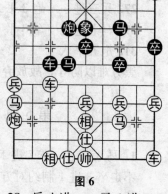

图6

红方应炮九进七，车4平2，炮九平八，以后有马七进九的手法，红方并不吃亏。

27. 兵八进一　马7进6
28. 兵八进一　马6进4
29. 兵九平八　马4进6
30. 车七平四　卒5进1
红方平车防守，但黑方仍有炮4进7打仕的机会，前景仍然不妙。

31. 兵九平八　卒5进1
32. 车四进二　炮4进7
黑方挥炮打仕，打开了攻击的大门。红方九宫四面楚歌，已难防守。

33. 仕五退六　马6进4
34. 帅五平四　马4进3
35. 帅四平五　马3退4
36. 帅五平四　车8进3
37. 车四退四　卒5进1
38. 马九退七　马4进3
39. 帅四平五　卒5进1
40. 车四平五　马3退4
41. 帅五平四　车8平6
42. 车五平四　车4平5
双车马构成杀势，黑胜。

第7局　程吉俊胜王新光

1. 马八进七　马8进7
2. 兵七进一　车9进1
3. 马二进三　象3进5
4. 炮二平一　车9平3
黑方不如卒7进1开通马路，车一平二，马7进6，车二进六，马2进4，黑方阵形较有反弹力。

5. 车一平二　炮 8 平 9　　　6. 马七进八　炮 2 平 4

7. 车二进四　卒 3 进 1

急于兑 3 路卒不好。应卒 7 进 1，先开通马路。

8. 炮八平七　炮 4 平 3　　　9. 车九平八　卒 7 进 1

10. 兵三进一　卒 7 进 1

如卒 3 进 1，兵三进一，炮 3 进 5，马八退七，象 5 进 7，车八进五，红方占优。

11. 车二平三　马 7 进 8　　　12. 车三平二　车 3 平 7

13. 车二进一　卒 3 进 1　　　14. 马三进四　卒 3 平 2

15. 相七进五　马 2 进 4　　　16. 炮一进四　车 1 平 2

红方炮打边卒，力求封制黑方马 4 进 3 的通路。如车八进四吃卒，马 4 进 3，红方不占便宜。

17. 车二平六　车 7 平 6　　　18. 马四进三　车 6 平 7

19. 马三退四　车 7 平 6　　　20. 马四进三　车 6 平 7

21. 马三退四　炮 3 退 1

应炮 3 平 1。

22. 炮一平九　炮 3 平 1

23. 仕六进五　马 4 进 6

24. 马四进五　车 2 平 3

25. 马五退七（图 7）　炮 1 平 3

如图 7 所示，红方退马打车巧妙，打乱了黑方的防守，有力地控制了局势。此时黑方如车 3 进 4 吃马，炮九平五打将，红方得车好走。

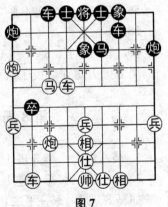

图 7

26. 马七进六　炮 3 平 4　　　27. 炮九平五　士 6 进 5

28. 马六退七　炮 4 平 3　　　29. 车八进四　车 7 进 2

30. 车六平四　将 5 平 6　　　31. 炮五平四　将 6 平 5

32. 马七退五　炮 3 平 4　　　33. 车八平七　车 3 平 2

黑方占位不好，又少卒，所以避开兑车，以图谋取和局。

34. 兵一进一　炮 4 进 1　　　35. 兵一进一　车 2 进 3

36. 车七平六　车 2 平 3　　　**37.** 炮七平八　车 3 平 2

38. 炮八平七　车 2 平 3　　　**39.** 炮七平八　车 3 平 2

40. 炮八平七　炮 9 平 7

应象 5 退 3，防备红方车六进二兑车。

41. 车六进二　车 2 进 6　　　**42.** 仕五退六　炮 7 退 1

43. 兵一平二　车 2 退 3　　　**44.** 兵二平三　车 7 平 8

45. 炮四平五　将 5 平 6　　　**46.** 马五进四　车 8 进 6

47. 兵五进一　车 2 平 7　　　**48.** 马四退二　车 7 平 3

49. 炮五平二　车 8 退 5

黑方一车换双无可奈何。如车 8 平 9，炮二进三，象 7 进 9，
车六进一，士 5 进 4，车四进二，将 6 平 5，马二进一，红方胜势。

50. 兵三平二　车 3 进 1　　　**51.** 炮二进三　象 7 进 9

52. 车六平三　炮 4 退 1　　　**53.** 兵二进一　将 6 平 5

54. 兵二进一　炮 7 平 6　　　**55.** 车四平六　炮 6 平 7

56. 炮二平一　炮 4 平 2　　　**57.** 车六平八　炮 2 平 3

58. 车三进一　马 6 进 7　　　**59.** 兵二进一　马 7 退 5

60. 车三平五　炮 7 进 5　　　**61.** 兵二进一

黑方无力防守，投子认负。

第 8 局　吕钦胜于幼华

1. 马八进七　卒 3 进 1　　　**2.** 兵三进一　马 2 进 3

3. 马二进三　车 1 进 1　　　**4.** 炮二平一　象 7 进 5

如马 8 进 7，车一平二，车 9 平 8，车二进六，炮 8 平 9，车二
进三，马 7 退 8，车九进一，车 1 平 8，黑方可以对抗。

5. 车一平二　炮 8 平 6

可以马 3 进 4，较为主动。

6. 车九进一　车 1 平 7　　　**7.** 马三进二　车 7 平 8

8. 车九平二　马 8 进 6

如车 8 进 3，红方有炮一平二打车的手法，黑方不能车 8 进 1

吃马，因红方有炮二进七的走法，黑方失势不利。

9. 马二进一　车8进7　　10. 车二进一　车9进2

11. 炮八进四　车9平8

兑车形成少卒的形势，但除此没有更好的办法。

12. 车二进六　马6进8　　13. 炮八平三　马3进4

14. 炮三平九　炮6进4　　15. 炮九退一　马4进3

16. 兵三进一　马8进6

红方先退炮捉马，再乘机渡兵过河，走法明快有力。

17. 炮一平五　马6进7

进马弃去中卒，力求保持变化。如马3进5，相三进五后，红方左马活通，黑方仍难应付。

18. 炮五进四　士6进5　　19. 仕六进五　卒3进1

20. 相七进五　卒3平4　　21. 马一退二　炮6退1

22. 马二进三　马7进8　　23. 兵三平四　马8进9

24. 马三退四　马9退7　　25. 帅五平六　炮2平4

26. 仕五进六　卒4平5

27. 炮五平六　卒5平6（图8）

28. 相五进七　卒6进1

如图8所示，红方上相困住黑方3路马，为平炮打马创造了条件。经过兑子，红方稳持多兵之利。

29. 炮九平七　卒6平5

30. 炮七退二　卒5平4

31. 炮七平八　卒4平3

32. 马七退九　炮4平1

33. 炮六平九　卒3平2

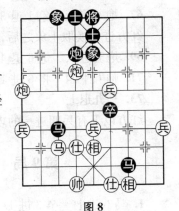

图8

34. 马九进八　炮1进4

35. 兵一进一　炮1退1

费尽周折吃去红方双兵之后，红方仍多两兵，还是胜势残局。

36. 兵一进一　马7退6　　37. 兵一平二　炮1平2

38. 炮九平四　马6退8　　39. 兵四平五　炮2退1

40. 兵二进一　象 5 进 3　　　41. 兵五进一　马 8 退 6

42. 兵二平三　象 3 退 5　　　43. 炮四进二　炮 2 平 4

44. 帅六平五　马 6 进 8　　　45. 兵三平四　炮 4 平 7

46. 炮四平三　马 8 进 6

红方及时平炮，化解了黑方炮 7 退 3 困炮的手段。

47. 仕四进五　炮 7 平 9　　　48. 相三进五　炮 9 进 2

49. 马八进九　马 6 进 7　　　50. 帅五平四　炮 9 平 4

51. 炮三退五　炮 4 平 6　　　52. 马九进八　马 7 退 8

53. 帅四进一　马 8 退 7　　　54. 马八退六　士 5 进 4

55. 炮三退三　士 4 进 5　　　56. 炮三平八　炮 6 平 2

57. 相五进三　炮 2 退 3　　　58. 马六进八　炮 2 进 3

59. 马八进九　将 5 平 6　　　60. 仕五进四　马 7 进 5

61. 帅四平五　炮 2 平 8　　　62. 兵四平三　炮 8 退 5

63. 炮八进五　马 5 退 3　　　64. 炮八进四　象 3 进 1

65. 兵五进一　炮 8 进 5　　　66. 炮八退九　炮 8 平 6

67. 炮八平五　象 1 退 3　　　68. 兵五进一　士 4 退 5

红方进兵换取士象之后，黑方已难防守。

69. 炮五进八　炮 6 退 4　　　70. 兵三平四　炮 6 平 5

71. 帅五平四　将 6 进 1　　　72. 炮五平九　将 6 退 1

73. 马九退七

红方以下有兵四进一的攻杀，黑认负。

第 9 局　陶汉明负于幼华

1. 马八进七　卒 3 进 1　　　2. 兵三进一　马 2 进 3

3. 马二进三　车 1 进 1　　　4. 炮二平一　马 8 进 7

5. 车一平二　车 9 平 8　　　6. 车二进六　炮 8 平 9

7. 车二进三　马 7 退 8

红方进车兑车，意在求稳。如车二平三，炮 9 退 1，对红方右路有一定的威胁。

8. 车九进一　车 1 平 4

如车 1 平 8，车九平六，车 8 进 3，也可对抗。

9. 车九平二　马 8 进 7	**10.** 车二进五　车 4 进 7

11. 车二平三　炮 9 退 1　　**12.** 兵三进一　炮 9 平 7

红方过兵之后，被黑方乘势打车吃去。不如仕四进五，炮 9 平 7，车三平四，这样要比进兵好一些。

13. 车三平二　炮 7 进 3　　**14.** 马三进二　象 3 进 5

15. 仕四进五　马 3 进 4

16. 车二平三　马 4 进 6

17. 车三平四　车 4 退 3

18. 马二进四　马 7 进 6

19. 车四退一（图 9）　炮 7 进 2

如图 9 所示，黑方进炮打兵，并伏下了炮 7 平 6 打死车的凶着，令红方左右为难，不好应付。

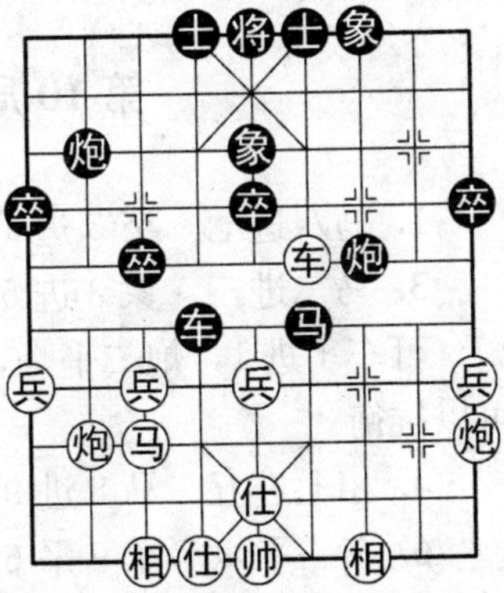

20. 兵七进一　车 4 平 3

如炮一平四，炮 7 平 6，兵七进

图 9

一，车 4 平 3，相三进五，炮 6 退 2，相五进七，炮 6 进 3，炮八平四，卒 3 进 1，仍是黑方占优势。

21. 相三进五　马 6 进 4

不如相七进五，马 6 进 4，炮一平四，较为稳妥。

22. 兵五进一　炮 7 进 1　　**23.** 车四退二　车 3 进 1

24. 帅五平四　炮 7 平 3

黑方乘势打马，谋取了子力，为取胜创造了条件。

25. 车四进六　将 5 进 1　　**26.** 车四退一　将 5 退 1

27. 车四进一　将 5 进 1　　**28.** 车四退一　将 5 退 1

29. 车四进一　将 5 进 1　　**30.** 炮一进四　炮 2 进 3

进炮伏下反击之势，并可封住红方左炮，着法稳健有力。

31. 车四退一　将 5 退 1　　**32.** 车四进一　将 5 进 1

33. 车四退一　将 5 退 1　　**34.** 车四进一　将 5 进 1

35. 车四退六　卒3进1　　　　**36. 炮一退二　象7进9**
37. 炮一平二　炮2进1

进炮细腻，化解了红方企图炮二退一打马的反击手段，稳固了多子的优势。以下红方如再炮二退一，马4退6，红方不占好处。

38. 车四进五　将5退1　　　　**39. 兵一进一　马4退3**
红方投子认负。

第10局　吕钦胜胡荣华

1. 马八进七　卒3进1　　　　**2. 兵三进一　马2进3**
3. 马二进三　象3进5

可车1进1，炮二平一，马8进7，车一平二，车9平8，黑方可以抗衡。

4. 相七进五　马8进9　　　　**5. 车一进一　车9进1**
6. 车一平六　车9平6　　　　**7. 车六进三　士4进5**

上士力争在稳健中对抗。如急于反击而走车6进5，兵七进一，车6平7，马七退五，红方伏下炮八进一打死车的手段，黑方反而不好。

8. 兵七进一　车6进3

9. 仕六进五（图10）　卒9进1

如图10所示，黑方进边卒活跃马路，显得不够紧凑。不如炮2退2，对红方左翼制造压力。红方如接走炮八平九，卒3进1，车六平七，炮2平3，车七平四，车6进1，马三进四，炮3进7，炮二平七，车1平2，炮七进四，车2进7，黑方并不难走。

10. 车九平六　炮2退2

11. 前车平四　车6进1

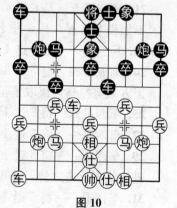

图10

红方力兑黑方河口车，保持先手的要着。

12. 马三进四　卒3进1　　　　**13. 相五进七　炮2平4**

平炮4路防止红方马四进六兑马，并为右车的开出打开道路，是稳健的应法。如炮8进3，马四进六，马3进4，车六进五，炮8平3，炮二平五，黑方虽然得一相，但中路受到攻击，显然不利。

14. 马七进八　卒1进1　　　　**15. 炮八平七　卒1进1**

16. 马八进七　卒1进1

红方进马压制3路马，是必然的应对方法。

17. 马四进三　炮8平7　　　　**18. 炮二进五　士5进4**

19. 车六平八　马9进8　　　　**20. 相七退五　车1进3**

21. 炮二退一　象5退3

面临黑车捉马，红方退炮暗中防卫，着法异常巧妙。

22. 炮七进五　炮7平3

红方运炮打马，过于简明，不如车八进八，似乎更为积极。

23. 马三进四　士6进5　　　　**24. 兵三进一　马8进7**

25. 马四退五　马7进6

应象7进5，形势虽然落后，但仍可应付。

26. 马七退六　车1进2　　　　**27. 炮二退二　车1退1**

28. 炮二进五　象7进5

如士5退6，马五进七，炮4进5，车八进九，红方大占优势。

29. 炮二平六　士5退4　　　　**30. 马五进七　车1平7**

31. 兵五进一　马6退8　　　　**32. 车八进五　车7进2**

如车7平2，马七退八，红方双马兵仍是必胜之势。

33. 兵五进一　车7平4　　　　**34. 车八平六　马8进9**

35. 仕五进四　马9退7　　　　**36. 帅五进一　士4进5**

37. 马六进八　车4平9　　　　**38. 兵五进一　车9平2**

39. 帅五平四　马7退8　　　　**40. 兵五平六　马8退6**

41. 车六平一　马6进5　　　　**42. 仕四进五　车2平7**

43. 车一进四　象5退7　　　　**44. 车一退五　马5退3**

45. 马八退九　马3进4　　　　**46. 马九进七　车7进2**

47. 帅四退一　车 7 进 1　　　　**48.** 帅四进一　车 7 退 5

49. 后马退六　车 7 平 3　　　　**50.** 车一平七

兑车之后，形成红方必胜残局。

第 11 局　胡荣华胜赵国荣

1. 马二进三　卒 7 进 1　　　　**2.** 炮八平六　马 2 进 1

红方平仕角炮布成反宫马的阵势，是比较稳健的走法，如兵七进一，马 8 进 7，马八进七，车 9 进 1，成另一种变化。

3. 马八进七　车 1 平 2　　　　**4.** 车九平八　马 8 进 7

5. 相三进五　炮 2 平 3

平炮斗底路车，比较消极。不如卒 3 进 1 较为紧凑有力。

6. 车八进九　马 1 退 2　　　　**7.** 车一进一　马 2 进 1

8. 车一平八　象 7 进 5　　　　**9.** 车八进三　士 6 进 5

10. 兵三进一　卒 7 进 1　　　　**11.** 车八平三　车 9 平 6

12. 兵七进一　卒 1 进 1　　　　**13.** 马七进六　马 7 进 8

如炮 8 退 2，炮二进四，红方仍是先手。

14. 马六进五　炮 8 进 5（图 11）

15. 车三平二　炮 3 平 2

如图 11 所示，红方平车捉马炮是扩大先手的紧要手段，这样可以在得回一子的情况下，仍然控制着黑炮。如马五进七，马 8 进 9，车三平二，马 9 进 7，炮六平三，炮 8 平 9，局势简化，红方不占好处。

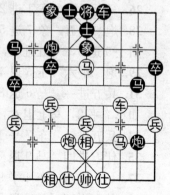

图 11

16. 车二进一　炮 8 平 9

17. 马五退四　炮 2 进 2

18. 炮六进四　卒 3 进 1　　　　**19.** 车二进一　卒 3 进 1

20. 炮六平五　炮 2 退 1　　　　**21.** 车二退一　卒 3 平 4

22. 相五退三　炮 9 进 2　　　　**23.** 车二退五　卒 4 平 5

平卒援助底炮，无可奈何。如炮9退1，红方马四进六，黑方将要失子。

24. 兵五进一	炮9退1	**25.** 车二进一	炮9进1
26. 车二平八	炮2平3	**27.** 兵五进一	车6平8
28. 相七进五	炮9平8	**29.** 车八进二	炮8退6
30. 兵五平六	炮8平6		

黑方运炮脱离了险境，但总体形势已经不妙，仍然难走。

31. 炮五退一	车8平7	**32.** 车八平二	炮3平1
33. 兵六进一	车7进4	**34.** 炮五退二	炮6退3
35. 车二进二	车7平8		

红方进车兑子，走法简明有力。黑方如车7进2避开兑车，红方兵六进一，攻势较盛，仍难应对。

36. 马四进二	炮1进3	**37.** 马二进一	马1进2
38. 兵六平五	马2进4	**39.** 兵五平四	马4退6
40. 炮五进二	炮1平6	**41.** 马三进四	后炮平7
42. 马一进三	将5平6	**43.** 仕六进五	炮7平8
44. 马四进二	炮8进3	**45.** 炮五退一	炮8退1

红方退中炮，伏下炮五平四的攻击方法。由此，黑方已露败势。

46. 马二进三	炮6退3	**47.** 前马退五	将6进1
48. 马五退四	卒1进1		

红方得取象马，已成胜势。

49. 马四退六	卒1进1	**50.** 马六进五	象3进5
51. 炮五平四			

红方胜。

第12局　吕钦和徐天红

1. 马八进七	卒3进1	**2.** 兵三进一	马2进3
3. 马二进三	车1进1	**4.** 炮二平一	马8进7

5. 车一平二　车9平8

黑方上中象巩固阵势。也可以炮8平9，车二进三，马7退8，车九进一，车1平8，车九平六，象7进5，车六进三，车8进3，黑方可以对抗。

6. 车二进六　象7进5

7. 车九进一　车1平4

红方平边炮，好着，对黑方有所制约。如相七进五，炮2进1，炮八退二，卒7进1，车二退二，卒7进1，车二平三，马7进6，兵七进一，卒3进1，车三平七，炮8平6，红方不占便宜。

8. 炮八平九　马3进2

9. 炮九进四　车4进2

10. 炮九进三　炮8退1

11. 炮九平八　炮2平3

12. 车九平四　炮8平3

红方车九平八捉马，黑方伏下了炮8平2兑车的手段，红方反而不好。

13. 车二进三　马7退8

14. 车四平八　马2进3

红方回车捉马是扩大先手的重要走法。

15. 车八进六　车4平3

16. 马三进四　卒5进1

17. 马四进三　马3退4（图12）

18. 马七进八　车3平7

如图12所示，红方进马捉车过急。应先马三进五踏中象，待黑方马4退5之后，再马七进八，车3平5，车八平七，红方大占优势。

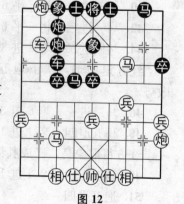

图12

19. 马八进六　前炮进7

20. 仕六进五　车7平4

21. 相三进五　前炮退2

22. 炮一平七　炮3进6

23. 马六退七　车4平5

红方可车八平五，士6进5，车五退二，较为明快有力。

24. 马七进九　士6进5

25. 兵三进一　卒5进1

26. 车八退五　炮3进1

27. 兵五进一　车5退2

28. 兵三进一　马8进6

29. 兵三进一　马6进5

30. 兵三进一　马5进6　　　　**31.** 相五退三　炮3平4

32. 马九进八　炮4退7　　　　**33.** 炮八退一　车5退2

34. 马八进七　车5平3

平车迫使红方交换子力，力求局势趋向缓和。

35. 炮八平六　车3退2　　　　**36.** 兵三平四　士5退6

及时退士防守，是必然之着。

37. 车八平二　卒3进1　　　　**38.** 兵四进一　将5平6

39. 炮六退七　车3平7　　　　**40.** 车二进二　马6退5

41. 车二平七　车7进8　　　　**42.** 车七退一　车7退4

双方经过一阵交换，均无力进取，基本形成和势。

43. 仕五进四　士4进5　　　　**44.** 车七平二　将6平5

45. 炮六平五　车7平5　　　　**46.** 车二平六　马5进3

47. 车六平七　马3退5　　　　**48.** 炮五进二　马5退3

49. 炮五退二　马3进5　　　　**50.** 炮五进二　马5退3

51. 车七平六　马3进4　　　　**52.** 炮五退二　马4进6

53. 车六平四　车5平4　　　　**54.** 炮五平六　车3平4

55. 炮六平一　马6退5　　　　**56.** 车四进三　马5进3

57. 车四退三　车4退2

红方如车四平一，车4进1，也是和局之势。余着从略。

第13局　吕钦和许银川

1. 马八进七　卒3进1　　　　**2.** 兵三进一　马2进3

3. 马二进三　炮8进4

此时左炮过河，是别出心裁的走法。如车1进1，炮二平一，马8进7，车一平二，车9平8，车二进六，炮8平9，车二进三，马7退8，车九进一，车1平7，黑方也可对抗。

4. 马三进四　炮8平3　　　　**5.** 相七进五　马8进7

6. 马七退五　炮2进1

红方退马窝心，企图平车捉炮展开牵制，但也影响了其他子力的出动，很难说清楚以后变化的优劣。

　　7. 车九平七　炮2平3　　　　8. 炮八进五　象3进5

　　9. 车一平二　车9平8　　　　10. 马四进六　前炮平4

　　如贸然前炮平9，车七平八，炮3平4，车八进六，红方占优势。

　　11. 车七平八　炮3平4　　　　12. 马六退四　前炮平9

　　13. 炮二进五　车1平2　　　　14. 马五进七　车8进1

　　15. 炮八退一　车2进1　　　　16. 车二进三　炮9退1

　　17. 车二进一　炮9进1　　　　18. 兵九进一　车8平4

　　19. 车八进四　炮9退2　　　　20. 车二退三　炮9进1

　　21. 车二进三　炮9退1　　　　22. 车二退三　炮9进1

　　23. 车二进三　炮9退1　　　　24. 车二退三　炮9进1

　　25. 车二进三　卒9进1

　　黑方为了争胜，所以主动求变，否则可形成和局。

　　26. 仕六进五　炮4进5　　　　27. 车八退四　马3进4

　　28. 马四进六　车4进3　　　　29. 车二进二　卒3进1

　　30. 车二平三　卒3进1　　　　31. 马七退六　车4退1

　　32. 炮八进一　车4平3

　　33. 兵三进一　炮4退6

　　34. 炮二退一　炮9平4（图13）

　　35. 兵三平二　卒9进1

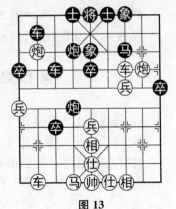

图 13

　　如图13所示，红方平兵展开慢性攻击，着法老练。如急于车三进一吃马，黑方有前炮退2的陷阱，红方失车。

　　36. 车八进四　前炮平8

　　37. 炮二退二　卒9平8

　　38. 兵二进一　马7退8　　　　39. 车三平四　马8进9

　　40. 车四退二　卒8进1　　　　41. 车四平二　马9退7

　　42. 兵二平三　马7进9　　　　43. 兵三平二　马9退7

44. 兵二平三　马 7 进 9　　　45. 兵三平二　车 3 进 1

黑方有卒过河，不愿成和，所以变着。

46. 车二退一　车 3 平 8　　　47. 车二平四　车 8 平 3

如车 8 退 1 吃兵，红方有兵五进一捉卒的手段。

48. 车四进三　马 9 进 8　　　49. 车四平五　炮 4 进 6

50. 车八退三　炮 4 退 7　　　51. 炮八退三　士 4 进 5

52. 炮八平五　卒 3 平 2　　　53. 车八平六　炮 4 退 1

54. 车五平三　车 3 进 2　　　55. 车六进四　车 3 平 5

56. 车六平五　马 8 进 6

黑方运马捉车，着法异常机智。如车 5 平 8 保马，车三进三吃象，如象 5 退 7 吃车，红方车五平二吃马得车，红方胜定。

57. 车三退二　炮 4 进 5　　　58. 马六进七　车 5 平 3

59. 炮五进三　象 7 进 5　　　60. 车三平四　车 3 进 1

61. 车四平六　车 2 进 1　　　62. 车六进二　卒 2 进 1

63. 车六平九　车 2 平 4　　　64. 车九平八　卒 2 进 1

红方多兵多相占有优势，应车五平八，双方尚可争斗。

65. 车八进三　士 5 退 4　　　66. 车八退八　车 3 平 1

红方退车吃卒防守，平稳。如兵九进一，卒 2 平 3，红方也有风险。

67. 车八退一　车 1 退 2　　　68. 兵二平三　士 6 进 5

69. 兵三进一　车 1 平 9　　　70. 车八进六　车 9 平 1

71. 车八退六　车 4 平 1　　　72. 车八进五　象 5 进 3

73. 兵三进一　前车退 1　　　74. 车八退一　前车进 4

75. 车八进五　后车退 2

长兑子，形成和局。

第 14 局　郑一泓负胡荣华

1. 马八进七　卒 3 进 1　　　2. 兵三进一　马 2 进 3

3. 马二进三　马 8 进 9

上边马是一种走法。如车 1 进 1，炮二平一，马 8 进 7，车一平二，车 9 平 8，车二进六，炮 8 平 9，车二进三，马 7 退 8，车九进一，车 1 平 8，黑方可以对抗。

4. 相七进五　车 9 进 1　　　　　　**5.** 炮八平九　车 1 平 2

6. 车九平八　车 9 平 6

也可炮 2 进 4 封车，比较稳健。

7. 车八进六　象 3 进 5　　　　　　**8.** 车一进一　炮 2 平 1

9. 车八进三　马 3 退 2　　　　　　**10.** 炮九进四　马 2 进 3

红方打边卒力求谋取实利。如车一平八，马 2 进 3，车八进三，局势相对平稳。

11. 炮九平七　卒 5 进 1　　　　　　**12.** 炮七平一　炮 8 平 7

13. 车一平八　卒 7 进 1　　　　　　**14.** 兵三进一　车 6 平 8

15. 兵三平二　车 8 进 3

弃兵无可奈何。如炮二平一，炮 7 进 5，车八进六，马 3 进 5，车八平九，马 5 进 7，黑方子力灵活，比较好走。

16. 炮二平一　马 3 进 5　　　　　　**17.** 车八进三　车 8 进 3

及时进车捉马，机智。防止红方车八平二兑车，以此简化局势，谋求和局。

18. 马三进二　马 5 进 7　　　　　　**19.** 前炮平二　车 8 平 6

20. 仕四进五　车 6 退 4　　　　　　**21.** 炮二进二　车 6 退 2

22. 炮一进五　车 6 平 8　　　　　　**23.** 炮一退三　车 8 进 2

24. 马二退一　车 8 进 4

红方退马是被迫应着。如车八平四，马 7 进 8，车四平三，炮 7 平 8，马二进三，马 8 退 9，红方要失子。

25. 马七退八　卒 5 进 1

黑方献卒阻止红车通路，以便展开攻击，是有力的扩先之着。

26. 马八进六　炮 7 平 6

27. 兵五进一（图 14）　炮 6 进 6

如图 14 所示，红方应仕五进四阻挡黑方的攻击。黑方进炮打马，并伏下平边炮的攻击手段，红方难以招架。

28. 仕五进四　炮 6 平 9

29. 炮一进五　马 7 进 6

30. 仕六进五　炮 9 平 4

红方无法化解边炮的威胁，只好
上仕弃马缓解压力。

31. 车八进三　车 8 退 7

32. 炮一退三　象 5 退 3

33. 车八平六　炮 4 平 1

红方如炮一平五，黑方可车 8 进
3 捉炮，仍是多子占优。

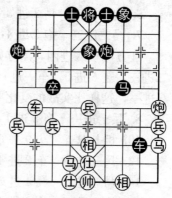

图 14

34. 马一进三　车 8 进 3		35. 炮一进三　车 8 平 2
36. 相五退七　士 4 进 5		37. 车六退四　马 6 退 7
38. 马三进四　前炮进 1		39. 仕五退六　车 2 平 6
40. 兵五进一　后炮平 5		41. 帅五平四　炮 1 平 2
42. 车六平三　马 7 退 6		43. 炮一退五　车 6 平 4

44. 仕四退五　马 6 进 5

运马消灭了过河兵，由此放手一攻，加速了取胜步伐。

45. 车三进六　炮 5 平 6		46. 帅四平五　车 4 平 9
47. 车三退六　炮 2 退 3		48. 兵七进一　马 5 进 6

黑方借势运用炮马威胁红车，紧凑有力。

49. 车三进一　炮 2 平 9		50. 马四进三　车 9 进 1
51. 相三进五　象 3 进 5		52. 车三退一　车 9 进 1
53. 车三平四　卒 3 进 1		54. 相五进七　炮 9 进 3

55. 相七退五　车 9 平 8

黑方胜。

第 15 局　吕钦负陶汉明

1. 马八进七　卒 3 进 1		2. 兵三进一　炮 8 进 4
3. 相七进五　马 8 进 7		4. 炮八进四　象 7 进 5

5. 炮八平三　马2进3　　　　6. 车九平八　车1平2

7. 马二进三　炮2进4

红方可车八进四，黑方如炮2平1，车八进五，马3退2，马二进三，士6进5，车一进一，车9平6，车一平八，马2进3，车八进三，这样比实战的变化要好一些。

8. 兵七进一　卒3进1　　　　9. 相五进七　士6进5

10. 相七退五　车9平6　　　　11. 炮二平一　车6进3

12. 兵三进一　车2进4　　　　13. 兵五进一　马3进4

14. 马三进二　马4进3　　　　15. 兵三平四　车6退3

16. 仕六进五　炮2进1

应车2进1捉中兵，这样比较紧凑有力。

17. 车一平二　炮8平1（图15）

18. 车八平九　炮1退2

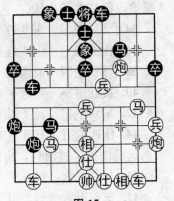

图 15

如图15所示，红方平车捉炮，放弃牵制，毫无功效。应相五进七，压马捉炮，黑方如炮2退2，炮一平五，红方仍占主动。

19. 车二进三　炮2平5

紧握时机，运炮打中相，由此夺得了主动攻势。红方不敢用相吃炮，因马3进5之后，红方要丢一车，形成败势。

20. 仕五退六　车2平3　　　　21. 车九进三　马3退2

22. 车九平八　炮5平4　　　　23. 车二平六　炮4平8

24. 马七进六　车6平8　　　　25. 马二退三　马2退3

26. 车八平七　车3进2　　　　27. 车六平七　马3进4

28. 车七平四　炮8进1

红方如马三进五，黑方有车8进5的应法，红方并不见好。

29. 兵五进一　车8进7　　　　30. 马三进四　马4退3

31. 炮一退二　炮1进5　　　　32. 帅五进一　车8平7

如仕六进五，车8平2，黑方仍可抢先发动攻势。

33. 炮三平四　车7进1　　　　34. 帅五进一　车7进1

35. 炮一进二　车7退4　　　　36. 马六进七　卒5进1

37. 马四进六　卒5进1　　　　38. 马六进八　炮8退7

如马六进七，车7进2，仍是黑方占优。

39. 炮四进二　车7进2　　　　40. 帅五退一　车7平9

红方如车四退一，卒5进1，帅五平六，车7平6，炮四退六，马7进6，仍为黑方胜势。

41. 兵四平五　车9进1　　　　42. 帅五进一　炮8平7

43. 车四平二　车9平6　　　　44. 炮四退六　马7进8

红方少子势劣，无力抵抗，认负。

第16局　陶汉明负蒋川

1. 马八进七　卒3进1　　　　2. 炮二平五　马8进7

红方如兵三进一，马2进3，马二进三，变化较为平稳。

3. 马二进三　车9平8　　　　4. 车一平二　炮8进4

5. 兵三进一　马2进3　　　　6. 炮八进四　炮8平7

平炮压马兑车，抢先之着。如马3进4，炮八平三，炮2平3，车九平八，象7进5，车八进六，双方对抢先手。

7. 车二进九　马7退8（图16）

8. 炮八平七　车1平2

如图16所示，红方平炮压马抢先出九路车，但出车之后，如被黑方进炮封制，难有争先手段。不如兵五进一，炮7进3，仕四进五，象3进5，炮八平七，车1平2，兵五进一，卒5进1，马七进五，这样形势会好一些。

9. 车九平八　炮2进4

10. 炮七进三　车2平3

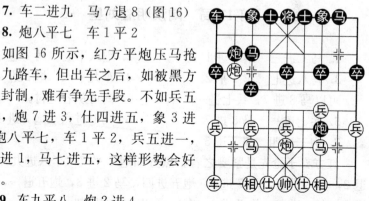

图16

如相三进一，象3进5，由此伏下了车2进3捉炮的手段，黑方较为好走。

11. 车八进三　马3进4　　　**12.** 车八进一　马4进3

13. 炮五进四　马8进7　　　**14.** 车八进二　炮7进3

如炮五退一，卒3进1，车八进三，炮7进3，仕四进五，车3进4，黑方易走。

15. 仕四进五　马7进5　　　**16.** 车八平五　士4进5

17. 兵五进一　卒3进1　　　**18.** 马七进五　卒3平4

19. 兵五进一　卒4平5

平卒迫退红马，减少红方的攻击机会，紧凑有力。

20. 马五退四　车3进2　　　**21.** 车五平六　车3平8

红方可马四进二，还可应付一阵。此时黑方乘机右车左移，配合底炮展开攻势，红方顿时难以招架。

22. 车六退三　炮7平9　　　**23.** 仕五进六　马3退2

24. 兵一进一　车8进7　　　**25.** 帅五进一　车8退1

26. 车六平一　炮9平3　　　**27.** 车一退二　车8退4

28. 兵五进一　车8平5　　　**29.** 马四退二　卒5平4

以下红方帅五平四，卒4进1，黑胜定。

第17局　陶汉明胜刘星

1. 马二进三　卒7进1　　　**2.** 炮八平五　马2进3

3. 马八进七　车1平2　　　**4.** 车九平八　炮2进4

可以马8进7，兵七进一，车9进1，尚可从容应付。

5. 兵七进一　马8进7　　　**6.** 马七进六　炮2进1

7. 炮二进四　象7进5

红方弃子抢先是紧要之着。黑方如炮2平7，车八进九，马3退2，马六进五，马7进5，炮五进四，马2进3，炮五退一，将5进1，车一进二，炮7进1，车一平四，红方胜势。

8. 马三退五　士6进5　　　**9.** 马五进七　炮2平5

10. 车八进九　马3退2　　**11.** 相三进五　马2进1

12. 兵三进一　卒7进1

红方进兵抢先出动主力，紧凑之着。如车9平6，车一平三，车6进3，兵三进一，车6平8，兵三进一，车8进3，兵三进一，炮8平9，兵三进一，红优。

13. 车一平三　车9平6　　**14.** 车三进四　马7进6

15. 车三进二　卒5进1

红方车占卒林，有力地控制了局势。如马6进4，马七进六，卒5进1，车三进一，车6进2，车三平四，士5进6，炮二平九，卒9进1，马六退四，红方占优。

16. 兵九进一　马6进5　　**17.** 马七进五　卒5进1

18. 马五退七　卒5平4　　**19.** 马七进六　炮8平9

如车6进5，马六进七，马1进3，车三平七，炮8平9，炮二平九，炮9进4，车七平一，红方多兵胜势。

20. 炮二退三　车6进5　　**21.** 马六进五　车6平8

22. 炮二平五　车8平5　　**23.** 炮五平二　炮9平8

24. 车三平一　士5退6

25. 马五进三　士4进5

26. 炮二进三　车5退1（图17）

如图17所示，红方车马炮各子活跃，一旦展开攻势，黑方势必难以防守。

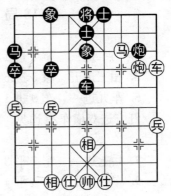

图17

27. 车一进一　炮8退1

28. 车一进一　炮8进1

29. 车一平二　炮8平9

30. 炮二平五　将5平4　　**31.** 车二进一　将4进1　　**32.** 车二退六　车5平4

33. 仕四进五　车4退1　　**34.** 兵一进一　马1退2

红方运子循序而进，逐渐扩大了先手。

35. 兵一进一　马2进3　　**36.** 炮五退二　将4退1

37. 兵一进一　车4平7

红方进兵兑子抢先，佳着。

38. 兵一进一　车7退1　　39. 车二进三　车7平9

红方弃兵抢占卒林，是关键的攻击方法，由此扩大了优势。

40. 车二平七　马3退2　　41. 车七平九　车9进2

42. 兵九进一　车9平4

红方再渡九路兵，形成多兵攻势，黑方已难抵挡。

43. 炮五平二　马2进1　　44. 车九平三　车4平8

45. 炮二平一　车8平9　　46. 炮一平二　车9平1

47. 炮二进五　将4进1　　48. 车三平六　士5进4

49. 炮二平七　将4平5　　50. 炮七退二　马1退2

51. 炮七平八　车1平2　　52. 车六进一　马2进4

53. 炮八平七　马4进2　　54. 炮七平五

红方破象打开缺口，黑方已无法防守，虽然坚持了几回合，仍然难免败局。

第18局　刘伯良和李来群

1. 马二进三　卒7进1　　2. 兵七进一　马8进7

3. 相三进五　象3进5　　4. 马八进七　马2进4

5. 车九进一　车9进1　　6. 车一进一　卒3进1

红方进双横车有远见。利用双车可以控制局势，进一步保持主动。

7. 兵七进一　车1平3　　8. 马七进六　车3进4

9. 车九平七　车3平4

红方平车强兑，黑车回避，否则红方子力灵活占优。

10. 车七进三　炮8进3　　11. 马六退七　卒7进1

送卒使红车吃卒后压住马路，然后再跃出左马争先，但有得不偿失之感，不如炮8退1。

12. 车七平三　马7进6　　13. 车一平四　车4平3

14. 车三平七　车 3 进 1

红方平车兑车之后，局势明显开朗。而黑方马炮形成被攻击之势。红方由此扩大了先手。

15. 相五进七　马 6 退 7　**16. 相七退五　马 4 进 3**

17. 兵三进一　炮 8 退 1　**18. 兵三进一　象 5 进 7**

红方弃兵使黑方阵营混乱，借此夺取优势。

19. 车四进五　马 3 退 4　**20. 炮八进四　炮 8 退 2**

红方进炮抢占要道，预防黑方进炮打车，是紧要之着。

21. 马三进四　象 7 进 5

22. 马七进六　炮 8 平 9（图 18）

23. 炮二进四　车 9 平 8

如图 18 所示，红方应马四退二提象，黑象无处逃躲。红方得象之后，形势大好。

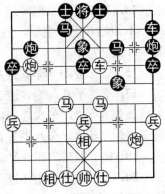

图 18

24. 马四进五　马 4 进 5

红方以马踏卒，夺取中路攻势，但兑子过多，容易成和。不如仍走马四退二提象，取势机会较多。

25. 炮二平五　马 7 进 5

红方应马六进五兑马，马 7 进 5，炮二平五，士 6 进 5，炮五退一，仍是红优。

26. 车四平五　炮 9 进 4　**27. 车五平一　车 8 进 5**

28. 马六进四

至此，双方同意和局。

第 19 局　胡荣华胜蔡忠诚

1. 马二进三　卒 7 进 1　**2. 兵七进一　炮 2 平 7**

3. 马八进七　马 2 进 3　**4. 车九平八　车 1 平 2**

红方形成先手屏风马阵势，意图在平稳中求进展。

5. 炮二进四　象7进5　　　　　6. 相三进五　车2进4

7. 炮八平九　车2进5

兑车正着，如车2平4，炮二平七，红方得卒，并潜伏下一定攻势，易走。

8. 马七退八　炮7进4　　　　　9. 炮二平七　马8进7

10. 车一平二　车9平8　　　　11. 车二进三　炮7平1

12. 车二进三　马7进6　　　　13. 马八进七　炮1平2

14. 车二退五　炮8进5

不如炮8进4生根，然后弃卒过河，再平车捉相，尽快脱开牵制，才是正应。

15. 马三进四　车8进5　　　　16. 马四进六　马6进7

17. 车二平八　炮8进2

如炮8平3，车八进二，炮3退4，马六进七，炮3平4，车八进三，炮4退1，车八平五，红方占优。

18. 相五退三　车8平3　　　　19. 车八进二　车3进2

20. 马六进四　士6进5

不如车3平6，仕六进五，车6退3，车八进四，马3退5，虽然仍落后手，但尚能应付。

21. 马四进三　将5平6

22. 兵五进一　炮8退7

23. 车八平三　卒9进1

24. 车三平四　炮8平6

25. 炮九退一　车3进1（图19）

26. 炮七退四　车3退1

如图 19 所示，红方退七路炮，准备平四路要杀，黑车难以阻挡，已成败势。

27. 炮九平四　将6进1

28. 马三退二　士5进4

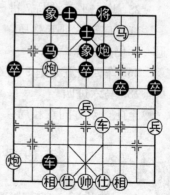

图 19

29. 炮四进六　将6平5

30. 炮四平二　将5平4　　　　31. 炮二进一　车3退3

32. 车四进六　卒7进1　　　　**33.** 车四平五

红方准备献车叫杀，已成胜局。

第20局　陈孝坤和黄勇

1. 马八进七　卒3进1　　　　**2.** 炮二平五　马8进7

3. 马二进三　车9平8　　　　**4.** 车一平二　马2进3

5. 兵三进一　炮8进4

红方先上马，然后又反架中炮，是否有便宜也难下定义。但在打乱对方的防守策略上有实用意义。

6. 马三进四　炮8进1

7. 炮八进四（图20）　　象3进5

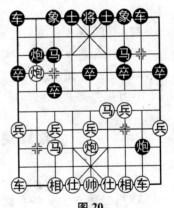

图 20

如图 20 所示，在第 6 回合，黑方进炮打马并无好处，不如象 3 进 5，炮八进四，炮 8 平 3，接近平等局势。此时红方乘机进炮是有针对性的好着，从而确立了布局优势。

8. 马七退五　士4进5

9. 炮八平三　车1平4

10. 马五进三　炮8平5

11. 车二进九　马7退8　　　　**12.** 车九平八　炮2进2

13. 相七进五　卒5进1

进中卒过急，应马8进7先守一下为好。

14. 炮三平二　马8进7

红方未能走出马四进五迫兑之着，实在可惜。否则，红方将获得多兵的优势。

15. 马四进三　车4进4　　　　**16.** 后马进四　车4进1

17. 炮二平九　马3进1

红方炮打边卒，使扩大取势难以实现。可炮二退五活跃炮路，并运车在要路机动而行，这样黑方谋和将很困难。

18. 车八进五　卒5进1　　　19. 兵五进一　车4平5
20. 车八平九　马1退3　　　21. 车九退一　车5进1
22. 兵七进一　马3进5

红方可仕四进五，仍有机会。

23. 马四进五　车5退3　　　24. 马三退四　车5进1
25. 兵七进一　车5平3　　　26. 车九进二　车3平6

红方应车九进五打将，黑方只能士5退4，红方再车九退三，车3平6，马四退六，马7进8，车九平一，马8进6，马六退八，车6平2，马八进七，马6进4，车一平四，马4进3，帅五进一，车2进4，帅五平四，马3退5，仕四进五，红方仍有一定胜机。

27. 马四退六　马7进8　　　28. 兵一进一　马8进6
29. 马六进八　车6平2　　　30. 车九退二　士5退4
31. 仕四进五　士6进5

红方虽然多兵，但车马位置不好，最终成为和局，余着从略。

第21局　刘国华负吕钦

1. 马八进七　卒3进1　　　2. 炮二平五　马8进7
3. 马二进三　车9平8　　　4. 车一进一　炮2平5
5. 车一平四　马2进3　　　6. 车四进四　车1平2

红方进车捉卒并不适宜，应炮八平九，卒7进1，车九平八，炮8平9，车八进四，车1平2，车八进五，马3退2，车四进三，红方可以满意。

7. 车九平八　炮5退1　　　8. 炮八进二　象7进5

红方进河口炮效力不大，不如炮八进四，象7进5，炮八平三，车2进9，马七退八，炮8进5，兵三进一，红方虽然失去了主动，但形势平稳。

9. 炮八平二　炮8平9　　　10. 车八进九　马3退2
11. 炮二平三　车8进2　　　12. 兵五进一　卒7进1

13. 炮三进三　炮9平7　　　**14.** 车四进二　马2进3

15. 兵五进一　卒5进1

红方应马三进五。局势虽然不好，但尚可应付。

16. 仕四进五　炮5平2

红方如车四平五，马3进4，车五退一，卒5进1，车五退一，马4进3，车五平七，马3进5，相七进五，卒7进1，仍是黑优。

17. 马七进五　士4进5

18. 车四退一　炮7进4

19. 相三进一　车8平6（图21）

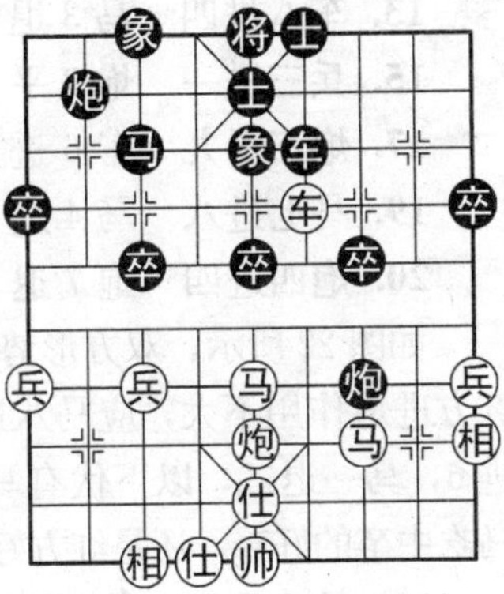

如图21所示，红方此时可尽力一搏，还有机会，应炮五进三，看黑方动向，再作策略，才是明智之举。现在被黑方抓住机会平车兑车，红方残局已难收拾。

20. 车四进一　士5进6

21. 炮五进三　炮2平5

22. 炮五进三　士6进5

24. 兵七进一　象5进3

26. 马二进一　象3退5

23. 兵七进一　炮7平1

25. 马三进二　炮1平9

图 21

红方双马仕相全难以对抗黑方马炮双卒士象全，认负。

第22局　侯昭忠负林宏敏

1. 马八进七　卒3进1　　　**2.** 炮二平五　马8进7

3. 马二进三　车9平8　　　**4.** 车一平二　马2进3

5. 兵三进一　车1进1

起横车意欲展开反击。如象7进5，炮八进四，马3进2，双方各有攻守。

6. 炮八进四　马3进2

如炮八平九，马3进2，马三进四，车1平6，马四进五，马7

进5，炮五进四，炮8进4，车二进二，车6进3，红方主力受到封制，较难控制局势。

7. 炮八平三　象7进5　　　　**8. 车二进五　马2进3**

红方进车是紧要之着，伏下兵七进一威胁黑方右马的手法。

9. 车九平八　炮2平3　　　**10. 炮五平四　车1平6**

11. 仕六进五　炮8平9　　　**12. 车二进四　马7退8**

13. 车八进四　马3退4　　　**14. 相七进五　炮9平7**

15. 兵三进一　炮3平4　　　**16. 马三进二　炮7进2**

17. 炮三平九　车6进4　　　**18. 马二进一　车6平2**

19. 马七进八　马4进5（图22）

20. 炮四进四　炮7退3

如图22所示，双方形势基本相当。红方进炮作用不大，应马八进七，马8进6，马一退二，以下伏有马二退四打马吃中卒的好着，还是红方好走。

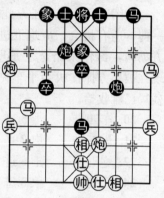

图22

21. 马八进七　马8进6

22. 马一退二　炮7进5

23. 马二进三　马6进8

24. 炮九平五　士6进5

25. 炮四退四　马8进7　　　**26. 马三进四　马5退4**

及时退马，有力地控制局势，好着。

27. 炮五平三　炮7平5　　　**28. 马七退五　炮4平2**

29. 炮四进三　马4进3　　　**30. 炮三平五　炮5平1**

31. 炮五平八　马3退5　　　**32. 炮四退四　马7进8**

33. 马五退三　马5进7

红方应炮八退五，马8进7，帅五平六，仍可支撑下去。

34. 炮八退五　马7进5　　　**35. 马四退三　炮1平7**

36. 后马进二　马5进7　　　**37. 马二进三　炮7退5**

红方急于运马打将白丢一子，形成速败。如相三进一，马7退9，红方失去双相，也难挽救败势。

第23局　赵汝权和李来群

1. 马八进七　卒 3 进 1　　　　**2.** 兵三进一　马 2 进 3

3. 马二进三　车 1 进 1　　　　**4.** 车九进一　马 3 进 4

5. 车九平六　炮 2 进 2　　　　**6.** 炮八进二　卒 7 进 1

以先弃后取的方法来加快主力的出动，是一种争先的走法。如炮 8 平 3，局势比较工稳。

7. 炮八平五　象 7 进 5　　　　**8.** 兵七进一　车 1 平 3

9. 兵三进一　马 8 进 6　　　　**10.** 炮二进三　马 4 退 6

11. 兵三进一　前马进 5　　　　**12.** 炮二平八　马 5 进 3

13. 马三进四　车 9 平 7　　　　**14.** 车一平二　卒 3 进 1

以上双方走得十分紧凑。而此时黑方如车 3 平 2，炮八退四，车 2 进 6，车二进二，马 6 进 7，马四进三，车 7 进 3，车二进五，车 7 进 4，车六进二，红方占优。

15. 炮八退四　车 3 进 3　　　　**16.** 车六进七　士 6 进 5

17. 炮八平四　炮 8 平 6　　　　**18.** 炮四进六　车 3 平 6

19. 马四进六　车 6 退 2　　　　**20.** 兵三平四　车 6 平 8

21. 车二进七　马 6 进 8　　　　**22.** 兵四平五　象 5 进 3

23. 相三进五　马 8 进 7　　　　**24.** 车六退二　卒 3 平 4

可以马 3 退 5，红方如车六平九，卒 3 进 1，兵五进一，卒 3 进 1，红方虽然多兵，但黑方车马卒的位置极佳，红方有后顾之忧。

25. 马六进四　车 7 进 3　　　　**26.** 兵五进一　将 5 平 6

27. 兵五平四　士 5 进 6

红方弃兵破士，并使车马脱开牵制，由此稳持先手。

28. 车六进三　将 6 进 1　　　　**29.** 马四退三　象 3 退 5

30. 车六退五　马 3 退 2

31. 车六平八　车 7 平 3（图 23）　**32.** 马七退五　马 2 退 3

如图 23 所示，红方退马企图保持变化。如车八进一吃马，车 3 进 4，车八退一，车 3 退 1，兵九进一，车 3 退 2，兵五进一，红方中兵过河之后，黑方也将穷于应付。

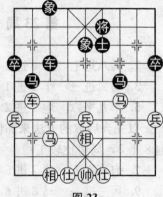

图 23

33. 马五进三	马 3 进 5	
34. 仕四进五	马 5 进 3	
35. 车八平七	车 3 平 8	
36. 后马进四	士 6 退 5	
37. 相五退三	车 8 平 6	
38. 相七进五	将 6 退 1	
39. 马四退六	马 3 退 4	
40. 车七平六	将 6 平 5	
41. 车六进一	车 6 平 3	

42. 马六退八	车 3 平 5	**43.** 马八进七	马 4 进 2
44. 马七进八	车 5 平 2	**45.** 车六平四	车 2 平 5
46. 马三进五	马 7 进 8	**47.** 马五退七	象 5 进 3
48. 仕五进六	象 3 进 5	**49.** 仕六进五	马 8 进 7
50. 帅五平六	马 7 退 8	**51.** 车四平五	车 5 进 1

兑车之后，红方虽然多一兵，但也难以取胜。

52. 马七进五	马 8 退 7	**53.** 帅六平五	马 7 退 5
54. 帅五平四	象 5 退 7	**55.** 仕五退六	象 3 退 5
56. 仕六退五	将 5 平 4	**57.** 帅四平五	将 4 平 5
58. 兵一进一	将 5 平 4	**59.** 马五退六	卒 1 进 1
60. 马六退八	马 5 进 3	**61.** 相五进七	马 3 退 5
62. 兵五进一	马 5 进 7	**63.** 兵五进一	马 7 进 9
64. 相七退五	马 9 退 7	**65.** 马八进七	马 7 进 6
66. 兵五平六	马 6 退 4		

残局阶段，红方奋力进取，但黑方应法老练，防守得当，红方难以形成马双兵的形势，双方握手言和。

第 24 局　陈孝坤负吕钦

1. 马八进七	卒 3 进 1	**2.** 兵三进一	马 2 进 3

3. 马二进三　车1进1

4. 炮二平一　马8进7

如炮2进2，车一平二，炮8平4，马三进四，马8进7，双方局势平稳。

5. 车一平二　车9平8

6. 炮八进四　马3进2

7. 车九进一　车1平3

8. 炮八平三　卒3进1

9. 兵七进一　车3进4

10. 车二进四　象7进5

11. 车九平四　车3退1

12. 马七进六　车3进5（图24）

13. 马六进八　车3退5

如图24所示，红方兑马失去主动。不如马六进四，马7退5，车四进一，马5退7，红方尚可对抗。

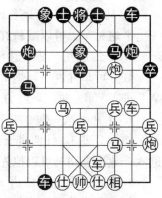

图24

14. 兵三进一　象5进7

15. 车二平四　车3平2

16. 炮一平二　车8平9

17. 前车进一　炮8进2

18. 车四平八　炮8平2

19. 车四进三　象7退5

20. 车四平七　士6进5

21. 兵九进一　前炮进5

22. 帅五进一　前炮平1

23. 炮二进四　卒5进1

24. 相三进五　车9平8

25. 车七平二　炮2进3

进炮构思巧妙。不但阻止红马前行，又伏下卒5进1强渡的手段。

26. 车二平八　车8进3

27. 马三进二　马7进5

28. 帅五平四　马5进7

29. 车八平四　炮1平2

30. 仕四进五　卒9进1

31. 炮三进二　卒5进1

32. 兵五进一　炮2退4

33. 相五进七　马7进5

34. 炮三退六　马5进3

35. 车四退一　炮2进3

36. 仕五进六　马3进4

37. 仕六进五　车8进2

以下红方如炮三平五，车8平5，帅四退一，炮2退6，车四平二，车5平6，帅四平五，将5平6，车二进六，将6进1，车二退三，车6平3，车二平九，车3进4，仕五退六，炮2进7，帅五进一，车3平4，黑方胜。

第25局　王平胜李望祥

1. 马八进七　卒3进1　　　　　**2.** 炮二平四　马8进9

3. 马二进三　车9平8　　　　　**4.** 车一平二　炮8平7

平炮兑车，可以威胁红方三路马，是抢先之着。

5. 车二进九　马9退8　　　　　**6.** 炮八平九　炮7进4

红方可车九进一，炮7进4，车九平二，马8进7，相三进五，卒7进1，车二进三，红方主动。

7. 车九平八　炮2平7

如炮7进3，仕四进五，炮2平7，马三进四，马2进3，车八进六，放出三路马可以抢先攻击，黑方并不合算。

8. 相三进五　马2进3　　　　　**9.** 兵七进一　前炮平8

红方此时兑兵恰到好处，如车八进四，前炮平3，马三进二，车1平2，车八平四，士4进5，红方一时难有进取机会。

10. 马三进四　炮8进3　　　　　**11.** 帅五进一　卒3进1

12. 相五进七　车1进1　　　　　**13.** 车八进六　车1平8

14. 炮九退一　车8进4

红方退炮护守二路，令黑方无从下手。

15. 马四进五　马3进5　　　　　**16.** 车八平五　象7进5

17. 车五退二　车8进2　　　　　**18.** 车五平四　士6进5

19. 马七进六　炮7退2　　　　　**20.** 炮四平七　卒7进1

红方如急于马六进四，士5进4，黑方预作防范，红方不得好处。

21. 炮九平七　士5进4　　　　　**22.** 前炮进七　象5退3

23. 炮七进八　士4进5　　　　　**24.** 炮七平三　车8进1

25. 帅五进一　车8退5　　　　　**26.** 帅五平四　士5进6

红方如炮三退一，马8进9，炮三平四，马9退7，炮四退三，马7进5，炮四平五，将5平4，仍是混乱局势。

27. 车四进三 卒7进1	**28.** 车四进二 将5进1
29. 车四退一 将5退1	**30.** 车四进一 将5进1
31. 车四退一 将5退1	**32.** 车四进一 将5进1
33. 炮三退四 炮8退4	**34.** 马六进四 车8平7
35. 炮三平二 车7进1	

如车四平二，车7平6，黑方反而占优。

36. 炮二进三 卒7进1	**37.** 马四进六 卒7进1
38. 帅四平五 炮8进2	**39.** 帅五退一 卒7平6
40. 车四退七 车7进4	**41.** 帅五退一 炮8进2
42. 仕四进五 车7进1	**43.** 仕五退四 车7退6
44. 仕四进五 车7平4	**45.** 车四平三 车4平8
46. 车三进六 将5进1	
47. 车三退一 将5退1	
48. 车三进一 将5进1	
49. 车三退一 将5退1	

50. 车三进一 将5进1（图25）

如图25所示，黑方上将，显然对红方的攻击力估计过低，还应将5退1，红方无法获胜。

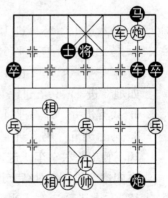

图 25

51. 炮二平一 炮8平9

应车8退1加强防守。

52. 帅五平四 车8进6	**53.** 帅四进一 车8退7
54. 兵五进一 马8进7	**55.** 兵五进一 炮9平7

应炮9平3打相，还可应付一阵。

56. 兵五进一 马7进5

红方献中兵找回失子，由此确立了胜势。

57. 车三退八 车8平6	**58.** 仕五进四 车6平7
59. 车三平二 马5进6	**60.** 车二平五 将5平6
61. 车五进三 将6退1	

退将无可奈何。如车7进6，帅四退一，车7进1，帅四进一，车7平4，车五平四，车4退4，炮一平二，将6平5，车四平五，将5平6，帅四平五，黑方仍难应付。

62. 相七进五	车7平6	**63.** 仕六进五	车6平9
64. 车五平四	车9退1	**65.** 车四进一	将6平5
66. 车四进二	车9平8	**67.** 车四平一	车8进5
68. 兵九进一	车8平1	**69.** 车一平九	车1平9
70. 车九平五	将5平6	**71.** 兵九进一	车9平6

经过子力的交换，已形成车兵对车单士的残局，红方已成胜势。余着略。

第26局　胡荣华胜赵国荣

1. 马八进七	卒3进1	**2.** 炮二平五	马2进3
3. 马二进三	炮8平6	**4.** 车一进一	车9进1
5. 车一平六	车1进1		

如炮6进5，兵五进一，炮6平3，马三进五，红方先手。

6. 兵五进一	车9平4	**7.** 车九进一	炮6平5
8. 马七进五	马3进4	**9.** 车六进三	马4进6
10. 车九平六	车4进4	**11.** 车六进三	马8进7

不如炮2进4，对红方进行牵制。

12. 兵七进一	车1平3	**13.** 兵三进一	马6进7
14. 炮八平三	士4进5		

红方利用兑子的机会，使左炮右移，从而控制了局势。

15. 仕四进五	卒5进1	**16.** 炮三进四	象7进9
17. 兵七进一	车3进3	**18.** 车六平七	马7进5

红方主动兑车，不是为了求稳，而是抢先的好着。此刻黑方不及时兑车而上中马，缓着。应车3进1，马五进七，卒5进1，马七进六，炮2平4，马六退五，红方多兵占优。由于局势简化，黑方谋和的机会较多。

19. 炮五平三（图26） 士5退4

如图 26 所示，红方平三路炮要杀，是精妙的争势手段，由此保持了主动。

20. 后炮平七 车3进1

21. 马五进七 卒5进1

22. 炮七进七 将5进1

23. 马七进六 炮2平4

24. 炮七平四 卒5平6

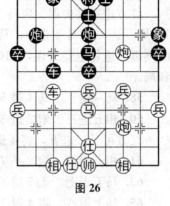

图 26

红方在打兑中吃去士象，取得了子力优势，为取胜创造了条件。

25. 炮四退三 马5进4	**26.** 相三进五 炮5进1
27. 炮三平五 马4退5	**28.** 炮四平二 卒1进1
29. 炮二退五 马5进4	**30.** 炮二平一 马4进6
31. 炮一进五 卒6平7	**32.** 兵一进一 将5平6
33. 炮一平四 炮4平1	**34.** 马六退七 卒7平6
35. 兵一进一 炮1进1	**36.** 仕五进四 马6退4

红方上仕预作防范，攻不忘守。

37. 炮四平二 卒6进1	**38.** 仕六进五 马4进3

应炮1平5为好，争取在进攻中寻求谋和的机会。

39. 马七进五 炮1进3	**40.** 马五退四 炮1进3

红方吃去黑卒之后，已无后顾之忧，可以大胆展开攻击。

41. 相七进九 马3进2	**42.** 相九退七 马2退3
43. 相七进九 卒1进1	**44.** 兵一进一 象9退7
45. 马四进三 将6平5	**46.** 马三进二 象7进5
47. 马二退四 将5平7	**48.** 炮二进二 象5退7
49. 兵一平二 马3进2	**50.** 相九退七 马2退3
51. 相七进九 炮1平2	**52.** 炮二平一 马3退4
53. 相九进七 炮2退6	**54.** 马四进二 马4退6
55. 兵二平三 马6退4	**56.** 兵三平四 象7进9

57. 马二进一　将4进1

红方进边马失误。应马二进四，士4进5，兵四平五，将4退1，炮一进一，马4退3，马四进二，再吃一象，红方已成胜势。此刻黑方进将也是失误，如炮2平6，马一退三，马4退5，即成和局。

58. 马一退三　马4进5　　**59. 兵四平五　象9退7**

60. 相五进三　炮2进3

红方可马三进五，将4退1，马五退四，速胜。

61. 相七退五　炮2平7　　**62. 马三进五　士4进5**

63. 马五退七　士5退6　　**64. 炮一退四　马5退3**

65. 马七退八　将4退1　　**66. 马八退六　炮7平4**

67. 仕五进六　士6进5　　**68. 仕四退五　士5进4**

69. 炮一进一　马3进2　　**70. 马六退四　炮4退1**

71. 兵五平六　卒1进1　　**72. 马四进五　象7进5**

73. 炮一退二　马2进3　　**74. 帅五平四　炮4平5**

75. 马五退六　士4退5　　**76. 炮一平五　将4退1**

77. 炮五进四　卒1平2

再失一象，红胜。

第27局　陶汉明胜柳大华

1. 马八进七　卒3进1　　**2. 兵三进一　马2进3**

3. 马二进三　车1进1　　**4. 车九进一　象7进5**

5. 车九平六　车1平6　　**6. 车六进五　车6进3**

可车6进5，不让红方走马三进二兑炮，较有牵制力。

7. 马三进二　炮8平6　　**8. 仕四进五　士6进5**

9. 相三进五　马8进9　　**10. 车六平七　炮2退1**

11. 兵三进一　车6平7

红方弃兵亮出右车是争先的佳着。

12. 车一平四　卒9进1

进边卒不如炮2进3，较有对抗能力。

13. 炮八进五　马9退7	14. 车七平六　卒9进1
15. 炮二平一　车9平8	16. 马二进一　车7平9
17. 车六进二　车9退1	18. 炮一平三　车8进1
19. 车六平八　马7进6	

进马采取先弃后取的战术，但造成了失象的不利局势，并不合适。不如车9退2，炮三进六，车8平7，车八平六，马3进2，炮八平四，士5进6，车六退四，士6退5，车六平八，马2退3，黑方尚可支撑。

20. 车四进六　炮6退1	21. 炮八平五　象3进5
22. 车八退二　卒9进1	23. 车八平七　炮6进1
24. 炮三进二　车8进3	25. 炮三平八　车8平4
26. 炮八进三　马3退2	27. 炮八进一　卒9平8

红方进炮压马，加强控制。如炮八平四兑炮争夺攻势，马2进4，兑炮后红方不占便宜。

28. 车七平五　车4退2	29. 炮八退四　马2进4
30. 炮八平五　炮6退2	31. 车五退一　卒8平7
32. 兵七进一　卒3进1	33. 相五进七　前卒进1
34. 相七退五　前卒进1	
35. 车五平二　车9退3	
36. 马七进八　车4进6	
37. 马八进六　马4进3（图27）	
38. 相五退三　车9进9	

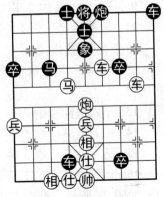

图 27

如图 27 所示，红方退相加强防守，老练。至此，红方已取得胜势。

39. 车二进四　车9平7	
40. 仕五退四　车7平6	
41. 车四退六　卒7平6	
42. 马六进五　马3退5	43. 仕六进五　车4退4

红方上中仕是防中有攻的巧妙之着，使黑卒不敢吃子，应对的

变化耐人寻味。

44. 车四进一   车 4 平 5   **45.** 车四进七

黑方已无法支持，只好认负。

第 28 局   许波负黄勇

1. 马二进三   卒 7 进 1   **2.** 兵七进一   马 8 进 7

3. 马八进七   马 2 进 1   **4.** 车九进一   车 1 进 1

5. 车一进一   炮 8 平 9

红方起双横车的作用不是很好。不如车九平六，占据要路，相机而动，较为稳妥。

6. 车九平六   车 9 平 8   **7.** 炮二退一   象 7 进 5

上象随手大意。应车 1 平 6，牵制红方六路车，比较紧凑。

8. 车六进四   炮 2 进 4

由于上一回合黑方没有走车 1 平 6 牵制红车，现在红方顺利升车争势，黑方只好进右炮寻求平炮叫相的先手，准备再车 1 平 2 消除右路的不利因素。如车 1 平 6，炮二平七，车 6 进 3，车一平六，黑方局势不稳。

9. 马七进八   炮 2 平 7   **10.** 相三进五   卒 7 进 1

11. 炮二平七   车 8 进 4   **12.** 车一平六   车 8 平 4

由于黑方有炮 2 平 7 打相的先手，终于兑掉一车，基本化解了右路的压力。

13. 车六进四   炮 7 平 1

14. 相五进三   炮 1 平 9

15. 马三进一   炮 9 进 4（图 28）

16. 相七进五   车 1 平 6

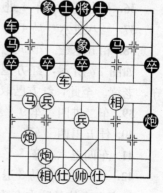

图 28

如图 28 所示，红方上中相失误，局势即刻变成下风。应炮七平三，炮 9 进 3，帅五进一，马 7 退 8，炮八平五，仍是双方对攻之势。

17. 马八进九　炮 9 进 3

红马踏边卒，引来了后患。应仕六进五，局势略处下风，但不至于速败。

18. 帅五进一　车 6 平 2　　**19.** 炮八平九　车 2 进 2

20. 炮九进五　象 3 进 1　　**21.** 车六平九　士 6 进 5

先上中士，等待机会。如卒 5 进 1，车九平五，红方弃子之后还可应付。

22. 炮七平六　卒 5 进 1　　**23.** 相五退三　马 7 进 8

24. 帅五退一　马 8 进 9　　**25.** 相三退一　马 9 进 7

26. 车九退三　马 7 退 5　　**27.** 炮六平五　卒 3 进 1

至此，红方如炮五进四，车 2 平 5，黑方得子，仍是胜局。余着从略。

第 29 局　　胡远芳负温兴远

1. 马八进七　卒 3 进 1　　**2.** 兵三进一　炮 8 进 4

3. 马二进三　炮 8 平 7　　**4.** 车一平二　车 9 进 1

5. 相七进五　马 8 进 7　　**6.** 仕六进五　车 9 平 4

7. 炮二进五　炮 2 进 4　　**8.** 炮八平九　车 1 进 1

红方可兵九进一，准备下一手车九进三逐炮争先。

9. 兵九进一　车 4 进 7

红方可车二进三，炮 7 平 3，车二进三，通过赶炮通马路，红方局势比较平稳。

10. 车九平八　车 1 平 2　　**11.** 车八进二　象 3 进 5

12. 炮九退二　车 4 平 1　　**13.** 炮九平八　车 1 进 1

红方应炮九平六，较为灵活有力。

14. 相三进一　马 2 进 4

红方不如兵七进一，防守作用较明显。

15. 车二进三　炮 7 平 3　　**16.** 车二进三　马 4 进 3

17. 炮八平六　　卒 3 进 1

18. 车二平三（图 29）　　马 3 进 5

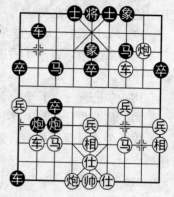

图 29

如图 29 所示，黑方大军压境，红方应首先考虑如何加强防守。而红方不但未防，反而平车吃马对攻，黑方乘机弃子抢攻，红方形成败势。

19. 车三进一　　马 5 进 4

20. 炮二退六　　炮 3 平 5

21. 车八退一　　炮 5 退 2

22. 车三平四　　炮 2 进 1

23. 马七进五　　炮 5 进 3

24. 仕五进六　　炮 2 退 1

25. 车四退六　　马 4 进 2

26. 马三进四　　炮 2 进 2

红方可车八平九强行兑车，若黑方车 1 平 2，马三进四，仍可应付。

27. 车四平八　　卒 3 平 4

28. 马四退五　　卒 4 进 1

29. 前马进六　　卒 4 进 1

30. 马六进四　　卒 4 平 5

31. 车八进一　　车 2 平 6

32. 马四退五　　车 6 平 4

33. 炮六平八　　车 4 平 3

34. 车八平五　　车 1 平 2

红方如炮八平六，车 3 进 8，红方仍是无法防守。

35. 帅五进一　　车 2 平 6

36. 马五退四　　车 3 平 8

37. 兵三进一　　车 8 进 6

38. 炮二平四　　车 8 平 7

尽管红方回兵解围，已无济于事，终于败下阵来。

第 30 局　　赵丰负王嘉良

1. 马二进三　　卒 7 进 1

2. 兵七进一　　马 8 进 7

3. 马八进七　　炮 2 平 6

4. 马七进六　　马 2 进 3

5. 炮八平五　　士 6 进 5

6. 车九平八　　象 7 进 5

7. 车一进一　　车 1 进 1

8. 车一平四　　车 1 平 4

9. 马六进五　　马 3 进 5

红方不如马六进七吃卒，比较稳妥。

10. 炮五进四　炮6进7

黑方借兑子之机，打仕兑炮，得到了实惠。可见红方上着吃中卒兑马失误。

11. 车四退一　马7进5　　　　**12.** 车四进六　马5进4

13. 车八进二　炮8平7　　　　**14.** 炮二进二　卒7进1

15. 兵三进一　车9平8

红方如炮二平六，车4进4，车四平三，卒7进1，车三进一，卒7进1，车八平三，车4平3，相七进五，车3进1，黑方较优。

16. 车八平六　炮7进5

红方迫使对方交换子力并无好处。不如炮二进二封车，伺机再车八平六，有利可图。

17. 车六进二　车4平2　　　　**18.** 兵三进一　炮7平2

19. 炮二平五　炮2退2　　　　**20.** 车六退一　车2进3

21. 炮五平八　车2进1

22. 相七进五　车8进6

23. 车四平七　象5进7

24. 车七平一　车8平6（图30）

如图30所示，红方多兵，子力占有优势，但是缺一仕，容易受双车的攻击。此时黑车抢占要道，对红方构成威胁。

25. 车一进三　士5退6

26. 兵七进一　车2进3

27. 车一退五　车6进1

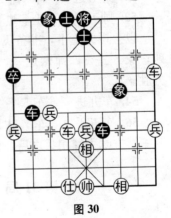

图30

红方双车调到攻击位置上，产生了一定的杀伤力。

28. 车一平六　士6进5　　　　**29.** 后车退二　车2进1

进车是细致的走法，以下准备出将助攻，红方局势陷入危急之中。

30. 前车平二　将5平6　　　　**31.** 车二进五　将6进1

32. 车二退八　车6进2

红方双车只能防守，不能离开要道。

33. 帅五进一　车2退3　　34. 车六进五　车2平1
35. 兵一进一　车1平3　　36. 兵七平八　车3平2
37. 兵八平七　象3进5　　38. 兵七进一　车2平3
39. 兵七平八　卒1进1　　40. 兵一进一　将6退1
41. 兵一进一　车3平5　　42. 兵一平二　车6平7
43. 兵二平三　象7退9　　44. 车六平四　将6平5
45. 车四退三　车5退1　　46. 车四进一　车5退1
47. 车四进一　车5进1　　48. 车四退一　车5平6
49. 相五退三　车6进4

黑方被迫兑去一车之后，尚有车卒的攻杀，现在乘机底线捉双子，由此扩大优势。

50. 帅五进一　车6平4　　51. 车二平九　车4平5
52. 帅五平六　士5进4　　53. 帅六退一　象5进3

以上黑方上士，准备飞象拦车要杀，着法巧妙。红方如车九进四，象5进3，帅六退一，车5退1，帅六退一，车5退2，黑方胜。

54. 车九进一　车5平7　　55. 车九平五　士4进5
56. 车五平九　车7退1　　57. 帅六退一　车7退5

黑方吃去红相兵之后，已稳获胜局。

第31局　王玉才胜马迎选

1. 马二进三　卒7进1　　2. 炮二平一　炮8平6
3. 车一平二　马8进7　　4. 车二进六　马2进3
5. 兵七进一　车9平8　　6. 车二平三　车8进2

红方避开兑车，保持对黑方施加压力，积极进取。

7. 马八进七　炮2退1　　8. 马七进八　炮2平7

红方跃马抢先，力图对黑方右路形成牵制形势，是紧凑之着。

9. 车三平四　马 7 进 8　　　10. 车四退二　马 8 进 7

11. 炮一进四　象 3 进 5　　　12. 相七进五　士 4 进 5

13. 仕六进五　车 8 进 1　　　14. 炮一进二　车 8 进 4

15. 车九平六　马 7 进 5

得相兑子，造成了局势被动。不如卒 1 进 1，静观变化为好。

16. 相三进五　炮 7 进 6

17. 炮八平三　车 8 平 7

18. 马八进七（图31）　车 1 平 4

如图 31 所示，兑车造成败势。
应车 7 平 8 加强防守，炮一平四，象
5 退 3，车六进八，车 8 退 6，马七进
五，车 8 平 6，马五进七，车 1 进 1，
兵七进一，红方弃子占优，但黑方不
至于速败。

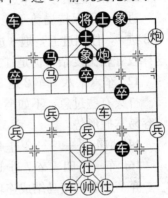

图 31

19. 马七进九　车 4 进 4　　　21. 车六进五　马 3 进 4

20. 马九进七　将 5 平 4　　　23. 车六进一　士 5 进 4

22. 车四平六　车 7 平 5　　　25. 炮一退四　卒 7 进 1

24. 车六平四　士 6 进 5　　　27. 炮一退一　炮 6 平 8

26. 炮一进二　卒 1 进 1　　　29. 车二退三

28. 车四平二　炮 8 平 7

红方献车要杀，胜局已定。

第 32 局　　胡荣华胜傅光明

1. 马二进三　卒 7 进 1　　　2. 兵七进一　马 8 进 7

3. 马八进七　车 9 进 1　　　4. 炮八平九　马 2 进 3

如炮 2 平 6，车九平八，马 2 进 3，炮二进四，马 7 进 8，车一
进一，象 3 进 5，车一平四，士 4 进 5，车四进三，车 9 平 7，双方
各有千秋。

5. 车九平八　车 1 平 2　　　6. 炮二进四　马 7 进 8

7. 炮二平七　象3进5　　　　**8. 车八进五　炮2平1**

9. 车八平六　车2进7　　　　**10. 马七进六　车9平2**

此时黑方车9平2调车右路，暗吃红马，是紧凑的应法。如炮8进1，兵七进一，马8进7，马六进八，红方好走。

11. 相三进五　后车进3

进车兑子保持局势平稳，争取变化。如炮8进1，兵七进一，马8进7，仕四进五，炮8进1，车六进一，炮8平3，车一平四，这样攻守较为复杂，仍是红方先手。

12. 车六平八　车2退3　　　　**13. 炮九平六　炮1进4**

打兵有些过急，不如卒9进1，使红炮难以发挥作用，这样比较容易掌握形势。

14. 炮七平一　马3进4　　　　**15. 仕四进五　马4进6**

16. 车一平四　卒7进1

弃卒之后，使马结成连环打车，并非上策。不如马6进7，炮六平三，车2平4，虽然落后手，形势仍可支撑。

17. 兵三进一　炮8平6　　　　**18. 炮一退一　车2进3**

红方在多兵的有利条件下，兑车取势，应着及时。

19. 马六进四　士4进5　　　　**20. 马三进四　马8进6**

21. 车四进二　炮1退1　　　　**22. 车四平二　车2退1**

23. 马四进二　车2退2　　　　**24. 马二进三　炮6退1**

25. 炮一进三　车2平6

26. 兵一进一　车6退2

27. 炮一进一　士5进4

28. 车二进七　将5进1

29. 马三退二　车6平9

30. 相五退三（图32）　　马6进4

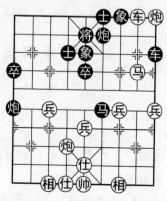

图32

如图32所示，红方已取得强大的攻势，黑方已难防守，现在回相调炮助攻，加快了黑方的失利。

31. 车二退一　车9退2

32. 帅五平四　将 5 退 1　　　　**33.** 车二平四

黑方无力防守，红胜。

第 33 局　黎惠东负邓颂宏

1. 马二进三　卒 7 进 1　　　　**2.** 兵七进一　马 8 进 7
3. 马八进七　马 7 进 6　　　　**4.** 车九进一　炮 2 平 6
5. 炮二进三　马 6 进 7

双方形成平稳形势，但没有什么先手，所以进炮赶马，意图打开局面，寻求主动。

6. 车九平四　士 4 进 5　　　　**7.** 炮二进一　马 2 进 3
8. 炮二平七　车 1 平 2

红方平炮打卒过早，容易引起黑方的反扑，不如马七进八，比较稳健。

9. 车一平二　炮 8 进 2　　　　**10.** 炮八进二　炮 6 平 8
11. 车二平一　象 7 进 5　　　　**12.** 车四平八　车 2 进 3
13. 马七进六　马 7 退 6　　　　**14.** 马六进四　车 2 平 3

平车吃炮是抢先之着，由此得到了便宜。如前炮平 6 去马，红方可兵七进一，对抢先手，形成各有千秋之势。

15. 马四进三　前炮退 1　　　　**16.** 相七进五　卒 5 进 1
17. 兵七进一　车 3 平 7

红方如前马退四，车 3 平 6，马四退三，后炮平 7，炮八退一，炮 8 平 7，黑占优势。

18. 炮八平七　马 3 退 4　　　　**19.** 后马进四　车 7 退 1
20. 车八进五　卒 7 进 1　　　　**21.** 炮七平三　前炮进 1
22. 车八平四　象 5 进 3

红方可炮三平一，牵制黑方形势，保住过河兵，尚有很多变化。

23. 车四退一　前炮退 1　　　　**24.** 车四平五　车 7 平 5
25. 车五平七　车 5 进 4　　　　**26.** 车七进一　后炮平 5

27. 马四进六　车 5 进 1

红方失相，由此更加难以谋和，应仕四进五，加强防守为好。

28. 仕六进五　车 5 退 2

黑方已得一相，故要简化局势，减少一些风险，是机智之着。

29. 车七平二　车 5 平 7

30. 马六进五　马 4 进 5

31. 车二平九（图 33）　马 5 进 6

如图 33 所示，由于红方少一相，很难有谋和的机会，所以，最终被黑方杀败。

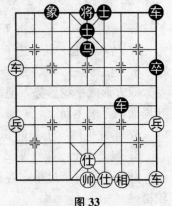

图 33

32. 车一进二　车 7 平 3

33. 车一平四　马 6 进 4

34. 车九平六　车 9 进 2

35. 仕五退六　马 4 进 3

36. 车四平六　车 3 平 5　　　**37.** 仕六进五　马 3 退 1

38. 前车平七　车 5 平 3　　　**39.** 车七平九　马 1 进 2

40. 车六进四　车 3 进 4　　　**41.** 仕五退六　马 2 进 4

42. 车六退五　车 9 平 5　　　**43.** 仕四进五　车 3 平 2

红方如退车吃马，黑方可应车 2 退 1，双车提仕，仍是黑胜。现在平车要将，红方无法防守而认负。

第 34 局　　吕钦胜胡荣华

1. 马八进七　卒 3 进 1　　　**2.** 炮二平四　炮 8 平 3

3. 相七进五　马 8 进 7　　　**4.** 马二进三　车 9 平 8

5. 兵三进一　车 8 进 6　　　**6.** 车一进二　炮 3 进 4

7. 车一平二　车 8 进 1

红方如马三进四，马 2 进 3，兵三进一，车 8 平 6，兵三进一，车 6 退 1，炮 2 平 7，车一平三，象 3 进 5，红方不占好处。

8. 炮四平二　　马2进3

9. 炮八进四（图34）　象7进5

如图34所示，双方兑车后形成了平稳形势，但红方的子力出动较快，有一定潜在的攻击力，仍占主动。

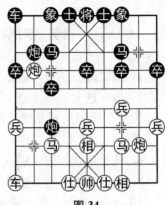

图34

10. 炮八平三　　马3进2

11. 仕六进五　　车1进1

12. 车九平六　　车1平8

13. 炮二平一　　车8进3

14. 兵九进一　　士6进5

15. 车六进四　　炮2平4　　　16. 炮三平九　　马7进6

如马2退3，炮九退一，车8进3，马三进四，炮3平9，兵三进一，象5进7，炮九平三，红方略优。

17. 车六平八　　马6退4

退马谋求对攻，别无良策。如马2退3，炮九退一，车8进3，马三进四，马6退7，兵一进一，黑方子力位置不佳，并不好走。

18. 车八平四　　卒3进1

如车8进3，炮一进四，卒3进1，兵九进一，车8平7，兵九平八，马4进2，车四平七，仍是红方稍优。

19. 炮一进四　　马2进4

如此兑子并不得利，不如车8进3，较为适宜。

20. 炮一平六　　车8平2　　　21. 炮九平五　　车2进3

22. 车四进二　　车2平3　　　23. 炮五退二　　炮3平1

24. 车四平二　　将5平6

黑方希望集结子力展开攻击，但由于左路非常空虚，已无力抢先对杀。

25. 车二进三　　象5退7　　　26. 车二平三　　将6进1

27. 马三进二　　马4退5　　　28. 车三退三　　炮1进3

29. 车三平四

红方叫将吃马之后，得子占势，黑方无法对抗，只好认负。

第35局　李来群胜刘伯良

1. 马二进三　卒7进1　　　　**2.** 兵七进一　马8进7

3. 马八进七　马2进1

形成了屏风马对单提马的形势，红方仍有先手。

4. 兵九进一　象7进5　　　　**5.** 车九进三　炮2平4

6. 马七进八　炮4进3　　　　**7.** 马八退七　炮4退3

8. 马七进八　炮4进3　　　　**9.** 兵七进一　卒3进1

10. 马八进六　车1进1

升车及时加强防守，是正确的应法。

11. 车九平六　炮4平2　　　　**12.** 车一进一　炮8进2

如车1平4，马六进四，车4进5，马四进三，将5进1，前马
进一，红优。

13. 马六进七　车1平3　　　　**14.** 马七退九　炮2退2

如卒3进1，炮八平七，车3平6，马九进七，红方有攻势。

15. 炮八平七　炮2平3

16. 马九退八（图35）　卒3进1

如图35所示，黑方如炮3进4，
炮二平七，车3平2，车六进一，红
方占优。

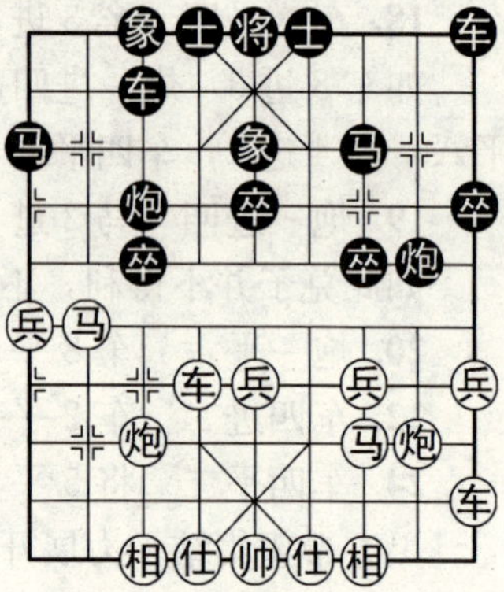

17. 马八进七　马1进3

18. 车一平四　马3进5

19. 兵五进一　卒3进1

20. 车六进六　将5平4

21. 炮七进六　车9进1

22. 炮七退一　车9平4

图35

23. 仕四进五　车4进1

24. 车四进六　车4平3　　　　**25.** 车四平三　车3进3

忍痛弃马，无可奈何。如马5进3，车三平二，炮8平9，兵
一进一，黑方不失马则失炮，形势极为不利。

26. 车三平二　车 3 平 5

红方平车捉炮老练。如急于吃子而兵五进一，炮 8 平 5，相七进五，车 3 平 4，帅五平四，车 4 平 8，炮二平一，卒 3 平 4，黑方虽然少子，但仍有一些攻势，红方并不满意。

27. 车二退二	**车 5 平 6**	**28. 马三进五**	**卒 3 平 4**
29. 马五进六	**车 6 平 3**	**30. 车二进四**	**将 4 平 5**
31. 炮二平五	**马 5 进 6**	**32. 炮五平四**	**马 6 退 5**
33. 马六进八	**车 3 退 3**	**34. 车二退三**	**马 5 进 3**

35. 马八退七

车炮兵对车卒单士，黑方无力防守，红胜。

第 36 局　翁德强胜杨国璋

1. 马二进三	**卒 7 进 1**	**2. 炮二平一**	**马 8 进 7**
3. 车一平二	**车 9 平 8**	**4. 车二进六**	**炮 8 平 9**
5. 车二进三	**马 7 退 8**	**6. 炮一进四**	**马 8 进 7**

如兵七进一，马 8 进 7，马八进七，炮 2 进 4，形成另一路变化。

7. 炮一退二　卒 3 进 1　　**8. 相七进五　马 2 进 3**

红方虽然多取一卒，但形势并不理想，黑方反而局势开朗，比较易走。

9. 马八进六	**车 1 进 1**	**10. 兵七进一**	**车 1 平 4**
11. 马六进四	**卒 3 进 1**	**12. 车九平七**	**马 3 进 4**
13. 马四进五	**卒 5 进 1**	**14. 马五进三**	**象 7 进 5**

如卒 3 进 1，炮八进三，马 4 退 3，炮八平七，马 3 进 2，炮一进一，黑方占不到便宜。

15. 前马退四　卒 3 进 1

16. 炮一平六　炮 2 平 4（图 36）

如图 36 所示，红方平炮打车并不是好着，炮八进三较好。此时黑方平炮兑炮更是失误，应车 4 平 3 保卒，可控制红车的出路，形势占优。

17. 炮六进三　车 4 进 1

18. 马四进五　车 4 平 2

19. 炮八平六　士 6 进 5

20. 炮六进二　车 2 进 3

应车 2 平 3，虽落下风，还可周旋。

21. 炮六平五　马 7 进 8

22. 车七进一　马 8 退 6

23. 车七平二　象 5 退 7

红车乘机右调，摆脱了车马卒的
封制，开始展开反击。

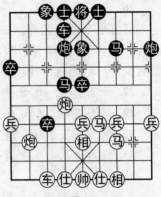

图 36

24. 车二进八　马 6 进 5	25. 车二平三　士 5 退 6
26. 马五进六　将 5 进 1	27. 兵五进一　将 5 平 4
28. 兵五进一　炮 9 平 5	29. 仕四进五　车 2 平 4
30. 马六进八　马 4 进 2	31. 车三平四　将 4 平 5
32. 马八进六　炮 5 平 1	33. 兵五进一　车 4 退 3
34. 马三进五　炮 1 退 2	

红方残局功夫细致紧凑，攻杀次序井然，现进中马，加大了攻
击力，使黑方防不胜防，更难应对。

35. 马五进三　马 2 退 4	36. 兵五进一　象 3 进 5
37. 马六退五　车 4 平 5	38. 车四平九　车 5 进 1
39. 车九平四　马 4 进 2	40. 相五进七　马 2 进 3
41. 车四退六　马 3 退 1	42. 车四平七　马 1 退 2
43. 车七平五　马 2 进 4	44. 车五进三　马 4 退 5
45. 马三进四　将 5 平 4	46. 兵一进一　马 5 进 4

红方步步迫攻，兑掉车后，达到了以多兵取胜的目的。黑方无
力招架，只好认负。

第 37 局　阎文清负宗永生

1. 马八进七　卒 3 进 1	2. 炮二平五　马 8 进 7

3. 马二进三　车9平8　　**4.** 炮八平九　马2进3

5. 车九平八　车1平2

如马3进4，车一平二，炮2平3，兵五进一，马4进3，车二进六，炮8退1，马三进五，炮8平5，车二平三，车8进2，车八进六，红方主动。

6. 车八进六　炮2平1　　**7.** 车八平七　炮1退1

8. 兵五进一　炮1平3

如车一平二，炮1平3，车七平六，马3进2，车二进六，炮3进5，马七退五，卒3进1，车六退一，马2进4，双方对攻，后果难料。

9. 车七平六　炮3平5　　**10.** 车一平二　马3进2

不如炮8进4，兵七进一，卒3进1，车六进一，炮5进4，仕六进五，马7退5，黑方可以对抗。

11. 车二进六　卒3进1　　**12.** 车六退一　马2进3

13. 马七进五　卒3平2　　**14.** 车六进一　马3进1

15. 相七进九　车2进2　　**16.** 仕六进五　卒7进1

进7路卒是劣着。应车2平4，车六进一，炮8平4，车二平三，象7进5，局势较为平稳。

17. 兵五进一　卒5进1

红方进兵错失良机。应帅五平六，车2平4，车二平五，红方大占优势。

18. 炮五进三　车2平5　　**19.** 帅五平六　炮5进3

红方弃子过于贪攻。不如炮五进三，士6进5，车六平三，车5平6，双方各有千秋。

20. 车六进三　将5进1　　**21.** 车二平三　炮5进1

22. 兵三进一（图37）　象7进9

如图37所示，黑方进边象保卒是一步好着，遏制了红方的攻势，获得了主动权，为反击创造了条件。

23. 兵三进一　象9进7　　**24.** 车三退一　炮8退1

25. 车三平七　将5平6　　**26.** 车七进四　炮8平7

27. 车七退三　车 5 进 1

28. 车七平五　马 7 进 5

29. 车六退三　炮 7 进 8

应车六退四为好，这样可给黑方制造更大的麻烦。

30. 帅六进一　马 5 进 7

31. 马三进四　士 6 进 5

32. 车六平四　士 5 进 6

33. 车四平六　士 6 退 5

34. 车六平四　士 5 进 6

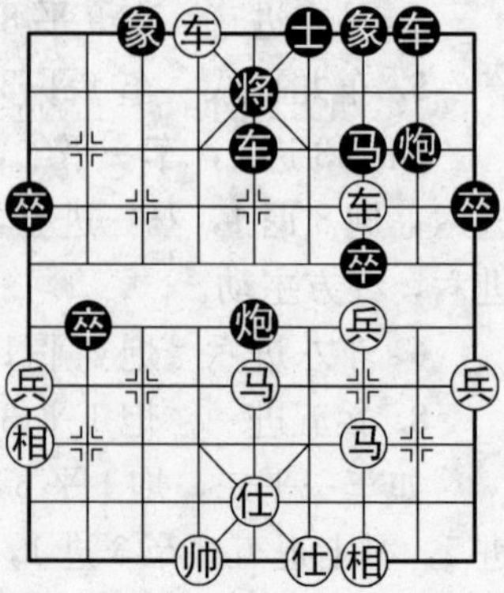

35. 车四平六　士 6 退 5

图 37

36. 车六平四　士 5 进 6

37. 车四平六　炮 7 退 1

38. 仕五进六　车 8 进 8

39. 车六退一　马 7 进 6

40. 马四进三　将 6 平 5

红方不如帅六退一，比较稳妥。

41. 帅六退一　车 8 进 1

42. 仕六退五　炮 5 进 3

43. 帅六平五　炮 5 退 1

44. 帅五平六　车 8 平 6

45. 帅六进一　炮 5 进 1

46. 马五退四　车 6 退 1

黑方车炮马连接攻杀，红方无法防守，终成败局。

第38局　赵汝权胜蔡福如

1. 马八进七　卒 3 进 1

2. 兵三进一　马 2 进 3

3. 马二进三　车 1 进 1

4. 相七进五　卒 7 进 1

如车九进一，可以避免弃卒抢兑的手段。

5. 兵三进一　车 1 平 7

6. 炮二退一　车 7 进 3

7. 车一进二　马 8 进 7

8. 炮八平九　马 7 进 6

9. 炮二平三　车 7 平 8

10. 马三进四　车 8 进 4

如车 8 进 1 捉马，红方可炮三进三，炮 8 平 6，车九平八，炮 2 进 2，车八进四，局势比较平稳。

11. 车一平三　象 7 进 5

12. 车九平八　炮 2 平 1

13. 车八进四　士6进5　　　14. 仕六进五　车8退3

15. 炮三平四　马3进4　　　16. 炮四进四　车8平6

17. 车八平四　马4进6　　　18. 车三进二　马6进4

19. 炮四退四　车9平6　　　20. 炮九退一　炮1平3

21. 车三平六　炮8进4　　　22. 炮四平一　车6进3

进车保卒是缓慢之着，不如炮3进4，先取兵较为主动。

23. 马七退八　炮3进4　　　24. 马八进六　炮3进2

25. 炮九进五　卒5进1　　　26. 炮九平一　马4进2

27. 兵九进一　将5平6

出将意欲兑马，然后打中仕对
攻。但比较虚浮，不如车6平8封占
八路要道，比较坚实有力。

28. 车六平二　车6进3

29. 车二进五　将6进1

30. 后炮进一（图38）　炮8平5

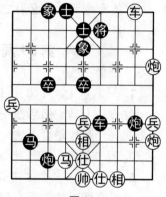

图 38

如图 38 所示，红方在前两回合
利用黑方贪取中兵的机会，突施妙手
走出进炮弃马的好着，使黑方措手不
及而陷入困境。至此，黑方如马2进4，后炮平四打将，车6平7，
炮一平四，车7平6，车二退六，炮3退2，帅五平六，马4进2，
兵九进一，炮3平1，车二平四，炮1平6，前炮平八，炮6平8，
兵九平八，红方多子胜势。

31. 马六进五　马2退4　　　32. 马五进六　炮3退3

33. 前炮平六　炮3平5　　　34. 帅五平六　士5进4

35. 车二退一　将6退1　　　36. 车二平八　马4进3

37. 车八退七　马3退2　　　38. 车八平六　车6退3

39. 马六退七　士4退5　　　40. 炮六进二　车6进3

41. 马七进五　卒5进1　　　42. 兵一进一　卒5平4

不如车6平9，先吃一兵较为实惠。

43. 兵九进一　卒4进1　　　44. 兵九平八　卒3进1

45. 兵一进一　卒 3 进 1　　　　**46.** 炮六平八　车 6 平 9

红方平炮制住黑马是步好着，以后可随时兑去一马，形成多子的胜势。

47. 兵一平二　车 9 平 8　　　　**48.** 兵二平一　车 8 平 9

49. 兵一平二　卒 4 平 5　　　　**50.** 炮八退五　卒 3 平 2

51. 车六进五　卒 2 平 3　　　　**52.** 车六平五　卒 5 平 4

53. 兵八进一　将 6 平 5　　　　**54.** 兵二进一　车 9 平 8

55. 车五平三

红方车炮双兵成必胜之势，黑方已难防守，红胜。

第 39 局　　陶汉明胜冯明光

1. 马八进七　卒 3 进 1　　　　**2.** 炮二平五　马 8 进 7

红方先上马，然后摆中炮，是正常的应法。由此可以看到，红方走起马局是战略性下法。

3. 马二进三　车 9 平 8　　　　**4.** 车一平二　马 2 进 3

5. 兵三进一　象 3 进 5　　　　**6.** 炮八进四　马 3 进 4

进马企图对抢先手，但比较勉强。不如马 3 进 2，封住红方左边的车路，局势比较平稳。

7. 炮八平三　炮 2 平 3　　　　**8.** 车九平八　马 4 进 3

9. 炮五平四　士 4 进 5

上士使局势变得呆板，不如卒 1 进 1，比较灵活有力。

10. 相七进五　卒 1 进 1　　　　**11.** 车八进七　车 1 平 3

12. 车二进五　炮 3 平 4　　　　**13.** 兵三进一　马 3 退 4

14. 炮三进三　象 5 退 7

红方运炮打象展开攻击，虽然暂失一子，但形势有利。

15. 兵三进一　马 4 退 3　　　　**16.** 车八退一　炮 8 平 9

17. 马三进四　车 8 进 4　　　　**18.** 马四进二　马 7 退 9

19. 兵三进一　炮 9 进 4

红方冲兵追回一子，稳健之着。如炮四平一，仍是先手。

20. 马二退一　马9进7　　　21. 车八退二　马3进4

22. 车八平三　象7进5　　　23. 炮四平三　马7退9

24. 炮三平二　卒3进1　　　25. 相五进七　马9进8

26. 马一进二　马8退6　　　27. 相三进五　车3进4

28. 马二进一　象5退7　　　29. 马一退三　马4退3

红方退马是步正着，如马一进三叫将，其他子力配合不上，难得好处。

30. 炮二平三　车3平8　　　31. 马三退四　车8退1

32. 马七进六　炮4平5　　　33. 马六退七　卒9进1

红方退马保中兵，是先手缓攻的手段，企图减少黑方的反扑机会，等待时机再发动攻势。

34. 马四进三　炮5平4　　　35. 马三退四　象7进5

36. 兵五进一　卒5进1

兑中卒比较虚浮，不如马3进4，较为扎实有力。

37. 兵五进一　马6进5　　　38. 车三退一　车8平6

39. 车三平五　马5进3

贪吃一相，招来了无穷后患。不如马5退6，还有一些变化。

40. 车五进四（图39）　前马进4

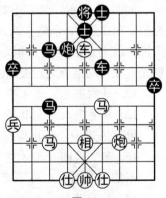

图39

如图39所示，黑方如将5平4避开要杀，马四进五，前马退4，马七进五，卒9进1，炮三进七，将4进1，后马进三，车6平9，马三进五，车9平6，后马进七，卒9进8，炮三退二，红方胜局已定。

41. 帅五进一　将5平4　　　42. 炮三平六　将4平5

43. 相五退七　车6进2

红方退相杀炮，是巧妙的攻法。

44. 车五平六　车6平3　　　45. 炮六平三

黑方无法解救，红胜。

第 40 局　方艺负刘忆慈

1. 马二进三　卒 7 进 1　　　**2.** 兵七进一　马 8 进 7

3. 马八进七　车 9 进 1

及时出动左车，等待机会，是正常的应法。

4. 车九进一　象 3 进 5　　　**5.** 相三进五　马 2 进 4

上 4 路马，准备开出 1 路车，争夺主动。

6. 炮二进四　卒 3 进 1

此时进炮，作用不大。不如车一进一较好。

7. 兵七进一　车 1 平 3

8. 马七进六　车 3 进 4

9. 炮二平九　车 3 平 1

10. 车一平二　炮 8 平 9

11. 炮九平七（图 40）　马 4 进 3

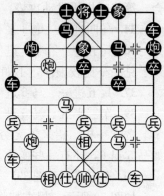

图 40

如图 40 所示，红方不如炮八平九
打车，车 1 进 2，前炮平八，这样还能
应付。以上走法是北京棋坛名宿张德
魁先生在对局结束之后提出的建议。

12. 马六进七　车 1 平 3

13. 马七进八　车 9 平 4　　　**14.** 车九平四　士 4 进 5

可车二进一，还可应付一阵。

15. 车二进四　车 3 进 3　　　**16.** 炮八进二　炮 9 退 1

不如炮八退一，可坚持下去。

17. 车二平七　车 3 退 2　　　**18.** 相五进七　炮 2 平 3

19. 马八退七　车 4 进 2　　　**20.** 马七退九　炮 3 进 7

应马七退六，对防守比较有利。

21. 仕六进五　车 4 平 2　　　**22.** 相七退九　炮 3 平 1

23. 车四进三　车 2 进 1　　　**24.** 兵九进一　炮 1 退 4

红方进边兵造成失误。应马九退八，仍可纠缠下去。

25. 炮八退一　车2平1　　　　**26.** 车四平八　炮1进1

红方由于运子失误，导致局势被动，最后因失子而成败局。

第41局　张惠民胜李定威

1. 马二进三　卒7进1　　　　**2.** 炮二平一　马8进7

3. 车一平二　车9平8　　　　**4.** 车二进六　象3进5

先上右象，保留上马4路的变化。如马2进3，兵七进一，红方仍持先手。

5. 炮八平五　马2进3　　　　**6.** 马八进七　马7进6

红方先出动主力，运子正确。如车二平三，马3退5，马八进七，炮2平4，红方反而无利可占。

7. 车九平八　车1平2　　　　**8.** 车八进四　炮2进2

9. 兵五进一　卒3进1　　　　**10.** 马三进五　卒7进1

红方右马进中路，企图弃子拼杀。

11. 车二平四　马6进5　　　　**12.** 马七进五　卒3进1

如马3进4，兵五进一，马4进5，兵五进一，炮8进2，车八平五，炮8平5，车五退一，炮5进3，相三进五，局势出现缓和，红方仍有优势。

13. 车八平七　马3进4

14. 兵五进一　马4进5

15. 车七平五（图41）　炮2退1

如图41所示，黑方中路防守较弱，应创造攻势牵制对方，才是当务之急。此时应炮2平3打相抢攻，以下相七进九，炮8进6，车四退五，卒5进1，车五退一，炮3退3，黑方可以应付下去。

16. 车四进二　卒7平6

平卒欺车作用不大。不如炮2平3，仍可对抗。

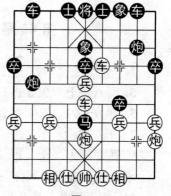

图41

17. 车五退一　炮8平7　　　**18.** 兵五进一　炮2平3

19. 相七进九　炮7进7　　　**20.** 仕四进五　炮7平9

21. 兵五进一　车8进9　　　**22.** 仕五退四　车8退2

23. 仕四进五　车8进2　　　**24.** 仕五退四　卒6平5

平中献卒，无奈之举。如车8退8，仕四进五，车8平6，兵五平四，士4进5，兵四进一，红方胜势。

25. 车五平四　车8退1

红方平车迫兑子力，打消车炮的抽将威胁，可以稳取攻势，也可车五进一吃卒抢攻。

26. 仕四进五　车8进1　　　**27.** 仕五退四　车8退8

28. 仕四进五　车8平6　　　**29.** 车四进五　车2进3

如士4进5加强防守，炮一平三，象7进9，兵五进一，士6进5，车四平五，将5平6，车五退二，炮3退2，车五平四，炮3平6，车四平二，炮6平7，炮三进六，红方胜定。

30. 帅五平四　炮3平6　　　**31.** 炮一平二　士6进5

32. 炮二进七　象7进9　　　**33.** 炮二退三　炮6退1

34. 炮二平五　卒5平6　　　**35.** 帅四平五

以下黑方如车2平5，兵五进一，士4进5，车四平五，红得车胜定。此时黑方无法抵挡，只好认负。

第42局　刘殿中负王嘉良

1. 马二进三　卒7进1　　　**2.** 兵七进一　马8进7

3. 马八进七　象3进5　　　**4.** 炮八平九　马2进3

5. 车九平八　车1平2　　　**6.** 炮二进四　马7进8

7. 车八进六　车9进1　　　**8.** 车一进一　车9平4

9. 炮二平七　士4进5　　　**10.** 兵七进一　象5进3

不如相三进五先等待一下。

11. 炮七平九　炮2平1　　　**12.** 前炮平五　炮8平5

平中炮是有力之应法，为将来的反攻创造了条件。

13. 车八进三　马3退2

14. 炮九进五　象3退1

15. 相七进五　马2进3（图42）

16. 炮五平三　马3进5

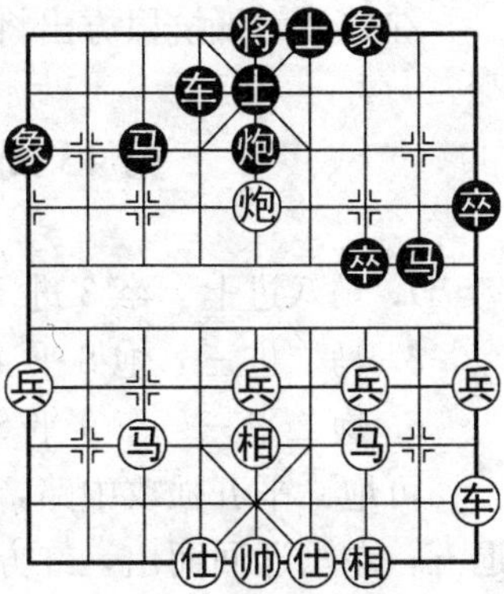

如图42所示，红方利用七路兵换取了黑方中卒和边卒，但出动子力较慢，影响子力调理，虽然多两兵，但形势上却不占先。此时红方平炮较为勉强，可炮五退二，局势较平稳。

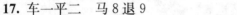

图 42

17. 车一平二　马8退9

18. 炮三平二　马5进6

19. 马三退一　马9进7

20. 车二平八　车4进6

21. 车八进一　马7进5

红方如炮二退四打车，黑方可马6进5，大占优势。

22. 兵五进一　炮5进3

23. 仕四进五　马5进3

24. 车八进七　士5退4

25. 炮二退四　车4退1

26. 车八退四　车4平6

平车6路是步佳着，可以进车捉子争先。

27. 车八平四　士4进5

上士是随手的应法。应车6进2，伏下马6进7的攻杀之着，红方难以应付。

28. 马七进五　马3进5

29. 炮二进一　车6平7

30. 车四退一　炮5退3

31. 炮二平五　车7平5

32. 车四平一　车5平7

33. 车一进二　车7进2

如帅五平四，炮5平8，仍然难以形成和势。

34. 车一平三　象7进9

35. 车三平五　炮5平3

36. 车五进一　炮3进2

37. 车五平一　车7平9

38. 车一平九　车9平7

39. 车九进二　士5退4

40. 车九平七　炮3平5

41. 帅五平四　车7退2

42. 车七退四　炮5进2

43. 兵一进一　车7平6

44. 帅四平五　士6进5

红方无力抵抗黑方出将的反击，终以失守而告负。

第43局　钱宗祥负邬正伟

1. 马八进七　卒3进1　　　2. 兵三进一　马2进3
3. 马二进三　炮8平4　　　4. 马三进四　马8进7
5. 炮二平三　车9平8

可炮二平五强攻中路，士6进5，车一平二，象7进5，马七退五，左马迂回而出，红方仍持先手。

6. 车一进一　象7进5

上中象不如炮2进2较为灵活。红方如炮八平九，象7进5，车九平八，卒7进1，黑方足可对抗。

7. 车一平六　士6进5　　　8. 车六进五　车8平6
9. 马四进三　车1进2

可炮2退1，子力较为活跃。

10. 炮八平九　马3进2　　　11. 兵九进一　卒3进1

红方乘势进兵威胁黑车，好着。

12. 车六平八　马2进4　　　13. 兵九进一　炮2平3
14. 兵九进一　车1平2　　　15. 车八进一　炮4平2
16. 车九平八　炮2进3　　　17. 马七进九　炮3平2
18. 兵九平八　卒3进1　　　19. 马九进七　后炮退2

如兵八进一，卒3平2，车八平九，卒2平1，夺回失子，黑方先手。

20. 车八进二　车6进6　　　21. 仕四进五　前炮进1
22. 车八平六　炮2平5

23. 仕五进四　炮5平4（图43）　24. 马三进五　象3进5

如图43所示，红方马踏中象交换子力，由此失去了攻杀能力。不如兵八进一，炮2平1，炮九进六，车6平7，仕四退五，车7退1，马三进一，红方有攻势好走。

25. 炮三进五　炮2平3　　　26. 炮九进七　车6退1

退车伏下马 4 退 6 的夺子手段，
是步好着。

27. 炮九退五　炮 3 进 4

28. 仕六进五　炮 3 平 5

29. 相七进五　将 5 平 6

30. 车六平八　车 6 平 7

可车 6 进 2，帅五平六，马 4 进
6，黑方胜势。

31. 相三进一　车 7 退 3

32. 炮九平六　炮 5 进 1

33. 炮六进四　车 7 平 8

35. 马七退五　炮 4 平 9

37. 帅六进一　车 8 退 3

39. 车八平六　炮 5 平 4

红方失子，无法防守，只好认负。

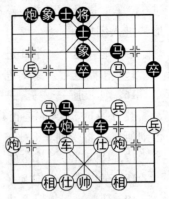

图 43

34. 相一退三　车 8 进 7

36. 帅五平六　炮 9 进 3

38. 马五进三　车 8 平 4

第 44 局　陈富杰和吕钦

1. 马八进七　卒 3 进 1

2. 炮八平九　马 2 进 3

3. 车九平八　车 1 平 2

4. 车八进六　炮 2 平 1

5. 车八进三　马 3 退 2

红方兑车，力求局势保持平稳。

6. 兵三进一　马 2 进 3

7. 马二进三　炮 8 进 4

8. 马三进四　炮 8 平 3

9. 相七进五　马 8 进 9

10. 车一平二　卒 9 进 1

11. 炮九退一　车 9 平 8

红方退炮较为灵活。如炮二平一，车 9 进 1，伏下车 9 平 6 之
着，红方河口马孤立无援，处境不利。

12. 炮二进六　炮 1 平 2

13. 炮九进五　士 6 进 5（图 44）

如图 44 所示，黑方上士正确。如炮 2 进 7，马七退八，马 3

进1，车二进七，黑方左路受到压制，
形势进入困境。

14. 炮九退一　卒 3 进 1

15. 相五进七　象 7 进 5

16. 炮二退一　马 3 进 2

红方及时退炮，是正确的应法，
否则河口马将受到车 8 平 6 的攻击。

17. 马四进三　车 8 进 2

18. 车二进七　炮 2 平 8

19. 马三进一　马 2 进 4

20. 马七退五　炮 3 平 9

22. 马五进三　卒 9 进 1

24. 相三进五　马 4 进 6

26. 马二进四　炮 8 平 6

28. 马三进二　炮 6 退 1

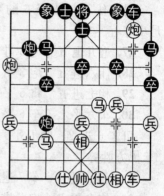

图 44

21. 马一退二　炮 9 平 1

23. 仕六进五　卒 9 平 8

25. 马三进四　卒 5 进 1

27. 后马进三　炮 1 平 4

红方如不顾安危而兵三进一，马 6 进 7，帅五平六，马 7 退 5，
兵三平四，马 5 进 3，伏下马 3 退 2 捉炮之先手，红方颇有顾忌。
此时黑方如马 6 进 7，帅五平六，马 7 退 5，马二退四，士 5 进 6，
马四进六，将 5 平 6，马六退五，红方反而占优。

29. 马二退三　炮 6 进 1　　　　　**30.** 马三进二

双方不愿变着，形成和局。

第45局　陈孝坤负葛维蒲

1. 马八进七　卒 3 进 1　　　　　**2.** 炮二平五　马 8 进 7

红方另有炮八平九和兵三进一的着法。

3. 马二进三　车 9 平 8　　　　　**4.** 车一平二　马 2 进 3

5. 兵三进一　象 7 进 5　　　　　**6.** 车九进一　炮 2 平 1

平边炮便于开出右车，以求主力发挥威力，有利于形势的发展。

7. 车二进六　车 1 平 2

红方也可炮八进四，车1平2，炮八平七，车2进3，炮七平三，车2进3，炮五平四，红方主动。

8. 炮八退一　车2进6

如炮8平9兑车，车二进三，马7退8，炮八平一，马8进7，车九平二，马3进4，炮五平四，黑方左路防守较弱，红方好走。

9. 兵五进一　车2平3　　10. 车九进一　车3平4

平车肋道，防范红方炮八平七攻车，是稳健之着。如士6进5，兵五进一，卒5进1，炮八平七，车3平4，马七进五，卒5进1，炮五进二，炮8平9，车二平三，马7进5，炮七进六，马5退3，炮五平九，马3进4，马五进六，车4退2，炮九进三，局势平稳。

11. 炮八平七　马3进2

如车4进2，车九退一，红方好走。

12. 车九平八　马2进1

红方出车过早。宜走兵五进一，卒5进1，马七进五，仍是红方先手。

13. 兵五进一　马1进3　　14. 马三进四　车4进2

15. 车八平七　炮1平3　　16. 车七平八　炮3进6

17. 兵五进一　士6进5　　18. 车八退一　车4退3

19. 马四进三　炮3退3　　20. 车八平三　车4进1

21. 兵三进一　炮3平5　　22. 仕四进五　马7进5

进马吃兵，准备弃还一子，是抢夺先手的好着。

23. 马三进四　车4平6（图45）

如图45所示，黑方平车捉马，是取势的关键之着。由此，红方右路受攻，一时难以化解。

24. 车二平五　炮8进7

红方如马四进二吃车，将5平6，黑胜。

25. 相三进一　车6退5

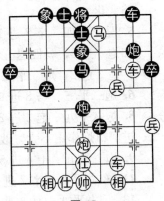

图45

26. 车五退二　炮 8 平 9　　　27. 仕五进六　车 6 进 5

28. 车五进一　卒 3 进 1　　　29. 车五平四　车 6 平 3

30. 帅五平四　车 3 平 5

平车占据中路，制住红炮的威力，是求稳的走法。

31. 兵三进一　车 8 进 9　　　32. 帅四进一　车 8 退 3

33. 帅四退一　车 8 进 3　　　34. 帅四进一　车 8 退 3

35. 帅四退一　卒 3 平 4　　　36. 兵三平二　车 5 平 6

37. 车四退二　车 8 平 6　　　38. 帅四平五　将 5 平 6

应车三平四，车 6 进 2，帅四进一，卒 9 进 1，相一进三，炮 9
平 3，炮五平一，卒 4 进 1，仕六退五，炮 3 退 3，炮一进三，炮 3
平 9，红方还有谋和的机会。

39. 车三平二　卒 4 进 1　　　40. 兵二平三　卒 4 进 1

41. 车二进八　象 5 退 7

红方难以抵挡，只好认负。

第 46 局　　李鸿嘉负蒋川

1. 马八进七　卒 3 进 1　　　2. 兵三进一　马 2 进 3

3. 马二进三　车 1 进 1　　　4. 车一进一　车 1 平 7

如象 7 进 5，车九进一，车 1 平 6，车九平四，士 6 进 5，形成
另一路变化。

5. 马三进四　卒 7 进 1

如炮 8 进 3，马四退五，象 7 进 5，炮八平九，卒 7 进 1，车九
平八，炮 2 进 2，炮二平三，红方先手。

6. 炮二平三　马 8 进 9　　　7. 车九进一　象 7 进 5

8. 炮八平九　炮 2 进 2

进河口炮作用不大，改走炮 2 平 1 较为稳健。

9. 炮三平五　士 6 进 5　　　10. 车一平二　炮 8 平 6

11. 车九平八　卒 7 进 1　　　12. 马四进五　炮 2 平 1

13. 炮九平八　马 3 进 5　　　14. 炮五进四　车 7 进 2

进车捉炮使红方有了弃子抢攻的机会。应炮 1 平 2，炮八平九，炮 2 平 1，炮九平八，炮 1 平 2，双方不变形成和局。这对黑方来说，应该知足了。

15. 炮五进二　　卒 3 进 1

如士 4 进 5，炮八进七，士 5 退 4，车二平六，炮 6 退 2，车六进六，马 9 退 7，红方将要吃回失子而占优。

16. 炮八进七　　卒 3 进 1

17. 车二进六　　车 9 平 6（图 46）

18. 车二平一　　卒 3 进 1

如图 46 所示，红方在大好的攻势下，却贪吃边马，失去了一次良好的攻杀机会。应炮八平六打士捉车，则将 5 平 4，炮五平八，车 6 进 1，炮八进一，象 3 进 1，炮八平九，红方胜势。

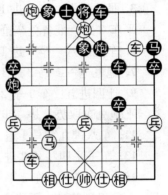

图 46

19. 车八进七　　象 5 进 7

红方还可平炮打士，仍有不少取胜之机。

20. 车一平二　　炮 1 平 5

红方应车一进一，占据攻杀要道。以下黑方如炮 6 平 5，仕六进五，车 7 平 6，炮五平四，下着有车八平六的攻势，仍有胜机。

21. 仕六进五　　炮 5 退 2　　　　**22.** 车二退五　　炮 6 退 1

23. 车八退三　　将 5 进 1　　　　**24.** 车二平七　　车 7 平 4

25. 车七进七　　车 6 平 7　　　　**26.** 车七退五　　车 7 进 3

在艰苦的形势下，黑方坚持攻守兼顾，现在升起左车，防守更加牢稳。

27. 相七进五　　车 4 平 2　　　　**28.** 车八进一　　车 7 平 2

29. 炮八平七　　卒 7 进 1　　　　**30.** 兵五进一　　车 2 平 5

31. 炮七退三　　卒 7 进 1　　　　**32.** 兵一进一　　卒 7 进 1

33. 炮七退一　　炮 5 进 3　　　　**34.** 炮七平八　　卒 7 进 1

35. 炮八退二　　卒 7 平 6　　　　**36.** 帅五平四　　炮 5 进 3

红方被迫兑去一车之后，已无力进取，而黑方利用炮卒攻破城池。红败局已定。

第 47 局　王大勇负徐天红

1. 马二进三　卒 7 进 1	2. 兵七进一　马 8 进 7
3. 马八进七　车 9 进 1	4. 炮八平九　车 9 平 3

平车 3 路，准备兑卒抢夺先手。

5. 车九平八　卒 3 进 1	6. 兵七进一　车 3 进 3
7. 炮九退一　马 2 进 1	8. 炮九平七　车 3 平 4
9. 仕四进五　车 1 平 2	10. 相三进五　炮 2 平 3

平炮兑车取势，是一步佳着，由此夺得了子力位置上的优势。

11. 车八进九　马 1 退 2	12. 炮七进六　炮 8 平 3
13. 车一平四　马 2 进 1	14. 车四进四　马 1 进 3
15. 马七进八　车 4 平 2	16. 炮二进二　象 3 进 5

上象巩固防守，平稳之着，并有静观变化之意。

17. 兵三进一　卒 7 进 1

18. 车四平三　马 7 进 6

19. 马八退六　马 6 进 8（图 47）

如图 47 所示，黑方以马兑炮，可以削弱红方攻势，并使己方在兵种上占优势，在稳扎稳打中夺取优势。

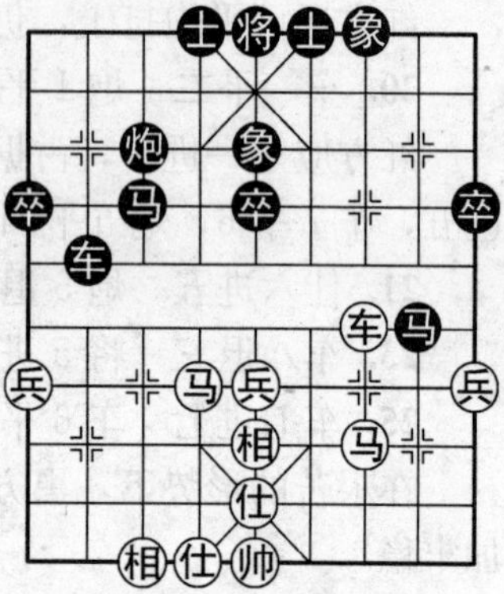

20. 车三平二　车 2 进 2

进车捉马，展开攻击，积极的取势之着。

21. 马三进四　炮 3 平 1

如马六退七，车 2 平 3，马七进九，车 3 进 3，红方少相，局势不利。

图 47

22. 车二进二　马 3 进 4

23. 马四进五　车 2 退 3

退车牵制车马，打破红方弃子谋和的企图。如马 4 退 5，车二平五，车2平4，车五平九，炮1进4，车九平一，形成和势。

24. 车二退二　马4退5　　25. 车二进二　炮1进4

如卒9进1，兵五进一，车2进3，马六退七，车2进2，车二平五，车2平3，车五平九，炮1平3，车九平一，象5进3，帅五平四，黑方无法保存边卒，仍是和局。

26. 兵五进一　士6进5

上士紧要。如车2进3，马六进五，车2平9，车二平五，炮1平5，车五平四，形成和局。

27. 马六进四　车2进3

进车弃马，企图夺取多卒之势，作最后的较量。

28. 马四进五　车2平9　　29. 马五进三　炮1平5

30. 车二平一　车9平7

红方应车二退六防守，以下有马三退四赶走中炮的走法，黑方要取胜，异常艰难。

31. 帅五平四　车7退4　　32. 车一退三　车7平6

33. 帅四平五　炮5平6

黑方多子多卒，已成稳胜之势。余着从略。

第48局　赵庆阁胜蒋志梁

1. 马二进三　卒7进1　　2. 兵七进一　马8进7

3. 马八进七　车9进1　　4. 车一进一　象3进5

5. 车一平六　车9平3

如马7进6，车九进一，马2进3，马七进六，马6进4，车六进三，车9平7，相七进五，红方先手。

6. 炮八平九　卒3进1　　7. 车九平八　马7进8

如车3平4，车六进七，马2进4，兵七进一，车1平3，兵七平六，红方占先。

8. 马七进六　卒3进1　　9. 马六进四　炮8进5

兑炮显得过急，不如车3平4，较为平稳。

10. 炮九平二　炮2进3

升炮比较轻浮，不及炮2平3工稳。

11. 炮二平一　车3进3

应马2进1，先出动子力较好。

12. 马四进六　马2进4

如车3退1，炮一进四，黑方仍然受攻难走。

13. 马三退五　马8进7

14. 炮一平七（图48）　马7进8

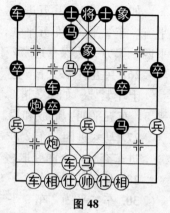

图 48

如图 48 所示，红方退马中路，灵活之着。以下准备右炮左移，打击黑方的防守子力，抢先取势，着法紧凑有力。

15. 马五进三　卒3平4　　**16. 车八进四　车3进3**

17. 车八进四　马4进3

红方进车捉马，配合左马展开攻势。黑方如马8退6，车六平四，马4进3，车八平四，车1平3，后车进一，红方得子胜势。

18. 马六进七　马3退4　　**19. 车六进三　士4进5**

上士更加被动。不如车1平3，车六进四，后车进1，车八平七，车3平7，仕六进五，车7退1，虽然局势受困，但可周旋下去。

20. 车六进四　车1平4

应车1平3，仍可支持。

21. 车六退七

红方退车抽将，黑方失子，已无法防守，只好认负。

第49局　胡庆阳负林宏敏

1. 马八进七　马8进7　　**2. 兵七进一　车9进1**

3. 马二进三　卒7进1　　**4. 车一进一　象3进5**

5. 车九进一　车9平3　　**6. 马七进六　马2进1**

红方过早进马，容易被对方所算。可车一平四，占据要道，控制对方，也很有力。

7. 炮八平七　炮 2 进 5（图 49）

8. 炮二进四　炮 2 平 7

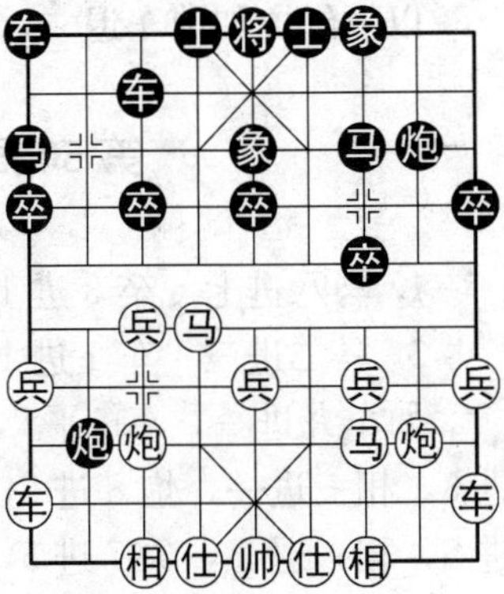

如图 49 所示，红方在右马被捉的形势下，贸然进炮过河展开反击，付出的代价过高，导致实力损失。应相三进五，耐心等待机会，才是上策。

图 49

9. 炮二平三　卒 7 进 1

红方如车一进一捉炮，炮 7 平 8，炮二平七，马 7 进 8，红方不占便宜。

10. 车九平四　卒 7 进 1　　**11. 车四进五　车 3 平 4**

12. 马六进四　车 4 进 3　　**13. 马四退三　炮 7 退 4**

14. 车四平三　马 7 退 5　　**15. 车一平二　炮 8 平 9**

16. 车二平四　马 5 进 3　　**17. 炮七平三　车 1 进 1**

红方如车四进七，车 1 进 1，仍然无法争先。

18. 车三平四　炮 9 退 2　　**19. 前车平一　炮 9 平 8**

20. 车一平二　炮 8 平 9　　**21. 仕四进五　车 1 平 9**

22. 车二平四　车 9 进 5　　**23. 马三进四　士 4 进 5**

24. 前车进二　车 9 平 8　　**25. 相三进一　马 1 退 3**

红方如马四进五，炮 9 进 9，仕五退四，车 8 平 5，炮三平五，将 5 平 4，仕六进五，车 4 进 4，后车进一，车 5 平 7，仍为黑方胜势。

26. 后车进三　车 8 退 4　　**27. 相一进三　象 7 进 9**

28. 马四进三　将 5 平 4　　**29. 炮三退二　炮 9 平 7**

红方如马三进四，车 8 进 7，后车退四，车 8 平 6，帅五平四，炮 9 平 7，黑方多子胜势。

30. 相七进五　象 5 进 7　　**31. 相三退一　后马进 5**

32. 兵五进一　马 5 进 7　　**33. 炮三进六　炮 7 进 3**

34. 马三进四　炮7退3　　　　　**35.** 前车平三　将4平5

36. 帅五平四　车4退2　　　　　**37.** 车三平四　车4平6

以下红方如前车退一，士5进6，黑方多子胜定。

第 50 局　陈启明和张江

1. 马八进七　卒3进1　　　　　**2.** 兵三进一　马2进3

3. 马二进三　车1进1　　　　　**4.** 炮八平九　马3进2

如车九进一，车1平7，马三进二，卒7进1，兵三进一，车7进3，相三进一，炮8进5，炮八平二，马8进7，车一平三，车7进5，相一退三，象7进5，双方大体均势。

5. 马三进四　象7进5　　　　　**6.** 炮二平四　马8进9

7. 车一平二　车9平8　　　　　**8.** 车二进六　炮8平7

9. 车二进三　马9退8　　　　　**10.** 相七进五　马8进6

红方不如车九进一，尽快出动左车，较有攻击力。

11. 炮九退一　车1平4　　　　　**12.** 炮九平二　卒7进1

黑方开通7路线是寻求先手的要着。

13. 兵三进一　象5进7　　　　　**14.** 仕六进五　车4进4

红方应炮二进三，先加强防守，然后看情况再上仕及进七兵兑兵，使战线加长，都将产生一些机会。

15. 马四退二　象7退5　　　　　**16.** 兵七进一　车4平7

17. 兵七进一　马2进3　　　　　**18.** 车九平八　车7进1

19. 马二退一　车7进2

不如车7平9吃兵，先得实利为佳。

20. 炮二进二　马3进5　　　　　**21.** 相三进五　车7平9

22. 兵七进一　车9平6　　　　　**23.** 炮二平三　马6进7

进马抢兑夺先，由此加快了反攻速度，有力。

24. 炮三进一　马7进6　　　　　**25.** 马七进六　炮7平8

26. 炮三平二　炮8平7　　　　　**27.** 炮二平三　炮7平8

28. 炮三平二　炮8平7　　　　　**29.** 相五进三　马6退7

红方上相打马过于勉强，不如仍炮二平三拦炮，双方如不变着，可成和局。

30. 炮二进五　士6进5

31. 相三退一　车6平8

32. 炮二平一　马7进6

33. 相一进三（图50）　马6进4

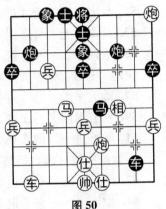

图 50

如图50所示，双方已进入对抢攻势的紧张战斗中，稍有不慎就有落败的危险。此时如走炮7平8，车八进五，车8平7，车八平二，车7退3，兵七进一，车7退3，车二退一，炮2进3，炮四平二，炮8进5，车二退二，红方伏下一定的攻势，黑方并不占便宜。

34. 兵七进一　炮2进3　　　　**35.** 马六进五　炮7退1

退炮加紧防守，正确。如炮7平8，马五进三，伏下炮四进七的攻击手段，黑方反而得不偿失。

36. 车八平六　马4退5　　　　**37.** 相三退五　车8平6

如炮2平8，车六进四，车8平6，帅五平六，炮7进8，帅六进一，炮8进3，车六平二，红方抢杀，威力颇大。

38. 马五进三　炮2平8　　　　**39.** 炮四平二　车6退5

退车是较佳的应着。如马5进6，车六进五弃炮取势，伏下车六平二的攻击手法，黑方处境不利。

40. 车六进四　马5进6

红方升车捉炮占据要道，算计深远。如车六进五，马5进6，车六平二，马6进7，帅五平六，车6平4，仕五进六，炮8平4，仕六退五，炮4平9，仕五进六，马7退5，仕四进五，炮9退5，车二进四，士5退6，车二平一，车4平7，黑方胜势。

41. 仕五进四　炮8进1　　　　**42.** 炮二退一　炮8平5

43. 帅五平六　炮5平9　　　　**44.** 车六平一　车6平4

45. 炮二平六　炮9平1　　　　**46.** 车一平四　马6退4

47. 炮六进五　马4进5	48. 仕四进五　马5退6
49. 炮六平二　炮7平8	50. 炮二平四　士5进6
51. 兵七平六　士4进5	52. 马三退一　炮8平7
53. 兵六平七　马6退7	54. 炮一平二　炮1平4
55. 炮四平六　马7进5	56. 帅六平五　炮4平5

应炮7进4，全力展开攻势，较有取势的机会。

57. 帅五平六　马5进3	58. 炮六平三　马3进1
59. 仕五退四　马1进2	60. 帅六平五　马2退4
61. 帅五进一　炮5平8	

不如退中炮打马，仍然有进取之机。

62. 炮三平五　马4退5	63. 马一进三　马5退7
64. 炮五平一　马7退9	

黑方以马兑去红炮，形成和势。

第51局　谢丹枫负谢岿

1. 马八进七　卒3进1	2. 兵三进一　马2进3
3. 马二进三　车1进1	4. 车九进一　车1平7
5. 炮八进四　卒7进1	6. 炮八平七　卒7进1

红方平炮压马打象，是紧凑有力之着。如兵三进一，车7进3，黑方左车显威，比较主动。

7. 炮七进三　士4进5	8. 车九平六　士5进6

上士使车路畅通，有利于右路的防守。

9. 车六平八　炮2进2	

红方再平车捉炮，显得有些重复，使黑方借机进右炮防守。由此分析，上一着红方不如直接车九平八比较有力。

10. 车一进一　象7进5	11. 炮七平九　卒7进1
12. 马三退五　马8进7	13. 车一平四　车7平1
14. 炮九平八　马7进6	15. 兵七进一　炮8平7
16. 车四进三　车9平8	

红方应车四进一，车 9 平 8，兵七进一，象 5 进 3，相三进一。红方阵形严谨，还可进行对抗。

17. 炮二平四 车 8 进 8（图 51）

如图 51 所示，黑方及时进车下二路，准备平 6 要杀，着法凶悍有力，红方陷入被攻的困境之中，一时难以化解。

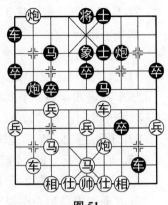

图 51

18. 兵七进一 车 8 平 6

红方如炮四进三打马，车 8 平 6，车四平三，炮 2 平 6，车三进三，炮 6 平 7，相三进一，车 1 平 8，炮八平九，车 8 进 8，车八进八，马 3 退 4，黑方胜定。

19. 相三进一 炮 7 平 8

平炮准备沉底路攻杀，使红方处境更加危险。

20. 马五进六 炮 8 进 7	**21. 相一退三 车 6 进 1**

红方退相防守，功效较差。不如仕四进五，卒 7 进 1，仕五进六，尚可应付。

22. 帅五进一 卒 7 进 1	**23. 兵七平八 卒 7 平 6**
24. 帅五平六 车 1 平 4	**25. 车八进二 卒 6 进 1**
26. 帅六进一 炮 8 退 2	

退炮捉马可将防守兵力吃掉，为取胜打下基础。

27. 车四进一 炮 8 平 3	**28. 车四进二 车 6 平 4**
29. 帅六平五 后车进 5	**30. 车八平六 车 4 退 3**
31. 车四平五 将 5 平 4	**32. 车五平七 车 4 进 1**

红方被攻破城门，只好认负。

第 52 局 张强负赵国荣

1. 马八进七 卒 3 进 1	**2. 炮二平四 马 2 进 3**

3. 马二进三　马8进7　　　　**4.** 车一平二　车9平8

5. 兵三进一　炮8进4　　　　**6.** 马三进四　炮8退1

7. 马四退三　炮8进1　　　　**8.** 炮八进四　炮8平7

如马三进四，炮8退1，马四退三，炮8进1，双方可判和局。

9. 炮八平七　车1平2　　　　**10.** 相七进五　士4进5

11. 车九平八　象3进5　　　　**12.** 兵七进一　卒3进1

如车八进四，炮2平1，车八进五，马3退2，兵七进一，卒3进1，相五进七，马2进4，炮七进一，马4进3，黑方足可应对。

13. 相五进七　卒7进1　　　　**14.** 兵三进一　象5进7

15. 车八进五　象7退5　　　　**16.** 炮四进四　车8进9

17. 马三退二　炮2平1　　　　**18.** 车八平三　炮7平1

红方平车捉马炮企图谋子，容易被黑方所算计。不如车八进四兑车，马3退2，炮四平三，红方子力不受制约，比较好走。

19. 马七进九　炮1进4　　　　**20.** 车三进二　炮1进3

红方应加强防守，如相七退五，局势尚无大碍。

21. 帅五进一（图52）　车2进8

如图52所示，红方如仕六进五，车2进9，仕五退六，车2退4，仕六进五，车2平3，帅五平六，卒5进1。黑方弃子有攻势。

22. 帅五进一　车2平8

23. 炮四进二　士5进6

弃士好着。如车8进1，车三平五，车8退8，车五平七，车8平6，帅五平六，红方并不难走。

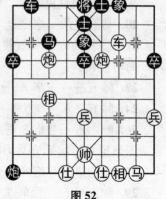

图52

24. 车三平四　将5进1　　　　**25.** 炮四平一　车8进1

26. 车四进二　车8退4　　　　**27.** 车四退四　车8平3

28. 车四平二　象7进9

如车3退2，车二进三，将5退1，炮一进一，红胜。

29. 炮七平一　炮1退5　　　　**30.** 兵五进一　车3平5

弃中兵是无可奈何之应法。如帅五退一，车 3 进 3，帅五进一，炮 1 平 5，帅五平四，马 3 进 4，车二进三，将 5 退 1，车二进一，象 5 退 7，前炮进一，车 3 退 1，相三进五，车 3 平 5，帅四退一，将 5 进 1，黑方胜势。

31. 帅五平四	车 5 平 6	**32.** 帅四平五	车 6 退 5

黑方退车攻中有守，是取势的紧要之着。如炮 1 平 5，车二进三，将 5 退 1，车二进一，象 5 退 7，前炮进一，将 5 进 1，车二退一，将 5 进 1，车二退一，车 6 退 3，车二退一，黑方不利。

33. 前炮进一	车 6 进 3	**34.** 后炮平二	炮 1 平 5
35. 炮二进三	车 6 退 2	**36.** 炮二退一	车 6 退 1
37. 炮一退一	将 5 退 1	**38.** 炮二进一	车 6 进 1
39. 炮一进一	将 5 进 1	**40.** 炮二退一	车 6 退 1
41. 炮一退一	将 5 退 1	**42.** 炮二平三	马 3 进 4
43. 帅五平六	马 4 进 3	**44.** 相三进五	车 6 进 7

黑方车马炮攻杀有力，红方招架不住而败北。

第 53 局 李鸿嘉负洪智

1. 马八进七	卒 3 进 1	**2.** 兵三进一	马 2 进 3
3. 马二进三	车 1 进 1	**4.** 车一进一	车 1 平 7
5. 马三进四	炮 8 进 3		

也可炮八进四，马 3 进 2，马三进四，象 7 进 5，车九进一，红方好走。

6. 马四退五	炮 8 退 3	**7.** 炮八平九	卒 7 进 1
8. 炮二平三	炮 8 平 7	**9.** 车九平八	炮 2 平 1
10. 车八进四	卒 7 进 1	**11.** 车一平三	炮 7 进 5

如车八平三，车 9 进 1，黑方好走。

12. 车三进一	车 9 进 2	**13.** 兵七进一	车 7 进 3

如车三进二，车 7 进 4，车八平三，车 9 平 7，车三进三，马 8 进 7，黑方较好。

14. 炮九退一　象 7 进 5　　　15. 相三进一　车 9 平 8

16. 车三进二　车 7 进 1

17. 相一进三　车 8 进 2（图 53）

18. 兵五进一　马 8 进 7

如图 53 所示，红方应炮九平七，对黑方 3 路加强控制。以下则卒 3 进1，车八平七，马 3 进 2，车七平八，形成平等局势，红方足可抗衡。

19. 马五进六　卒 3 进 1

20. 车八平七　马 3 进 2

21. 炮九进五　马 2 退 4

22. 车七进二　马 4 进 5

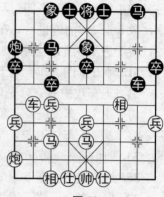

图 53

24. 炮九平五　士 6 进 5　　　23. 仕六进五　车 8 平 4

应炮九退二，马 5 退 7，马七进八，红方还可支持。

25. 炮五平三　炮 1 平 4　　　26. 马六退八　车 4 进 2

27. 马八进六　炮 4 进 2

及时进 4 路炮，伏下炮 4 平 5 及炮 4 平 8 的攻击手段，是扩大优势的好着。

28. 炮三平六　炮 4 平 8　　　29. 相七进五　车 4 平 7

30. 相三退一　马 7 进 6　　　31. 相一退三　马 6 退 4

由于红方走出丢子的坏着，造成败局。如炮六进二，还能再斗下去。至此，黑方胜定。

第 54 局　林益世负翁德强

1. 马二进三　卒 7 进 1　　　2. 相七进五　马 8 进 7

3. 车一进一　炮 8 平 9　　　4. 兵七进一　车 9 进 8

5. 炮二退一　象 3 进 5　　　6. 马八进七　马 7 进 6

红方可炮二平三，使局势明朗，较为有利。

7. 车九进一　炮 9 平 6　　　8. 车九平六　马 2 进 3

9. 炮二平三　炮 2 平 1　　　　**10.** 车六进四　马 6 退 7

11. 马七进八　卒 3 进 1　　　　**12.** 马八进七　炮 6 进 6

13. 车一进一　卒 3 进 1　　　　**14.** 车六退四　炮 6 退 2

15. 相五进七　炮 1 进 4　　　　**16.** 马三退五　炮 6 退 2

17. 车六进二　炮 1 进 3

不如炮八平九，阻挡黑炮的攻势，较为稳健。

18. 马五退七　车 8 进 8　　　　**19.** 炮三平六　士 4 进 5

20. 兵五进一　炮 6 平 3

平炮压马打马，由此控制了局势，争到了主动。

21. 相七退九　车 1 平 2　　　　**22.** 仕四进五　车 8 进 1

23. 车一平三　车 2 进 3　　　　**24.** 车六进三　马 7 进 6

25. 兵五进一　马 6 进 5　　　　**26.** 车三平五　马 5 退 3

乘红车无法活动之时，尽快跃马出击，黑方由此夺得优势。

27. 兵五进一　炮 3 平 5（图 54）

如图 54 所示，黑方平炮中路，加紧攻击的节奏，是有力的走法。如炮 3 进 5，相九退七，前马退 4，兵五平六，车 8 平 7，仕五退四，形势仍然占优，但攻击力比较迟缓，是其不利之处。

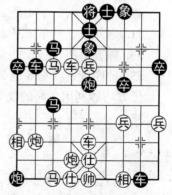

图 54

28. 帅五平四　前马退 4

29. 兵五平六　车 8 平 7

30. 帅四进一　炮 1 平 2

为防止炮六平八打死车，黑方炮 1 平 2 阻拦，使红车白吃中炮，减少了攻击力。此时黑方应炮 5 平 3，炮六平八，炮 3 进 4，仕五进四，车 7 平 4，马七进九，车 4 退 1，帅四退一，炮 3 进 1，后炮退一，车 4 退 5，黑方大占优势。

31. 车五进三　车 2 进 3

不如炮 2 退 1，以下有车 7 平 4 的攻法，较为合适。

32. 前马进九　车 2 退 4　　　　**33.** 炮六平八　车 2 平 1

34. 前炮退二　车7退3　　　35. 马七进六　车7平4

36. 前炮平六　车4平3　　　37. 马六进七　车1平2

38. 炮八进六　车3退1

看到红方有兵六平七的威胁手段，所以退车吃马，是保持优势的紧要走法。

39. 相九进七　车2进1　　　40. 炮六平七　马3进2

41. 兵六平七　车2退1　　　42. 仕五进六　马2进1

红方上仕比较缓慢，不如车五退二，控制子力为好。

43. 相七退九　车2进4　　　44. 炮七平九　车2平6

45. 帅四平五　车6平9　　　46. 帅五退一　马1进3

如炮九进二，车9平1，相九进七，车1平3，车五退一，卒9进1，红方仍难抵抗车卒的攻势。

47. 炮九进五　车9进3　　　48. 帅五进一　车9平4

49. 车五平六　车4平2　　　50. 兵七进一　车2退6

51. 炮九进三　车2平1　　　52. 炮九平八　车1平5

53. 帅五平四　马3进4　　　54. 帅四退一　马4退5

55. 帅四进一　马5退7　　　56. 帅四退一　车5平2

黑方巧妙利用车马的攻势，获得了胜局。

第55局　　陈孝坤胜童本平

1. 马八进七　卒3进1　　　2. 兵三进一　马2进3

3. 马二进三　炮8平4　　　4. 车一进一　炮2进2

可马8进7，车一平六，士4进5，车六进五，车9平8，炮二进二，象3进5，车六平七，车1平3，兵七进一，车8进4，黑方防守稳健，较有对抗能力。

5. 炮二进五　马3进4

红方进炮打马，打乱了黑方的布阵策略，取得了主动攻击的优势。

6. 炮八退一　车9进1

如炮4平5，炮八平五，马8进7，炮二退一，仍是红方优势。

7. 车一平四   象7进9

8. 炮八平五   车9平6

9. 炮五进五   炮4平7

10. 车九进一   车1进1

11. 车四进六   炮7进3

红方强行进车，力求保持中炮的优势。

12. 车九平四   车6进1

13. 车四进六   炮7进4

14. 仕四进五   卒7进1

15. 车四平八   马8进6

如车四平九，马8进6，车九进一，马6进5，兵五进一，马4进3，车九退二，马5进4，红方虽得一车，但难以控制形势，所以没有这样走。

16. 炮二平四   车1平3

17. 炮五退二   马4进3

18. 炮四退四   马3退5

红方一系列的着法均为谋子。此时退炮打马，目的已经达到。

19. 兵五进一   卒3进1

20. 车八退二   卒3进1

21. 马七退八   车3进2

22. 车八平四   马6进4

23. 兵五进一   士4进5

24. 兵五平六   车3平8

25. 炮四进一   卒7进1

如炮7平9，炮四平一，车8进6，仕五退四，迫兑一炮后，黑方少子难以应付。

26. 炮四平五   车8平5（图55）

如图55所示，黑方如将5平4，相七进五，炮7平9，相五进三，车8进6，车四退五，车8平7，相三退五，兑车之后，黑方少子难抗衡。

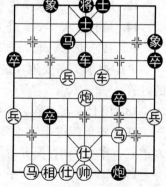

图 55

27. 炮五退一   卒7进1

28. 兵六进一   车5进2

29. 兵六进一   卒7进1

30. 炮五退一   象3进5

31. 兵六平五   车5退3

32. 车四平七   将5平4

33. 车七进四   将4进1

34. 车七退六   车5平8

35. 炮五平六

红方平炮伏下杀势，黑方无力抵抗，只好认负。

第56局　赵庆阁负蔡福如

1. 马二进三　卒7进1　　　　**2.** 兵七进一　马8进7

3. 马八进七　车9进1

如炮2进4对抢先手，但不及车9进1稳健有力。

4. 车一进一　车9平6　　　　**5.** 车九进一　炮2平5

反架中炮加强反击。如马2进3，车一平四，车1进1，炮二进四，红方先手。

6. 车九平四　车1进1　　　　**7.** 炮二进四　马7进6

8. 炮八进四　马2进3　　　　**9.** 炮二平七　象3进1

10. 兵七进一　炮8平7　　　　**11.** 炮八退一　马6进7

红方退炮打马，是失先之着。应车四进三，卒7进1，车四平三，炮7退1，炮七平一，炮5平7，车三平四，后炮进5，马三退五，红方占优。

12. 炮八平三　象7进9　　　　**13.** 炮三退一　象1进3

14. 马七进六　卒5进1　　　　**15.** 马六进八　卒5进1

16. 马八进七　炮7平3　　　　**17.** 炮七平五　炮5平7

平中炮于7路要道，是似笨实佳的好着。

18. 相七进五　卒5平6

红方如车四进七，炮3进7，仕六进五，车1平6，黑方占优。

19. 车四平六　车1平4（图56）

如图56所示，黑方兑车抢占4路，是紧要之着。使红方的空头炮无用武之地，并可扩大牵制能力，争取主动出击。

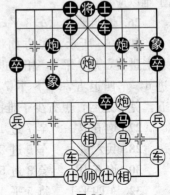

图56

20. 车六进七　车6平4　　　　**21.** 炮三进二　车4进3

22. 车一平八　卒9进1　　　　**23.** 车八进五　卒1进1

进边路卒，以静制动，是步好着。

24. 车八平七　炮3平6　　　25. 仕六进五　车4平6
26. 车七平六　将5进1

升将巧妙，使红方双炮无法发挥威力。如车6退1，炮五退一，黑方前功尽失。

27. 炮五平四　炮6平5　　　28. 马三退一　将5平6
29. 炮三平一　卒6平5　　　30. 炮四平三　卒5进1
31. 车六平四　车6退1　　　32. 炮一平四　马7退5
33. 炮四退一　炮5进1　　　34. 炮三平四　将6平5

如炮四平九，卒5平4，帅五平六，炮7平4，帅六平五，马5进6，黑胜。

35. 后炮平五　将5平4　　　36. 马一进二　马5进7
37. 相五进三　卒5平6　　　38. 炮四进一　士4进5
39. 炮四进一　将4退1　　　40. 马二进一　马7进6
41. 相三退一　马6退5　　　42. 相三进五　马5进3
43. 相一退三　马3退4　　　44. 炮四平二　卒6平5
45. 炮二进一　象9退7　　　46. 马一进三　卒5进1

黑方组织兵力展开攻势。此时运卒吃中相，扩大了优势。

47. 相三进五　马4进5　　　48. 仕五进六　马5退6
49. 炮五平四　马6进5　　　50. 炮四平五　炮7平4

平炮施展攻杀，扩大了优势。

51. 帅五进一　马5退6　　　52. 炮五平四　马6退4
53. 炮四退三　马4进5　　　54. 炮四平五　马5退7
55. 帅五平四　炮4平6　　　56. 马三进二　炮6进2
57. 炮五平二　马7退5　　　58. 马二退三　炮5平6
59. 帅四平五　马5进6　　　60. 帅五退一　马6进8

黑方马炮攻杀有力，终于吃去一炮，从而取得胜利。

第57局　葛维蒲和邬正伟

1. 马八进七　卒3进1　　　　**2. 炮二平四　马8进9**

如马8进7，兵三进一，车9平8，马二进三，马2进3，车一平二，象7进5，炮八进四，马3进4，炮八平三，红方仍持先手。

3. 马二进三　车9平8　　　　**4. 兵三进一　炮8平7**

5. 马三进四　马2进3　　　　**6. 炮四平五　象3进5**

红方也可兵一进一，静观变化。

7. 炮八平九　车8进4　　　　**8. 车九平八　车8平6**

9. 车八进四　车1平2　　　　**10. 相三进一　炮2平1**

红方上边相力求变化。如炮五平四，炮7进3，车八进三，车6进1，车八平七，炮7进2，相三进五，车6进2，马七退五，车2进7，马五进三，车6平7，兑去子力之后，成平稳局势。

11. 车八平六　车2进6　　　　**12. 炮五平四　车6平8**

13. 兵三进一　车8平7　　　　**14. 车一平二　士4进5**

15. 相七进五　车2平3　　　　**16. 炮九退一　卒3进1**

17. 车六平七　车3退1　　　　**18. 相五进七　卒9进1**

19. 相七退五　马3进4　　　　**20. 马四进五　车7平5**

如车7进3，仕六进五，车7平9，车二进四，红方子力活跃，黑方白得一相，双方各有千秋。

21. 马五进三　炮1平7

22. 车二进三　车5平6

23. 仕六进五　马4进3

24. 相五进七　马9进8

25. 车二进一　炮7平8

26. 车二平六　马8进7

27. 车六平二　马7退8

28. 车二平三（图57）　**马8进9**

如图57所示，红方应车二平六，

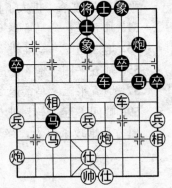

图57

马8进7，车六平二，马7退8，车二平六，车6进1，车六退一，车6平3，炮九平七，红方得子占优。

29. 车三进二　炮8进5　　　　**30.** 炮九平七　炮8平3

31. 炮七进二　马9退8　　　　**32.** 相一退三　车6平5

如炮3退2打相，车三平九，红方多兵，仍有对攻机会。

33. 相七退五　车5进2

以下红方必须炮四平七，车5平3，炮七平九，车3平1，炮九进四。双方无法进取，和局。

第 58 局　柳大华和吕钦

1. 马二进三　卒3进1

应卒7进1，对活跃己方马路及制约对方出马都有好处。

2. 炮八平七　象3进5　　　　**3.** 马八进九　马2进3

4. 车九平八　车1平2　　　　**5.** 兵三进一　马8进9

应炮二平一，可变化成良好的阵形。以下黑方如马8进9，车一平二，车9平8，兵七进一，卒3进1，车二进四。红方子力通畅，紧握主动权。

6. 相三进五　车9进1　　　　**7.** 车八进四　炮2平1

不如仕四进五，力求保持复杂局势，进取的机会相对多一些。

8. 车八进五　马3退2　　　　**9.** 炮二平一　卒9进1

10. 车一平二　车9平6　　　　**11.** 炮一进三　车6进3

12. 炮一进一　士4进5

兵一进一也是很好的应法。

13. 兵一进一　卒1进1　　　　**14.** 仕四进五　卒7进1

15. 车二进四　炮8平7

红方如车二进五，车6进2，兵三进一，车6平7，兵三平四，炮8平7，红方很难有进取之机。

16. 炮一退一　车6进2　　　　**17.** 兵三进一　车6平7

18. 车二平八　马2进4　　　　**19.** 兵七进一　车7退2

20. 马三进四　卒3进1
21. 车八平七　车7平6
22. 马四退三　马4进2
23. 马九进七　马9进7
24. 车七进二　炮7进5
25. 炮七平三　马7进6（图58）

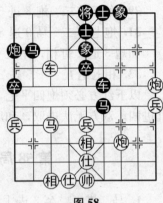

图58

26. 车七平九　马6进7

如图58所示，红方平车捉炮，简化了局势。如炮三平四，还可以争斗一阵。

27. 车九进一　马2进3
28. 炮一平七　车6平3
29. 马七进五　车3平8
30. 仕五退四　车8平5
31. 仕六进五　马7退5
32. 马五退七

红方虽然掌握主动，但由于开局定向太早，使局限性增大，以致影响局势的多变性，终难突破九宫，双方言和。

第59局　阎文清胜于幼华

1. 马二进三　卒7进1
2. 炮八平六　马8进7
3. 马八进七　马2进1
4. 车九平八　车1平2
5. 兵七进一　炮2平3

红方进七路兵开通马路，正确。如车八进四，炮2平3，车八平六，士6进5，兵三进一，车2进4，红方左马不畅，黑方较为满意。此刻黑方平3路炮兑车，力求对红方七路线展开攻击。以往多走士6进5和卒1进1，形成持久的攻守阵形，各有千秋。

6. 车八进九　马1退2
7. 马七进六　卒3进1
8. 相七进五　卒3进1

红方上中相稳健。如兵七进一，炮3进7，仕六进五，车9进1，炮二进四，形成对攻，双方各有顾忌。

9. 相五进七　炮8进3

进炮并不能得到便宜。还应士6进5巩固中路或车9进1开出主力，较为适当。

10. 车一进一 士6进5

红方起横车先发制人，着法有力。如急于马六进五，马7进5，炮六平五，炮3退1，炮五进四，马2进3，炮五退一，炮3进4，双方对攻，红方不好控制局势。此时黑方上中士，无助于全局，应车9进1，及时策应右路为好。

11. 车一平八 马2进1   **12. 炮六平七 炮3进5**

红方平炮兑炮，削弱黑方右路的防守力量，紧凑有力。

13. 炮二平七 象7进5   **14. 车八进六 炮8退2**

15. 兵三进一 卒7进1   **16. 炮七进七 象5退3**

17. 车八平三 车9平6   **18. 车三退三 马1进3**

不如车6进3保护中卒。但从长远看，终究防线较弱，容易发生危险。

19. 马六进五 车6进3   **20. 马五退七 炮8进1**

21. 相七退五 象3进5   **22. 马七进九 马3进1**

23. 兵九进一 车6平1   **24. 兵九进一 车1进1**

25. 车三平二 卒9进1

红方平车牵制黑炮，防止黑方车1平7兑子，老练。至此，红方多兵多相，已有取胜之机。

26. 兵五进一 炮8平2

27. 车二进五 士5退6

28. 车二退二 车1退2

29. 马三进五 象5进3

30. 车二退一 炮2进5

31. 仕六进五 车1进7

32. 兵五进一 士4进5（图59）

如图59所示，黑方上士，意欲保留炮夺双仕的变着，以后可以牵制红方。但此构想不合乎实际，不如炮

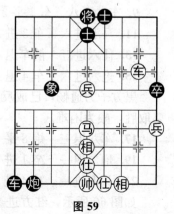

图59

2退3，仕五退六，炮2平9，先吃去红兵，然后再设法防守，可能还有谋和机会。

33. 马五进三　炮1平6　　　　**34.** 仕五退六　炮6平4

35. 帅五进一　车1退3　　　　**36.** 车二平七　象3退1

37. 车七平六　炮4平6　　　　**38.** 兵五平四　车1平6

红方平兵拦炮，由此加快了取势的速度。

39. 兵四进一　车6退2　　　　**40.** 马三进二　车6平7

41. 兵四进一　炮6退3　　　　**42.** 兵四进一　车7进4

43. 帅五退一　车7退6　　　　**44.** 车六平五　象1退3

45. 兵四进一

红兵长驱直入，黑方慌忙中退象造成失子。如将5平4，还可支持一阵。红胜。

第60局　曾益谦负蔡翔雄

1. 马二进三　卒7进1　　　　**2.** 兵七进一　马8进7

3. 马八进七　车9进1　　　　**4.** 车一进一　象3进5

5. 相七进五　车9平4　　　　**6.** 车一平四　车4进3

7. 车四进三　卒3进1　　　　**8.** 炮八平九　马2进4

如兵七进一，车4平3，马七进六，马2进3，双方局势平稳。

9. 车九平八　车1平3　　　　**10.** 兵七进一　车3进4

11. 马七进六　车3进2　　　　**12.** 炮九平六　车3平4

13. 仕六进五　前车退1　　　　**14.** 车四平六　车4进1

15. 炮六进六　车4退4　　　　**16.** 车八进七　马7进6

黑方子力通畅，已成反先之势。但双方都已成为车马炮兵，欲要取胜，颇为困难。

17. 车八退三　炮8平7　　　　**18.** 炮二进四　卒1进1

19. 炮二退一　卒1进1　　　　**20.** 车八平四　马6进4

21. 兵九进一　马4进2（图60）

如图60所示，红方进边兵导致局势被动。应炮二进四，士4

进 5，兵九进一，这样可以形成均势。

　　22. 炮二退四　　车 4 平 8

　　23. 炮二平一　　车 8 进 7

　　24. 炮一进五　　车 8 退 1

　　25. 车四退二　　车 8 退 4

　　26. 炮一退二　　卒 5 进 1

红方退炮不太稳妥，应炮一进三
为好。

　　27. 相五退七　　车 8 平 3

　　28. 相七进九　　马 2 进 3

红方应相五进七，还可支撑下去。

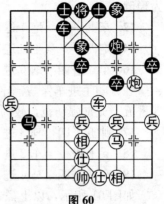

图 60

29. 帅五平六　象 5 退 3		**30.** 车四平六　士 4 进 5
31. 车六进三　卒 7 进 1		**32.** 兵三进一　马 3 退 1
33. 帅六平五　马 1 进 3		**34.** 帅五平六　炮 7 进 5
35. 兵五进一　炮 7 平 1		**36.** 兵九进一　炮 1 进 2

现在被黑方车马炮归边成杀，已无法解救，只好认负。

第 61 局　　陶汉明负许银川

1. 马八进七　卒 3 进 1	**2.** 炮二平四　马 2 进 3
3. 马二进三　炮 8 平 4	**4.** 车一平二　马 8 进 7
5. 兵三进一　炮 2 进 2	

此时上河口炮，意图兑 7 路卒活通马路，并控制红方左车占据
六路。

6. 马三进四　象 7 进 5	**7.** 相七进五　卒 7 进 1
8. 炮八进二　卒 1 进 1	**9.** 马七退五　炮 4 进 3

红方退中马，企图兑七路兵通车路。但效果不一定好，不如仕
六进五，静观变化，较为稳妥。

10. 兵三进一　炮 2 平 7	**11.** 炮八进三　车 1 平 2

红方进炮比较虚浮。不如马五进七，车 1 平 2，车九平八，较

为稳健。

12. 车九平八　炮 4 退 3　　**13. 炮八退三　炮 7 平 6**

14. 炮四平一　士 6 进 5　　**15. 马五进七　车 9 平 6**

16. 车二进四　炮 6 进 5

红方随手进车保马，导致失去一仕，给防守带来了损失。应仕四进五，先加强防范，较为稳健。

17. 帅五平四　马 3 进 4

18. 兵七进一　车 2 进 5

19. 车八进四　马 4 进 6（图 61）

如图 61 所示，以上黑方的着法，颇为巧妙，使红方防不胜防，由此逐渐扩大了优势，为取胜创造了有利的条件。

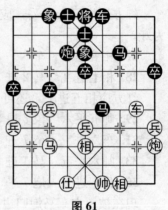

图 61

20. 车二平四　车 6 进 5

红方平车吃马是无可奈何之着。如帅四平五，马 6 进 7，失子后更为不利。

21. 帅四平五　炮 4 平 1

平边炮准备打兵争势，老练之着。

22. 仕六进五　车 6 平 8　　**23. 仕五退四　马 7 进 6**

24. 兵七进一　车 8 平 2

红方可考虑炮一进四打卒，比较好一些。

25. 马七进八　炮 1 进 4　　**26. 马八退七　炮 1 平 9**

不如兵七平八，卒 1 进 1，马八退七，炮 1 平 9，炮一进四，卒 1 进 1，炮一退二，保存过河兵，比较有利。

27. 炮一进四　象 5 进 3　　**28. 炮一退一　卒 1 进 1**

在此形势下，卒是得胜的根源，弃象而保卒是必然之着。

29. 炮一平七　卒 1 进 1　　**30. 马七进八　马 6 进 5**

31. 炮七退四　将 5 平 6　　**32. 炮七平五　马 5 进 7**

33. 马八退七　马 7 进 5

应炮五进五打中卒，还可周旋下去。此刻黑方不失时机地用马换炮，形成了炮双卒的优势。以下黑方将优势扩大为胜势的过程非常精妙，值得学习。

34. 帅五进一	卒1进1	35. 马七进五	炮9退1
36. 马五进七	卒1进1	37. 相五退七	士5进4
38. 相三进一	士4进5	39. 相一退三	将6进1
40. 相三进五	炮9退5	41. 帅五退一	炮9平5
42. 马七退九	卒5进1	43. 仕四进五	卒5进1
44. 相五退三	卒5进1	45. 帅五平六	卒5平4
46. 帅六平五	象3进1	47. 帅五平六	象1进3
48. 相七进五	炮5平3	49. 帅六平五	卒4平3
50. 马九进七	卒1平2	51. 马七进五	卒2平3
52. 马五进三	将6退1	53. 马三退四	前卒平4
54. 仕五进四	炮3平4	55. 仕四退五	炮3平4
56. 马四进五	象3退1	57. 马五进三	将6平5
58. 马三退四	炮4进1	59. 马四进二	将5平6
60. 马二退三	炮4退1	61. 马三进五	后卒平5
62. 马五退七	卒5平6	63. 马七退八	卒6平7
64. 仕五进六	卒4平3	65. 仕六退五	卒7进1

红方难以挡住炮双卒的围攻，认负。

第62局　李旭英负王嘉良

1. 马八进七	卒3进1	2. 兵三进一	马2进3
3. 马二进三	象7进5	4. 炮二平一	马8进6

也可车九进一，抢先出动主力。

5. 车九进一	马3进2	6. 炮八退一	车9平7

红方退炮拦住己方车路，并不适宜。可炮八进五兑子，炮8平2，车一平二，红方仍有先手。

7. 相三进五	卒7进1	8. 炮八平三	炮8平7

9. 车九平四　　车1进1　　　**10.** 马三进二　　卒7进1

可兵三进一，炮7进5，车四进一，炮7退1，车四进一，炮7退1，车四平二，炮7进2，马七退五，红方通过先弃后取的战术夺还一子，形成各有千秋之势。

11. 炮三进六　　车7进2　　　**12.** 马二进一　　车7退1

红方右路车马炮相互拥塞，又被黑方过河一卒，已形成劣势。

13. 车一平三　　炮2平3　　　**14.** 炮一平二　　车7进2

15. 车三进四　　车7平9　　　**16.** 车三进四　　车9平8

17. 炮二平一　　车8进4　　　**18.** 炮一退一　　马2进3

19. 马七退九　　车1平4　　　**20.** 仕六进五　　炮3退1

红方白丢一子，只好尽力展开攻势，力求在混战中夺取机会。

21. 马九进八　　卒3进1

22. 相五进七　　车8平2

23. 炮一平二　　车2进2

24. 炮二进八　　士6进5（图62）

25. 仕五进六　　车2平3

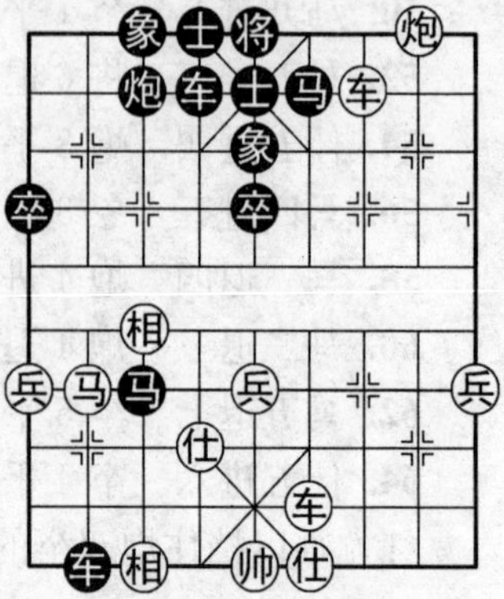

如图62所示，双方展开了紧张的对攻。由于黑方左马的妨碍，使红方攻势受阻，现在只好上仕防守。如马八退九，马3进2，相七退五，车4进7，黑方胜定。

图62

26. 帅五进一　　车4进6　　　**27.** 车三进一　　士5退6

28. 车三退七　　马6退8　　　**29.** 车三平六　　车3平2

30. 车四进五　　车2退3

红方进车求变也是无奈之着。如马八退七，仍然挨打受制。

31. 车六进六　　炮3进3　　　**32.** 车四平五　　车2退4

33. 车六平二　　车2进6　　　**34.** 帅五退一　　马3进4

35. 相七退五　　车2进1　　　**36.** 帅五进一　　车2平4

37. 相五进七　　炮3平2　　　**38.** 车二平八　　马4进2

39. 车八退三　　马2退3　　　**40.** 帅五平四　　车4退1

41. 仕四进五　车 4 平 5　　　　**42.** 帅四退一　马 3 退 5

43. 车五平三　马 5 进 4　　　　**44.** 车三平六　车 5 退 4

黑方抢得优势之后，稳扎稳打。红方少仕缺相，难以长久防守，终于在车马的攻击之下而失守。

第 63 局　赵庆阁胜于幼华

1. 马二进三　卒 7 进 1　　　　**2.** 兵七进一　马 8 进 7

3. 马八进七　车 9 进 1　　　　**4.** 车一进一　象 3 进 5

5. 车一平六　马 2 进 3

不如马 7 进 6 进河口，限制红车升巡河车，比较有利。

6. 车六进三　车 9 平 6　　　　**7.** 兵三进一　马 7 进 6

8. 车六平四　卒 7 进 1　　　　**9.** 车四平三　车 1 进 1

起右横车对红车吃象估计不足，可考虑车 6 平 4，较为工稳。

10. 车三进五　炮 8 平 7

平炮打相取势，如红方应对得宜，仍占主动。所以，不如车 6 平 7 兑子，红方如车三平二，炮 8 平 6，虽然失去一象，但双车抢先开出，也得到了一些补偿。

11. 马三进二　车 6 进 1　　　　**12.** 车三平二　马 6 进 7

13. 炮二平三　炮 7 平 8　　　　**14.** 炮八进一　马 7 退 8

15. 炮三平二　炮 2 进 2　　　　**16.** 炮二进三　炮 2 平 5

17. 仕六进五　炮 8 进 3　　　　**18.** 炮二平三　炮 8 退 4

19. 炮三平二　车 1 平 4　　　　**20.** 车九平八　炮 8 平 7

21. 兵五进一　炮 5 平 7　　　　**22.** 相七进五　车 4 进 5

23. 车二退一　车 6 平 7

红方及时退车牵制 7 路炮，是有利于攻守的好着。

24. 炮八进五　车 4 平 3　　　　**25.** 炮二退三　前炮进 4

26. 车八进七　前炮平 6

红方谋算到黑方虽然有攻势，但有车炮防守，可保住安全。所以抓紧时机进车施加压力，形势对红方更加有利。

27. 相三进一　象5退3　　　28. 炮二平四　炮7平5

29. 车二平三　车7平6　　　30. 车三退七　卒5进1

红方退车捉炮，是先得实利的好着。如炮八平七，炮5进4，炮七退二，车3平4，炮七进三，士4进5，双方对攻，红方不易掌握局势。

31. 车三平四　卒5进1

32. 相一进三（图63）　卒5进1

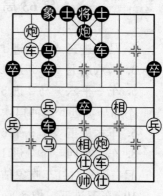

图63

如图63所示，黑方如炮5进1，还有较多的变化。红方如接走车八退一，马3进5，跃出中马加强攻击，还有一些反击机会。

33. 炮八平七　卒5进1

34. 相三退五　车6平5

35. 炮七退二　炮5进6

36. 仕五退六　车3平4

37. 炮七进三　士4进5　　　38. 炮七平九　将5平4

39. 炮四进六　士5进6　　　40. 车八进二　将4进1

41. 车八退一　将4退1　　　42. 炮四平七　车4进1

43. 炮七进一　马3退2　　　44. 炮七退三

红方算度周密，利用车双炮抢先入杀，由于黑方攻击速度较慢，终于落败。

第64局　程福臣负吕钦

1. 马二进三　卒7进1　　　2. 兵七进一　马8进7

3. 马八进七　炮2进4

如车9进1或象3进5，也可进行对抗。

4. 相三进五　马2进3　　　5. 兵三进一　卒7进1

不如炮二进四，较为稳健。

6. 相五进三　马7进6　　　7. 马三进四　炮8平6

8. 马四进六　象3进5　　　　　**9.** 炮二平四　卒3进1

这是兑子抢先之着。红方如兵七进一，马3进4，兵七平六，车1平3，炮四进五，车3进7，车一进二，马6进5，黑方占优。

10. 马六进四　卒3进1

11. 马四进二　车9进2

12. 炮四进五　车9平8

13. 炮四平七　象5进7（图64）

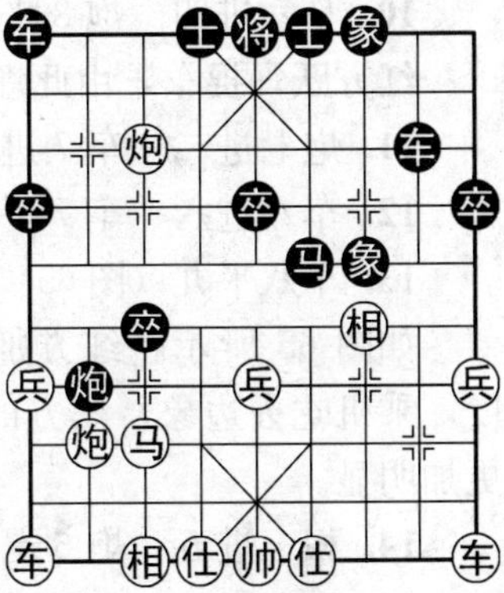

如图64所示，黑方算准弃子可以争先，于是挥卒过河控制局势，由此扩展了优势，战术运用相当巧妙。

14. 马七退五　车8平3

如果逃炮，黑方进卒攻马，红方更加被动，只好弃炮退马谋求防守。

图 64

15. 马五进三　卒3进1　　　　**16.** 相七进五　卒3进1

17. 炮八退二　士4进5　　　　**18.** 仕四进五　车1平4

19. 炮八平七　车3平2　　　　**20.** 炮七平八　车2平3

21. 炮八平七　车3平2　　　　**22.** 炮七平八　车2平3

23. 兵九进一　卒3进1　　　　**24.** 车九进二　卒3平4

25. 车九平八　炮2平3　　　　**26.** 炮八平七　炮3平1

27. 炮七进四　马6进4　　　　**28.** 车一平四　炮1进3

29. 车八退二　卒4平5　　　　**30.** 马三退五　马4进5

黑方入局着法准确，表现出高超的技术水平。

第65局　阎文清胜王晟强

1. 马八进七　卒3进1　　　　**2.** 兵三进一　马2进3

3. 马二进三　车1进1　　　　**4.** 车九进一　车1平7

5. 炮八进四　卒7进1　　　　**6.** 炮八平七　象3进1

上边象防守，布局上容易吃亏。应象3进5或卒7进1，均有不同的变化。

7. 马三进四　卒7进1

红方进马，放任7路卒过河，是抢夺攻势的好着。

8. 马四进六　马3退2　　　　**9.** 车九平八　马2进4

10. 马六进四　炮8平6

红方跃马捉车，由此埋下伏兵，并打乱了黑方的防守阵形。

11. 炮七进二　车7进2

12. 车八进六　车7平6

13. 车八平九（图65）　车9进2

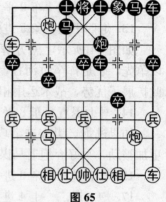

如图65所示，红方加快攻击速度，乘机吃去边象，黑方的防守弱点更加明显。

14. 相三进五　炮6退1

15. 炮七进一　士4进5

16. 炮二平三　卒7平8

17. 相五进三　炮6平7

图65

不如士5进4，炮三进七，士6进5，黑方不失子，还可应付。

18. 车九进二　马4进2

如炮7进6，炮七退三打将抽车，红方大占优势。

19. 车九平八　马2退3　　　　**20.** 车八平七　士5退4

21. 炮三进六　车6退2　　　　**22.** 炮三退二　车6进2

23. 炮三进二　车9退1　　　　**24.** 炮三退三　车6进1

25. 炮三进一　车6退1　　　　**26.** 炮三退一　车9平7

27. 炮三平六　车7平4　　　　**28.** 炮六平三　车4进3

如象7进9，红方可炮三平二，仍是多子占优。

29. 炮三进三　车4退3　　　　**30.** 炮三退三　车4进3

31. 炮三进三　车4退3　　　　**32.** 炮三退三　车4进6

33. 相三退五　车4平3　　　　**34.** 车七退四　车6进3

红方多兵，主动弃还一子，仍然占优。

35. 炮三退三　车3进1　　　　**36.** 仕四进五　象7进9

37. 炮三退一　车6进2　　　　**38.** 炮三进五　车6退5

39. 炮三退五　车 3 退 1　　　　**40.** 车一平二　车 6 进 2

41. 车七进二　象 9 进 7　　　　**42.** 炮三平一　马 8 进 9

43. 车七退一　士 6 进 5　　　　**44.** 炮一进五　卒 1 进 1

45. 兵七进一　车 3 退 1　　　　**46.** 车七平五　车 6 进 1

47. 车五退二　车 6 退 3　　　　**48.** 炮一退一　车 3 平 1

49. 车二进四　车 6 进 3　　　　**50.** 炮一进一　车 6 退 3

51. 炮一退一　车 6 进 3　　　　**52.** 兵一进一　车 6 平 5

53. 车五退一　车 1 平 5　　　　**54.** 炮一平九　士 5 退 6

55. 兵七进一　象 7 退 5　　　　**56.** 车二进三　象 5 退 7

57. 兵一进一　车 5 退 4　　　　**58.** 车二退一　车 5 平 1

59. 炮九平八　车 1 平 7　　　　**60.** 车二平五　士 4 进 5

61. 车五平九　车 7 平 2　　　　**62.** 兵一进一

红方车炮兵加紧进攻，黑方缺象难以防守，认负。

第 66 局　王西兴负王嘉良

1. 马八进七　卒 3 进 1　　　　**2.** 兵三进一　马 2 进 3

3. 马二进三　车 1 进 1　　　　**4.** 车九进一　象 7 进 5

5. 车九平四　马 3 进 4

可车一进一，利用双横车等待变化，较为工稳。

6. 车一进一　马 8 进 7　　　　**7.** 车四平六　马 4 进 3

红方平车捉马难占好处。不如马三进四，马 4 进 3，马四进三，红方仍有先行之利。

8. 车六进六　马 7 退 5　　　　**9.** 车六退四　卒 3 进 1

10. 车六进三　马 5 进 3　　　　**11.** 炮八进四　卒 7 进 1

如车六平七，炮 2 退 1，车七退二，炮 2 平 3，黑方先手。

12. 兵三进一　车 9 平 7　　　　**13.** 兵三进一　车 1 平 6

14. 炮八平五　士 6 进 5

15. 炮五退二（图 66）　炮 8 进 1

如图 66 所示，双方已进入短兵相接的形势，虽然子力相等，

但黑方主力占位较好，占有一定的优
势。此刻黑方进炮打车，是一步巧妙
的反击手段。以下红方如车六退四，
车7进3，车一平八，炮2进2，黑方
占优。

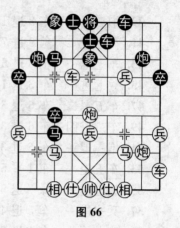

图 66

16. 兵三进一　炮8平5

17. 相三进五　车7进2

18. 马三进二　车6进4

19. 马二进一　车7进1

应马二退一，尚不致失子，但形
势仍处下风。

20. 马一进二　炮5进3　　　　**21.** 马七进五　车7平4

22. 马五进七　车4进6

进马造成速败。如仕四进五，虽然能支持一阵，但也不免
败局。

第67局　宋国强胜苗永鹏

1. 马八进七　卒3进1　　　　**2.** 兵三进一　马2进3

3. 马二进三　车1进1　　　　**4.** 车九进一　象7进5

可车1平7，准备冲7路卒展开反击。

5. 车九平六　车1平6　　　　**6.** 车六进三　车6进3

7. 相三进五　马8进6

如兵七进一，马8进6，以下黑方有马6进4的着法，红方容
易失先。

8. 仕四进五　炮8平6

不如车9平7等待变化。

9. 马三进四　炮6进3

红方上马化解了封制，好着。

10. 炮二平四　车6平8　　　　**11.** 车六平四　马6进8

12. 车四平六　车8平4

红方通过进七路兵兑车，使局势豁然开朗，争得了主动。

14. 马七进六　卒3进1

15. 相五进七（图67）　士6进5

如图67所示，红方上相吃卒稳健。如急于马六进四，马3进4，马四进六，炮2平4，车一平二，车9进1，红方失去主动。此时黑方上士消极防守，使局势更为不利。应车9平8，车一平二，马8退6，车二平四，黑方可以对抗。

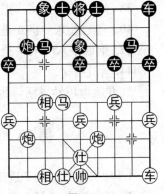

图67

16. 车一平二　马3进4

如车9平8，车二进五，马8退6，车二平四，车8进9，仕五退四，马6进8，炮八平七，炮2进3，相七退五，红方占优。

17. 炮八平六　马4进6

18. 马六进四　炮2平3

19. 相七退五　马6退4

20. 马四进六　马4退2

21. 车二进五　卒7进1

22. 炮四平二　车9进2

23. 车二进一　卒7进1

24. 马六进八　马8退6

红方抓住黑方晚车的弱点，加紧攻击，但此时上马过于凶悍。如车二平五，容易掌握局势。

25. 炮二平四　车9平6

26. 车二平三　马6进8

平车有效控制了黑方的反击能力。如炮六进六，马6进8，车二平五，车6进1，车五进一，马2退4，红方子力被困。

27. 车三退二　卒5进1

28. 车三平八　车6进1

29. 马八进九　车6平4

红方进马佳着，为取胜创造条件。

30. 炮四进三　马8进7

31. 相五进三　士5进6

32. 炮六平八　马2退1

33. 车八进四　马1进2

进马无可奈何。如车4平2，车八平二，车2退3，炮八平五，红方仍是胜势。

34. 相七进五　　马2进4　　　　**35.** 马九退七　　将5进1
36. 炮八进五　　将5平4　　　　**37.** 车八平九　　士4进5
38. 炮八进一　　将4退1　　　　**39.** 炮八进一　　将4进1
40. 马七进九　　将4进1　　　　**41.** 车九平七　　车4平2
42. 炮四平六　　马7退5　　　　**43.** 炮八退二　　炮3进2
44. 车七平八

红方运炮巧妙灵活，再配合车马围攻，终于取得胜利。

第68局　　庄玉庭胜谢业枧

1. 马二进三　　卒7进1　　　　**2.** 兵七进一　　马8进7
3. 马八进七　　车9进1　　　　**4.** 炮八平九　　马2进3

如马2进1，车九平八，车1平2，炮二平一，车9平3，黑方也可对抗。

5. 车九平八　　车1平2　　　　**6.** 车八进六　　炮2平1
7. 车八进三　　马3退2　　　　**8.** 车一进一　　车9平6
9. 相三进五　　车6进3

红方上中相细致。如车一平六，马2进3，车六进三，车6进3，相三进五，车6平2，伏下了马7进6提车的先手，红方不占便宜。

10. 车一平六　　象3进5
边炮打兵容易造成防守上的虚浮。不如卒3进1，车六进三，马2进3，形势比较平稳。

12. 车六进二　　炮1退1
13. 马八进七（图68）　　车6平2
如图68所示，平车使形势更为紧张，顽强对抗的应法是炮8进1，马七进八，士6进5，车六平八，马2进4，形势虽然落后，但仍有周旋的能力。

11. 马七进八　　炮1进4

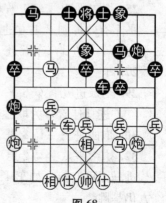

图68

14. 炮二进四　马 2 进 3　　　**15.** 炮二平三　士 6 进 5

16. 车六退二　炮 8 进 1

应炮 8 进 5，比较有力。

17. 车六平二　马 7 退 9　　　**18.** 车二平四　卒 5 进 1

红方运车抢占要路恰到好处。黑方子力松散，弱点一时难以调理，已落入被动之中。

19. 炮三平一　炮 8 平 4　　　**20.** 炮一退一　车 2 进 3

21. 车四进五　车 2 平 4　　　**22.** 仕四进五　车 4 退 1

23. 兵七进一　马 9 进 7

红方也可炮一平五打中卒，但不如进七路兵含蓄有力。

24. 炮一进四　士 5 退 6　　　**25.** 车四进一　马 3 进 5

26. 车四平五　士 4 进 5　　　**27.** 车五平八　车 4 平 3

28. 马七进六　炮 4 退 1

红方进马打乱了黑方的防守，扩大了优势。

29. 车八进二　士 5 退 4　　　**30.** 马六退四　将 5 进 1

31. 兵七平六　车 3 平 4　　　**32.** 兵六进一　马 5 退 4

33. 车八退三　炮 4 平 5　　　**34.** 炮九进四　将 5 平 6

35. 马四退五　车 4 退 2　　　**36.** 炮九进二　炮 5 退 1

37. 炮一退四　车 4 进 1　　　**38.** 兵六进一　炮 5 平 1

39. 兵六进一　车 4 退 4　　　**40.** 车八平三

在红方车马炮兵的强行围攻下，黑方丢子，已抵挡不住红方的攻势，不得不投子认负。

第 69 局　黎德志负曹岩磊

1. 马二进三　卒 7 进 1　　　**2.** 兵七进一　马 8 进 7

3. 马八进七　车 9 进 1　　　**4.** 炮八平九　车 9 平 3

5. 炮二进四　马 7 进 6

如车九平八，卒 3 进 1，兵七进一，车 3 进 3，炮九退一，马 2 进 1，炮九平七，车 3 平 4，相三进五，卒 1 进 1，车八进四，马 1

进2，车八平七，象3进5，仕四进五，红方主动。

　　6. 车九平八　　象3进5

　　7. 车八进五　　卒3进1

　　8. 炮二平九　　马2进4

　　9. 车一平二　　车1平3（图69）

　　10. 相三进五　　马6进7

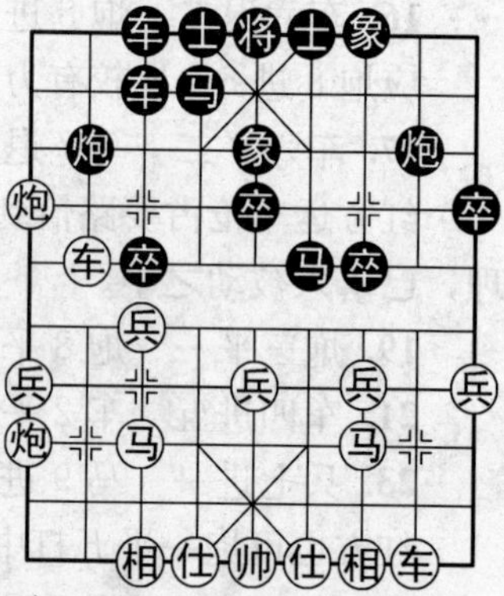

　　如图69所示，红方可车二进四，加强防守，则马6进7，马七退五，炮2平1，成为相持之势，红方足可抗衡。

图69

　　11. 马七进六　　卒3进1

　　12. 后炮平七　　炮2平3

　　14. 马六进四　　马7退6

　　双方兑子之后，黑方有双卒过河，已明显占优势。

13. 炮七进五　　炮8平3
15. 车八平四　　卒7进1

　　16. 兵五进一　　后车平1　　**17.** 炮九平一　　车1进6

　　18. 车四进三　　车1平7　　**19.** 炮一进三　　车7进1

　　20. 车二进九　　卒7平6　　**21.** 炮一平三　　车7退7

　　22. 车二平三　　士4进5　　**23.** 兵五进一　　卒5进1

　　24. 车三退三　　卒5进1　　**25.** 车三平六　　卒3平4

　　红方虽然有双车一兵，但由于边兵离战场太远，速度较慢，不及黑方车炮马卒的攻势。

　　26. 仕四进五　　炮3进4　　**27.** 车四退二　　炮3平4

　　28. 车六平八　　车3进3　　**29.** 兵一进一　　士5退4

　　30. 车四平一　　马4进6　　**31.** 兵一进一　　马6进7

　　32. 车一平七　　车3平5　　**33.** 车七平二　　炮4平5

　　34. 车八平三　　炮5平7　　**35.** 车三平四　　炮7平1

　　36. 兵一平二　　马7进8　　**37.** 车四平三　　车5平6

　　38. 车三退四　　卒6进1

　　如车三平四兑车，黑方可炮1平5，帅五平四，炮5平6，黑方胜。

　　39. 车三平二　　车6进1　　**40.** 兵二平一　　马8退9

41. 后车进三　马9进8　　　　**42.** 后车退二　炮1平8

43. 车二退三　卒5进1

以下形成可胜残局，其入局着法值得欣赏。

44. 车二平一　卒4进1　　　　**45.** 车一平二　车6退1

46. 车二平一　卒4平3　　　　**47.** 车一进一　卒3进1

48. 车一平五　卒3进1　　　　**49.** 车五进三　士6进5

50. 车五退三　将5平6　　　　**51.** 车五平六　卒6进1

52. 仕五进四　车6进3　　　　**53.** 仕六进五　车6退1

54. 相五退三　卒5平4　　　　**55.** 车六平三　卒3平4

56. 车三退二　车6进2　　　　**57.** 车三平四　车6退1

兑车之后，双卒士可以胜单缺仕。

58. 仕五进四　后卒平5　　　　**59.** 相七进九　卒5平6

60. 仕四退五　卒6平7　　　　**61.** 相九进七　卒7进1

62. 相三进一　卒7进1　　　　**63.** 仕五进四　卒7平6

黑方在残局中发挥出双卒的威力，取得胜局。

第70局　陈平和王德山

1. 马二进三　卒7进1　　　　**2.** 炮二平一　马8进7

3. 车一平二　车9平8　　　　**4.** 车二进六　马2进3

5. 兵七进一　象7进5　　　　**6.** 马八进七　车1进1

7. 车九进一　炮2进4　　　　**8.** 马七进八　车1平6

9. 相三进五　炮2平7　　　　**10.** 炮八平七　车6进4

11. 炮一进四　卒7进1

如马八进七，卒7进1，马七进五，炮8平5，车二进三，马7退8，炮七进五，卒7平8，双方各有得失，后果难料。

12. 炮一进三　车8平9

红方力求化解黑方的反击，活通右车，展开牵制，所以进炮交换，是稳健之着。

13. 车二进一　车9进4　　　　**14.** 马八进七　车9平4

15. 车二平三　炮7退4

可马七进五，象3进5，炮七进五，马7进6，车九平八，双方对攻，红方好走。

16. 马三进四　卒7平6　　　　**17.** 车九平四　车4进3

进车捉炮可打乱红方的防守。如车4平6，马七退六，红方占优。

18. 炮七退一　车4平3　　　　**19.** 炮七平九　车3退1

20. 车四进三　车3平5　　　　**21.** 马七进五　象3进5

红方应兵一进一，车5平1，炮九平四，士4进5，兵一进一，红方子力占位较好，前景乐观。

22. 车四进三　马3进4

黑方忙乱中失去良机。应炮7进7，仕四进五，士4进5，车四平五，马3进4，车五平八，炮7平9，黑方多子，大占优势。

23. 车四平三　车5平1　　　　**24.** 炮九平五　车1平9

25. 车三退三　士4进5　　　　**26.** 车三平六　车9退2

27. 炮五进五　卒1进1　　　　**28.** 炮五平二　车9平8

29. 炮二平一　车8平9　　　　**30.** 炮一平二　车9平8

31. 炮二平一　马4退3　　　　**32.** 车六平五　马3退4

33. 车五平六　马4进3　　　　**34.** 车六进二　马3进4

不如车8平9，先行牵制红方车炮。以下红方如车六平七，卒1进1，炮一平六，马3进5，黑方车马灵活，容易谋和。

35. 兵七进一　马4进6　　　　**36.** 兵七进一　车8平4

37. 车六平四　马6进8

应马6进4，仕四进五，车4平9，炮一平三，车9平7，以车牵住车炮，较易成为和局。

38. 炮一进三　象5退7　　　　**39.** 仕六进五　车4平9

40. 炮一平二　车9平8　　　　**41.** 炮二平一　卒1进1

42. 车四平六　卒1平2　　　　**43.** 兵七进一　车8平3

44. 兵七平八　卒2进1　　　　**45.** 炮一退三　马8退7

46. 炮一平二　卒2进1

急于进卒失去一象，失策。应马7退6，炮二平五，士5退4，车六退二，马6进7，炮五退三，车3进2，炮五进二，马7进6，车六平四，卒2进1，可与红方对抗。

47. 车六平三　马7进8　　　　**48.** 车三进三　将5平4

49. 车三退六　车3进2

应车三退三，有进取机会。

50. 炮二进三　将4进1　　　　**51.** 车三进三　士5进4

52. 车三进二　士4退5　　　　**53.** 炮二退一　卒2进1

54. 兵八平七　将4退1

红方平兵攻杀，失去良机。应兵八进一，黑方很难化解危局。此刻黑方乘机退将，避开了受攻之势，形势有了好转。

55. 车三退二（图70）　车3退4

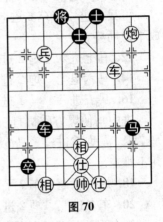

图70

如图70所示，红方退车弃兵是明智之着。如再要对杀而走兵七平八，卒2平3，车三退二，卒3平4，车三平六，士5进4，车六进一，将4平5，红方形成败势。

56. 车三平六　车3平4

如士5进4，炮二退一，黑方丢一士，并不合算。

57. 车六进一　士5进4

红方在关键时刻，误走平兵，失去了胜机。兵的一平一进，差别如此之大，值得吸取教训，以利于提高残局水平。至此，双方均无机会，只好言和。

第71局　金松负张申宏

1. 马二进三　卒7进1　　　　**2.** 兵七进一　马8进7

3. 马八进七　马2进1　　　　**4.** 相三进五　象7进5

5. 车九进一　车1进1　　　　**6.** 车九平四　车9进1

7. 车四进三　炮8退2

退炮保持变化。如车1平6，兵三进一，车6进4，马三进四，卒7进1，相五进三，兑车之后形势比较和缓，红方跃马占据河口要津，阻碍黑方子力的展开。

8. 仕四进五　炮8平7　　　**9. 车一平二　车1平6**

兑车恰到好处，使红方失去兵三进一的走法，黑方可以满意。

10. 车四进四　车9平6　　**11. 炮二平一　卒1进1**

可兵九进一，车6进3，车二平四，车6平4，车四进四，形成平稳局势。

12. 马七进六　炮2进3　　**13. 车二进七　车6平7**

14. 马六退七　炮2进1　　**15. 炮一进四　炮2平3**

16. 兵五进一　马1进2　　**17. 马七进五　炮3平7**

进中马使黑方乘机打三路兵，形势更显被动。不如炮一平三，马7退5，炮三进三，马5退7，车二平四，以下可退车牵制黑炮，并不难走。

18. 炮一平七　车7平9　　**19. 车二退四　马7进6**

20. 车二进三　马2进4

红车退而再进，浪费了步数，使黑方蓄势而发，局势更显不利。

21. 炮七平八　前炮平1

22. 车二平一　车9平4

23. 车一平四　马6进7

24. 前炮退二　马4进5（图71）

如图71所示，红方连续出现缓着，发生了危机。此时黑方乘机运马吃相，已确立胜势。

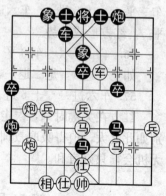

图71

25. 相七进五　车4进5　　**26. 相五退七　炮1平5**

27. 帅五平四　士6进5　　**28. 马三进五　车4平5**

29. 后炮平二　炮7平6　　**30. 帅四平五　车5平2**

31. 炮二进七　炮6进2　　**32. 车四平三　将5平6**

33. 车三进三　将6进1　　　　　**34.** 炮二退三　炮6进4

黑方不吃子而是进炮攻击，表现了很高的运子取势技巧。红方无法防守而告负。

第72局　陶汉明负赵国荣

1. 马八进七　卒3进1　　　　　**2.** 炮二平四　马2进3

红方先平仕角炮是起马局的流行变化，在防守上比较稳健。

3. 马二进三　马8进9　　　　　**4.** 车一平二　炮8平7

也可车9平8，兵三进一，炮8进4，形成另一路变化。

5. 相七进五　士4进5

可车二进四，车9平8，车二进五，马9退8，车九进一，炮7进4，车九平二，马8进7，相三进五，象3进5，车二进三，炮7平3，炮八退一，红方少兵，但子力灵活，比较主动。

6. 仕六进五　车9平8

出车兑车，保持左路的平稳发展，别出心裁。

7. 车二进九　马9退8

8. 兵三进一（图72）　卒7进1

如图72所示，红方强行进三路兵，没有必要，反而失去主动。不如车九平六，象3进5，车六进四，车1平4，车六平二，马8进9，兵七进一，车4进4，炮八退二，红方足可抗衡。

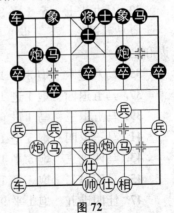

图72

9. 马三退一　卒7进1　　　　　**10.** 相五进三　象3进5

11. 车九平六　炮2平1　　　　　**12.** 炮八进四　卒9进1

13. 相三退五　车1平2　　　　　**14.** 炮八平七　车2进3

15. 炮四进四　马8进9　　　　　**16.** 车六平八　车2进6

红方平车兑车，企图在残局中寻求机会。

17. 马七退八　马9进8

调动主力出击，展开全面攻势。如炮1进4，马八进七，炮1退1，炮四平一，黑方贪小失利，反而不好。

18. 马一进二　炮1进4　　　　**19.** 马八进七　炮1退2

20. 炮四平一　炮7进4　　　　**21.** 马二进一　马8退7

22. 马一退三　马7进9

交换一炮，可造成多兵的优势。

23. 炮七平一　炮7平3　　　　**24.** 兵五进一　炮1平2

25. 兵一进一　卒1进1　　　　**26.** 炮一退一　炮2平9

红方退炮兑炮，虽然削弱了黑方的攻势，但对防守也颇为不利。不如炮一平四，保持子力，仍有一定的机会。

27. 兵一进一　马3进4　　　　**28.** 兵五进一　卒5进1

29. 马三进五　卒1进1　　　　**30.** 兵一平二　卒1平2

31. 兵二进一　卒2进1　　　　**32.** 马七退九　卒2平1

33. 马九进七　卒1平2　　　　**34.** 马七退八　炮3进2

应马五退三，下一步可马七进五，伺机寻求兑子，尚有一定的谋和之机。

35. 马八进六　炮3平1　　　　**36.** 兵二平三　炮1退4

37. 马五退四　炮1进1　　　　**38.** 马四进五　炮1平5

39. 马五退三　马4进6　　　　**40.** 兵三平四　卒3进1

41. 马三退四　炮5退1　　　　**42.** 马六进五　卒3平4

43. 马四进三　炮5平1　　　　**44.** 马五进四　炮1平5

45. 马四退二　炮5平1　　　　**46.** 仕五进六　卒2平3

47. 仕四进五　炮1平9

黑方运子灵活有力，逐渐扩大了攻势。

48. 相五退七　卒3进1　　　　**49.** 马三退四　炮9平1

50. 马二进四　炮1平5　　　　**51.** 帅五平六　卒4进1

52. 后马进五　卒3进1　　　　**53.** 相七进五　马6进8

54. 帅六平五　马8进7　　　　**55.** 帅五平四　马7退6

56. 马五退三　炮5进1　　　　**57.** 马四退二　炮5平6

58. 帅四平五　马 6 进 7　　　　**59.** 马三退四　马 7 退 8

60. 兵四平五　炮 6 平 1　　　　**61.** 马二进四　炮 1 进 4

62. 后马进二　卒 3 进 1

运卒换取仕相，红方更难防守。

63. 仕五退六　马 8 进 6　　　　**64.** 马二退四　卒 3 平 4

65. 帅五平六　炮 1 平 7　　　　**66.** 仕六退五　马 6 退 8

67. 后马进三　炮 7 平 9　　　　**68.** 马三进五　马 8 进 9

69. 马四进二　马 9 进 7　　　　**70.** 帅六进一　炮 9 退 1

71. 仕五进四　马 7 退 8　　　　**72.** 帅六平五　马 8 进 9

73. 帅五平六　马 9 退 7　　　　**74.** 帅六退一　马 7 退 5

在马炮卒的联合攻击下，又吃得一相，黑方已有胜机。

75. 仕四退五　炮 9 退 4　　　　**76.** 兵五进一　炮 9 平 4

77. 帅六平五　象 7 进 5　　　　**78.** 马二进三　将 5 平 4

79. 马三退五　炮 4 平 5　　　　**80.** 帅五平四　马 5 退 4

81. 后马退四　卒 4 平 3　　　　**82.** 马四进三　炮 5 退 1

83. 仕五进四　马 4 进 5　　　　**84.** 帅四进一　马 5 进 4

85. 帅四退一　炮 5 平 1　　　　**86.** 帅四平五　炮 1 进 6

87. 帅五进一　马 4 退 3　　　　**88.** 帅五退一　马 3 进 4

89. 帅五进一　卒 3 平 4　　　　**90.** 马五退七　卒 4 进 1

91. 马七退六　炮 1 退 1　　　　**92.** 马三退五　卒 4 进 1

93. 帅五进一　卒 4 平 3　　　　**94.** 帅五平六　炮 1 退 1

黑方马炮卒攻杀细致有力，红方认负。

第 73 局　吕钦胜赵鑫鑫

1. 马八进七　卒 3 进 1　　　　　**2.** 炮二平四　马 2 进 3

3. 马二进三　马 8 进 7

也可马 8 进 9，车一平二，炮 8 平 7，炮八平九，车 9 平 8，车
二进九，马 9 退 8，车九平八，车 1 平 2，车八进四，炮 2 平 1，车
八平二，马 8 进 9，兵七进一，车 2 进 4，马七进六，卒 3 进 1，马

六进五，红方较有攻势。

4. 兵三进一　车9平8　　　　　**5.** 炮八进四　炮8平9

6. 炮八平七　车1平2　　　　　**7.** 车九平八　炮2进2

不如车8进4较好，红方如车一平二，车8平6，仕六进五，卒7进1，车二进四，象3进5，黑方子力活跃足可对抗。

8. 炮七平三　象7进5　　　　　**9.** 车八进四　车8进3

不如炮9退1，看情况运炮到有利位置上，比较灵活有力。

10. 马三进四　炮9退1　　　　**11.** 车一进一　卒9进1

如炮9平3，车八平六，仍然受制，红方好走。

12. 相七进五　士6进5　　　　**13.** 兵七进一　车8进1

14. 兵七进一　车8平3　　　　**15.** 马七进六　车3平5

16. 炮四退一　炮2平3　　　　**17.** 车八平七　士5退6

18. 马六进七　车5平8　　　　**19.** 车一平三　炮9平2

20. 兵三进一　炮2进8　　　　**21.** 帅五进一　车8退3

红方进帅是细致准确的走法，否则容易发生危险。

22. 马四进六　车8平2　　　　**23.** 相五退七　前车进5

24. 车三进三　后车进1　　　　**25.** 车七退一　前车平3

26. 马六退七　炮3平5　　　　**27.** 后马进五　车2平4

28. 相七进五　车4进8　　　　**29.** 兵三平四　炮5进2

双方展开对攻，紧张激烈。由于红方的子力位置较好，保持了很好的攻击能力。

30. 相五进七　卒5进1

31. 兵四平五（图73）　炮2退8

如图73所示，黑方因无法组织有效的攻势，所以退炮加强防守，力争在防守中寻求机会，是明智的走法。如车4退6捉马，兵五平四，车4平3，马五进四，红方打死黑车，大占优势。

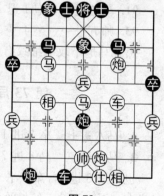

图73

32. 炮三平二	马 7 进 8	33. 兵五平四	炮 2 平 8
34. 炮二平一	炮 8 平 9	35. 车三进四	炮 9 进 1
36. 炮四平二	车 4 退 5	37. 兵四平三	士 4 进 5
38. 马五进四	炮 5 退 3	39. 兵三平二	车 4 平 5
40. 帅五平六	车 5 平 4	41. 帅六平五	车 4 平 5
42. 帅五平六	车 5 平 4	43. 帅六平五	车 4 平 5
44. 帅五平六	车 5 平 6	45. 兵二平一	车 6 退 1
46. 炮二进八	象 5 退 7	47. 车三进一	车 6 平 8
48. 车三退二	车 8 退 3	49. 车三平一	马 3 退 4
50. 马七进六			

红方发挥了子力灵活的优越性，在对攻中积极进取，黑方防守不住红方车马炮兵的攻杀，终于败下阵来。

第 74 局　李望祥胜卜凤波

1. 马八进七	卒 3 进 1	2. 炮二平四	马 2 进 3
3. 马二进三	马 8 进 9	4. 车一平二	炮 8 平 7
5. 相七进五	象 3 进 5		

如车 9 平 8，车二进九，马 9 退 8，车九进一，车 1 进 1，车九平二，马 8 进 9，车二进三，车 1 平 4，兵七进一，车 4 进 3，红方仍然占先。

6. 仕六进五	卒 7 进 1	7. 车九平六	卒 7 进 1
8. 相五进三	士 4 进 5	9. 兵一进一	卒 9 进 1
10. 兵一进一	马 9 进 7	11. 马三进一	车 9 进 4
12. 马一进二	炮 7 平 8		

应炮 7 平 6，预防红方马二进三的攻法，较为稳健。

13. 马二进三	炮 8 平 9	14. 车二进六	马 7 进 6

如车 9 平 7，炮八进四，黑方仍然受制难走。

15. 炮四进七	车 1 进 1	16. 炮四退一	士 5 退 6
17. 炮四平二	马 3 进 4		

红方应炮四平一打车。黑方如炮 9 平 8，车二平四，车 1 平 7，车四退二，车 9 退 3，马三退四，红方多仕多兵占有优势。

18. 马三进四　车 1 平 6　　　　　**19.** 兵五进一　车 9 平 6

20. 炮二进一　炮 9 平 6　　　　　**21.** 车二平五　前车退 1

由于黑方防守较好，使红方还没有突破的机会。

22. 车五退一　马 4 退 3　　　　　**23.** 马七进五　炮 6 退 2

24. 炮八平四　炮 6 平 8　　　　　**25.** 车六平八　炮 8 进 6

红方应车五平二捉炮，可大占优势，但却错过了这一良机。

26. 马五退六　后车平 4

27. 车八进七　马 6 退 5

28. 车五平二　炮 8 平 9

29. 车二退二　炮 9 退 4

30. 马六进八　马 5 进 4（图 74）

如图 74 所示，黑方马 5 进 4 抢攻，过于着急，应车 6 进 1，先防住中兵过河助战，然后再待机而动，较为适应目前的形势。

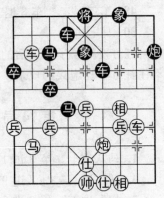

图 74

31. 车二进四　马 3 退 4

32. 炮四平六　前马进 3　　　　　**33.** 马八退七　车 4 平 2

34. 车八平六　车 2 进 8　　　　　**35.** 相三退五　马 4 进 2

36. 车六进一　马 2 进 3　　　　　**37.** 车六平九　车 6 平 4

38. 车二进一　车 4 退 2

急于进取而出现失误，被迫弃还一子，黑方已成败局之势。

39. 车二平六　马 3 退 4　　　　　**40.** 车九平六　炮 9 进 4

41. 炮六进一　炮 9 平 4　　　　　**42.** 车六退五　车 2 退 3

43. 车六平四　车 2 平 1　　　　　**44.** 兵五进一　车 1 平 2

45. 兵五进一　车 2 退 3　　　　　**46.** 兵五平四　卒 1 进 1

47. 兵三进一　象 7 进 9　　　　　**48.** 兵四进一

红方车马兵控制局势之后，运兵直入城门，红方胜。

第75局 吕钦胜聂铁文

1. 马八进七　卒3进1　　　　**2.** 兵三进一　马2进3
3. 马二进三　车1进1　　　　**4.** 炮二平一　象7进5
5. 车一平二　马8进6　　　　**6.** 车九进一　马3进4
7. 车九平四　车9平7

如车九平六捉马，马4进3，车六进五，形成另一路变化。

8. 车四进四　车1平4　　　　**9.** 马三进四　马4进6

红方进马求兑，稳步进取。如炮八退一，伺机平炮牵制对方，形势比较复杂。

10. 车四退一　卒7进1　　　　**11.** 兵三进一　车7进4
12. 相七进五　车7进4

进车下二路，以攻代守，是步积极的走法。

13. 仕六进五　马6进7　　　　**14.** 车四进二　车4平6
15. 车四平五　马7进6　　　　**16.** 车五平六　车7退2
17. 车二进四　马6进8　　　　**18.** 炮一平二　车6进7

红方平炮制马效力不佳，不如炮八退一防守，仍保持炮一进四的攻击手段，比较有力。

19. 炮八退一　炮8平7　　　　**20.** 相三进一　车6退2
21. 炮八进二　车7进1

红方进炮伏击双车马，意欲兑子化解黑方的攻势。

22. 兵七进一　车6进2　　　　**23.** 车二退一　车7平5
24. 车六退四　车5平4

红方在强行兑子中得一子，但反而受到攻击，发展下去未必有好处。可马七进六，车6平8，车二平三，车5平8，马六进四，红方有一定的攻击力。

25. 仕五进六　卒3进1　　　　**26.** 兵五进一　车6平8
27. 炮八进三　炮7进5
28. 炮八平五　象5进7（图75）

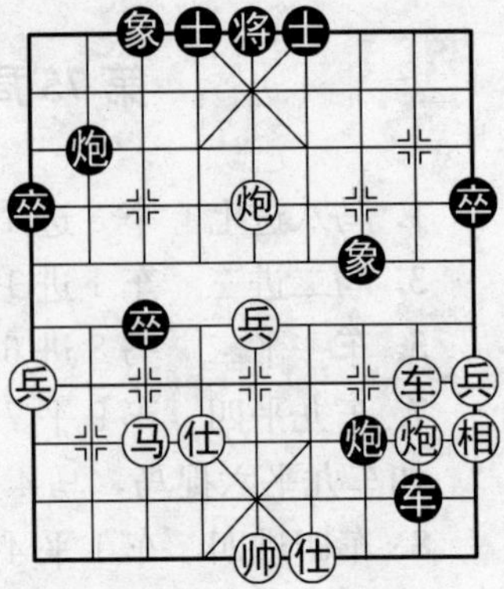

如图 75 所示，黑方应对叫将而
飞象，自乱阵营。应士 4 进 5，仕四
进五，车 8 进 1，仕五退四，炮 7 平
9，炮二平三，车 8 平 7，炮三平四，
炮 9 进 2，各有千秋。

29. 车二进四　将 5 进 1

30. 车二进一　将 5 退 1

31. 炮二进四　车 8 退 3

32. 相一进三　炮 7 平 8

不如兵五进一，较为明快有力。

33. 车二退一　将 5 进 1　　　　**34.** 兵五进一　炮 8 平 3

不如炮 2 进 1，还能支撑下去。

35. 车二进一　将 5 退 1　　　　**36.** 炮五进一　车 8 退 2

37. 车二退二　象 7 退 5　　　　**38.** 车二平九　卒 9 进 1

红方双炮换取一车之后，黑方无力反抗，从而以多兵之势，稳
取胜局。

图 75

第 76 局　庄玉庭胜王强

1. 马二进三　卒 7 进 1　　　　**2.** 炮八平五　马 2 进 3

3. 炮二平一　马 8 进 7

红方如马八进七，车 1 平 2，车九平八，形成另一路变化。

4. 车一平二　车 9 平 8　　　　**5.** 马八进七　炮 8 进 4

6. 车九平八　车 1 平 2　　　　**7.** 车八进六　象 3 进 5

8. 车二进一　卒 3 进 1　　　　**9.** 车二平四　炮 8 退 3

10. 车八退二　炮 8 平 7　　　　**11.** 兵五进一　炮 7 进 3

红方冲兵力争在中路打开缺口，积极进取。如兵七进一，炮 7
进 3，马三退五，卒 3 进 1，车八平七，马 3 进 4，黑方子力位置较
好，足可对抗。

12. 马三进五　车 8 进 6

进车意欲控制要路。如炮 7 平 3，兵五进一，卒 5 进 1，炮五进三，士 4 进 5，车四进五，双方形势复杂，不易掌握变化。

13. 兵五进一　卒 5 进 1　　　　**14.** 兵七进一　炮 7 平 9

15. 马五进四　卒 3 进 1

失误之着。应马 7 进 6，车四进四，车 8 平 3，黑方可以对抗。

16. 马四进三　士 4 进 5　　　　**17.** 车八平七　马 3 进 4

18. 马三退四　炮 2 平 4　　　　**19.** 车七进二　车 2 进 3

20. 车七平八　马 4 退 2　　　　**21.** 炮五进五　象 7 进 5

红方可炮五退一，在平稳中发展攻势。

22. 马四进五　士 5 进 6（图 76）

23. 车四进五　马 2 进 3

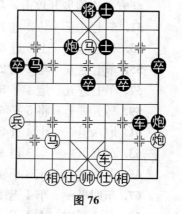

图 76

如图 76 所示，红方应马五进四，比较紧凑，以下黑方如炮 9 退 1，车四进三，将 5 平 6，车四平一，黑方缺象残士，难以守和。

24. 相七进五　马 3 进 1

25. 马七进八　炮 9 退 1

26. 车四退二　炮 9 平 2

红方可考虑马八进七，炮 9 平 5，仕四进五，这样可保持双马的威力，对抗下去较占优势。

27. 车四平八　车 8 平 4　　　　**28.** 仕四进五　卒 1 进 1

29. 炮一平二　车 4 退 3　　　　**30.** 车八退一　卒 1 进 1

31. 相五退七　士 6 进 5　　　　**32.** 车八进六　炮 4 退 2

33. 车八退四　马 1 退 3　　　　**34.** 车八平七　车 4 退 1

应相七进五，车 4 进 3，炮二进四，红方有攻势占优。

35. 马五退四　马 3 进 2

乘机进马抢攻，夺取主动攻势，好着。

36. 车七退三　马 2 进 1　　　　**37.** 炮二退一　车 4 进 4

38. 马四进五　车 4 退 4　　　　**39.** 马五退四　车 4 进 4

40. 相七进五　卒1进1　　　　**41.** 仕五进四　士5进4

上士失去争夺优势的机会。可卒1平2，车七退二，马1退2，车七进九，车4平3，车七平八，马2退4，黑方多卒占优。

42. 仕六进五　卒1平2　　　　**43.** 车七进三　车4退2

44. 车七进四　士4退5　　　　**45.** 车七退三　车4进2

46. 炮二进五　炮4进5　　　　**47.** 炮二平五　士5退4

48. 马四进五　士6退5　　　　**49.** 车七退六　马1退2

50. 炮五平九　士5进6

红方平边炮展开攻击，巧妙之着，黑方已难防守。

51. 车七进五　马2进1　　　　**52.** 炮九平五　士6退5

53. 马五退三　士5进6　　　　**54.** 马三进五　士6退5

55. 车七退五　马1退2　　　　**56.** 炮五平八　士5进6

57. 车七进五　炮4平5　　　　**58.** 炮八进三　将5进1

59. 马五进七　将5平6　　　　**60.** 车七平五　车4平3

61. 炮八退一　士4进5　　　　**62.** 马七退六　士5进4

63. 车五退一　车3退3　　　　**64.** 炮八平六　车3退2

65. 车五进三　车3平4　　　　**66.** 车五平四　将6平5

67. 车四平一　车4退1　　　　**68.** 车一进一　将5进1

69. 车一平四　士4退5　　　　**70.** 车四平五　将5平4

71. 马六退五

红方车马炮形成了凶猛的攻击之势，红方胜。

第77局　柳大华胜刘殿中

1. 马八进七　卒3进1　　　　**2.** 兵三进一　马2进3

3. 马二进三　车1进1　　　　**4.** 车九进一　车1平7

5. 马三进四　马8进9

跳边马导致中路单薄，不如炮8进3打马，马四退五，车7平4，车一进一，马8进9，车九平六，车9进1，黑方并不吃亏。

6. 炮二平五　车9平8

如炮 8 进 5 打马，马四进五，马 3 进 5，炮五进四，炮 8 平 2，车九平六，红方弃子有攻势，黑方并不合适。

7. 炮八进四　车 7 平 4

也可马四进五，象 7 进 5，马五退七，红方多兵占优。

8. 炮八平七　象 3 进 1　　　　**9. 车九平八　炮 8 平 5**

10. 车一进一　车 4 进 6　　　　**11. 车一平六　车 4 平 3**

红方运车抢占六路，为配合河口马创造攻击条件。

12. 马四进六　士 6 进 5　　　　**13. 马六进七　车 8 进 6**

14. 仕六进五（图 77）　炮 5 进 4

如图 77 所示，红方上仕之后，反而使黑方有了反击机会。应车八退一保相，以下黑方车 8 平 6，仕六进五，炮 5 进 4，车六进二，红方仍然占优。此时黑方炮打中兵失误。应车 3 进 2 吃相叫将，红则车六退一，车 3 平 4，仕五退六，车 8 平 6，仕六进五，将 5 平 6，黑方并不难走。

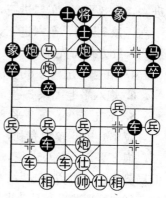

图 77

15. 车八进六　车 3 进 2

16. 车六退一　车 3 退 1　　　　**17. 车八进二　将 5 平 6**

18. 车六进九　士 5 退 4　　　　**19. 车八平六　将 6 进 1**

20. 马七退五　将 6 进 1　　　　**21. 车六平四　将 6 平 5**

22. 马五退四　炮 5 平 6　　　　**23. 炮七平五　炮 6 平 5**

24. 马四进六　将 5 平 6　　　　**25. 马六进七　将 5 进 1**

26. 前炮平八　炮 5 平 4　　　　**27. 炮八进一　炮 4 退 4**

28. 车四平五　将 5 平 6　　　　**29. 炮八平六　车 8 平 4**

30. 车五平四　将 6 平 5　　　　**31. 马七进六　将 5 退 1**

红方应炮六平九打象，简化取势速度。

32. 车四退一　将 5 退 1　　　　**33. 马六退五　车 4 平 5**

34. 炮六退七　车 5 退 3　　　　**35. 马五进七　将 5 平 4**

36. 车四进一　将 4 进 1　　　　**37. 马七退六**

红方弃车攻杀，然后利用马炮配合，构成精彩的杀法，令人赞叹。

第78局　金波负孙勇征

1. 马八进七　卒3进1　　　　**2.** 兵三进一　马2进3

3. 马二进三　炮8进4

如车1进1，炮二平一，马8进7，车一平二，车9平8，车二进六，炮8平9，车二进三，马7退8，车九进一，车1平8，车九平六，象7进5，车六进三，车8进3，相七进五，马8进7，炮八进四，红方仍持先手。

4. 相七进五　马8进7　　　　**5.** 炮八进四　炮8平7

6. 炮八平七　象3进5　　　　**7.** 车一平二　车1平2

8. 车九平八　车9平8　　　　**9.** 车八进六　炮2平1

应车8进6较为有利，以下红方炮二平一，车8进3，马三退二，炮2平1，车八进三，马3退2，炮一平三，虽然红方占先，但局势平稳，黑方不吃亏。

10. 车八进三　马3退2　　　　**11.** 炮二进四　士4进5

不如马2进4，炮七平八，卒7进1，兵三进一，象5进7，可与红方对抗。

12. 车二进三　马2进4　　　　**13.** 炮七平八　炮7平3

14. 兵五进一　炮1平3　　　　**15.** 马三进四　卒7进1

16. 兵三进一　象5进7　　　　**17.** 马七退八　象7退5

18. 马八进六　前炮进3

不如先炮二进二，马4进2，马八进六，前炮进3，仕六进五，红方主动。

19. 仕六进五　车8进2　　　　**20.** 马六进五　前炮平1

21. 马五进三　马7进6　　　　**22.** 马三进四　车8平6

23. 炮二进二　马4进2

不如炮二平五打中卒，展开弃子攻击较为有力。以下黑方如炮

3 平 2，后马进二，马 4 进 5，兵五进一，红方主动。

24. 后马进二　车 6 退 1（图 78）

25. 炮二进一　马 6 进 4

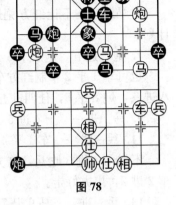

图 78

如图 78 所示，红方进炮闪躲比较消极，使局势落入下风。不如兵五进一，卒 5 进 1，车二平四，车 6 平 8，车四进二，士 5 进 6，车四平五，车 8 平 4，车五平六，车 4 进 3，马四退六，炮 3 退 1，马二进四，各有千秋。

26. 车二平三　车 6 平 8

27. 炮二平一　士 5 进 6

上士压住红马的攻势，是必然的防守之着。

28. 马二进一　马 4 进 3　　　　**29.** 马一进三　将 5 进 1

30. 兵五进一　马 3 进 2　　　　**31.** 仕五退六　前马退 1

32. 仕六进五　炮 3 退 1　　　　**33.** 马三退五　车 8 进 4

升左车展开攻势，是有力的反击手法。

34. 炮八退四　马 1 进 2　　　　**35.** 仕五退六　车 8 平 4

36. 相五退七　象 7 进 5　　　　**37.** 兵五进一　炮 3 进 8

38. 帅五进一　前马退 3　　　　**39.** 帅五进一　马 3 进 4

40. 帅五退一　将 5 平 4

黑方得势之后，稳步进取，现已形成四子归边的攻杀之势。红方无法解救，只好认负。

第 79 局　许银川负洛华民

1. 马八进七　卒 3 进 1　　　　**2.** 兵三进一　马 2 进 3

3. 马二进三　马 8 进 9

上边马稳健。也可车 1 进 1，以下可车 1 平 7 打开 7 路要道，力争反击。

4. 车一进一　象 3 进 5　　　　**5.** 车一平四　车 9 进 1

6. 马三进二　马 3 进 4

进马河口，不让红方兑炮后左炮右调，打乱红方的兑子夺先计划。

7. 炮二进五　炮 2 平 8　　　　**8.** 车九平八　车 9 平 2

也可车 1 平 2 牵制红方车炮，红方如车四进六，炮 8 进 2，炮八进三，炮 8 平 5，仕四进五，马 4 进 3，黑方占优。

9. 马二进一　士 4 进 5　　　　**10.** 兵一进一　炮 8 平 6

11. 兵一进一　车 1 平 4　　　　**12.** 马一进三　车 2 进 5

不如马 4 进 3 吃兵，红方如兵一进一，马 9 退 7，兵一平二，车 2 进 2，黑方好走。

13. 兵一进一　马 9 退 7　　　　**14.** 兵一平二　马 4 进 3

15. 兵二平三　马 7 进 9

16. 前兵平二　马 3 退 4

17. 车四进一　卒 3 进 1

18. 炮八退一　车 4 进 3（图 79）

红方退炮准备调入右路，化解黑方卒 3 进 1 的威胁。

19. 炮八平三　车 2 进 3

如图 79 所示，红方不如炮八平五较为紧凑。以下黑方如车 2 进 3，马七退八，马 4 进 5，相七进五，将 5 平 4，炮五平六，将 4 平 5，车四进一，马 5 进 3，马八进七，车 4 进 5，相五进七，红方多兵较好。

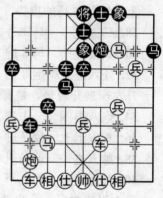

图 79

20. 马七退八　马 4 进 5　　　　**21.** 相七进五　卒 5 进 1

22. 车四平二　车 4 平 6　　　　**23.** 马八进六　马 5 进 3

应炮三平五打马，卒 5 进 1，兵二进一，车 6 平 7，马八进六，马 5 进 3，炮五平三，象 5 进 7，炮三进四，红方占优势。

24. 仕六进五　马 3 退 4　　　　**25.** 仕五进四　马 9 退 7

26. 车二进一　卒 5 进 1　　　　**27.** 兵三进一　车 6 平 4

进兵过早，不如相五进七，先吃掉过河卒，较为平稳。

28. 仕四进五　马4退5　　**29.** 兵三进一　马5进6

30. 相五进三　炮6进2　　**31.** 相三进五　炮6平7

32. 炮三平四　卒3平4　　**33.** 马三退一　炮7平5

34. 兵三进一　马7退9

红方冲兵反而不利，不如马一进二，象5退3，车二平七，象3进1，炮四平三，卒4进1，车七平八，红方并不难走。

35. 炮四进三　卒5平6

应帅五平四，闪开黑炮的攻击，还可支持。

36. 马一进二　车4平3

还应帅五平四，远离险地为好。

37. 马六进八　卒6平7　　**38.** 马二退三　炮5退1

39. 车二平八　车3进4　　**40.** 兵二进一　车3平5

双相被吃之后，红方已成败势。

41. 帅五平六　炮5平4　　**42.** 帅六平五　卒7进1

43. 车八进三　炮4退1　　**44.** 马三退四　卒7平6

45. 帅五平四　卒4平5　　**46.** 马四进二　卒6进1

47. 车八进三　炮4退2　　**48.** 仕五进四　车5平6

49. 帅四平五　卒5进1　　**50.** 马八进七　车6平8

51. 马七进八　车8平5　　**52.** 帅五平四　车5平3

53. 马二进四　卒5进1　　**54.** 兵三进一　象5退3

黑方车卒已临城下，攻势凶悍有力。红方无法解救，只好投子认负。

第80局　尚威胜邱东

1. 马八进七　卒3进1　　**2.** 炮二平五　炮8平5

北方棋手运用上马局，多为战略性下法，此时又架上中炮进攻，使黑方的攻守不能形成有计划的阵势。

3. 马二进三　马8进7　　**4.** 车一平二　车9进1

5. 车二进四　车9平3　　　　6. 车二平六　卒7进1

红方也可炮八平九，车3进2，车九平八，马2进3，车八进四，车1平2，兵七进一，卒3进1，车二平七，车3进2，车八平七，马3进2，车七进一，红方占优。

7. 兵三进一　卒7进1　　　　8. 车六平三　马2进3

9. 炮八平九　炮5退1　　　　10. 车九平八　炮5平7

11. 车三平四　车1进2

不如炮7进6，红方如车八进七，炮7平3，车四进三，象3进5，车四平三，黑方虽处下风，但还可支撑。

12. 马三进二　车3平4　　　　13. 马七退五　马3进4

14. 车四平六　车4进1　　　　15. 炮五平三　炮7平2

弃象平炮，也是正常的应法。

16. 炮三进七　士6进5　　　　17. 车八平九　前炮进4

18. 炮九平六　后炮平4　　　　19. 马五进三　炮2退2

20. 车六平八　马4进3　　　　21. 炮六进六　车4退1

22. 相七进五　车1平2　　　　23. 仕四进五　车4进3

红方如误走仕六进五，黑方可乘机炮2平1兑车，车九平八，马3进1，前车退二，车4平2，黑方大占优势。

24. 车九平七　马3进4　　　　25. 马三进四　车4平5

红方防守稳固之后，及时跃出右马，加大攻击力度。

26. 马四进三　车5平8

27. 炮三平一　马4退5

28. 车八平五　炮2退1

29. 马三进一　炮2平3

30. 车七平九　卒5进1

31. 车五退一　车8进1

32. 马一进二　马7退6

33. 马二退四　马6进8

34. 车五平三　士5进6

35. 马四进二（图80）　马8退6

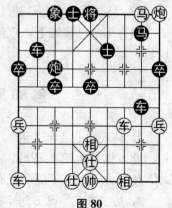

图80

如图 80 所示，红方车马炮发起了凶悍的攻势，使黑方只有招架之力。此时黑方如将 5 进 1，车三进五，将 5 进 1，炮一退二，车 8 退 3，车三平二，车 8 平 9，车二退二，车 9 退 2，车二平五，将 5 平 4，马二退四，红方胜定。

36. 马二退一　马 6 进 8　　　**37.** 车三进五　象 3 进 5

38. 马一进二　象 5 退 7　　　**39.** 车三进一　将 5 进 1

40. 车三平五　将 5 平 4　　　**41.** 车五平六　将 4 平 5

42. 车九进二

红方运用车马炮的功力深厚，现借势进车追杀，已成胜局。

第 81 局　郑一泓和蒋川

1. 马二进三　卒 7 进 1　　　**2.** 兵七进一　马 8 进 7

3. 马八进七　车 9 进 1　　　**4.** 炮二平一　马 7 进 8

可车一进一，车 9 平 4，车九进一，局势比较平稳，仍是红先。

5. 车一进一　马 2 进 3　　　**6.** 相七进五　炮 8 平 7

平炮攻击红方三路要道，比较主动。如象 3 进 5，局势较为平稳。

7. 炮八进一　卒 7 进 1　　　**8.** 相五进三　车 9 平 4

9. 车一平四　车 4 进 5　　　**10.** 炮八进二　车 4 退 2

11. 炮八平二　车 4 平 8　　　**12.** 车九平八　车 1 平 2

13. 车八进六　卒 3 进 1　　　**14.** 马七进六　炮 7 进 4

15. 马三退五　车 8 平 4

如马六进四，炮 7 进 3，仕四进五，双方形成混战，后果难料。

16. 马六进四　炮 7 平 1　　　**17.** 炮一平九　炮 2 平 1

18. 车八进三　马 3 退 2　　　**19.** 马五进七　卒 3 进 1

红方兵七进一，车 4 平 3，马四进二，红方有攻势，比较合适。

20. 马四进二　　士4进5

21. 车四平八　　马2进3（图81）

22. 车八进五　　前炮平3

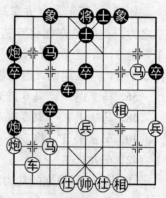

图 81

如图 81 所示，红方进车错误，使局势落入下风。应马七进九，炮1进4，然后再车八进五，仍然保持进攻之势。

23. 炮九进五　　象3进1

红方兑去边炮之后，失去了攻击力，黑方多卒，反而占优。

24. 相三退五　　车4进2　　　　**25.** 仕四进五　　将5平4

红方应仕六进五，避开黑炮的底线打击，比较有利于防守。

26. 马二退三　　象7进5　　　　**27.** 马七进九　　车4进2

28. 马九退七　　车4退2　　　　**29.** 马七进九　　车4进2

30. 马九退七　　车4退2　　　　**31.** 马七进九　　车4进2

32. 马九退七　　车4退3　　　　**33.** 车八进一　　象1退3

红方进车意欲兑子，白浪费了一步棋，因兑子后黑方多卒，难以成和。应兵一进一，设法兑兵，较为妥当。

34. 兵一进一　　车4平6　　　　**35.** 车八退一　　象5进7

36. 兵一进一　　卒9进1　　　　**37.** 马三进一　　象3进5

38. 马一退三　　卒1进1

进边卒迟缓。应将4平5，下一步可马3进4，黑方仍有取胜之机。

39. 兵五进一　　卒1进1

进边卒落入了红方的陷阱之中，失去胜望。应车6平5，马三退五，卒3平4，车八平七，卒4进1，车七平六，将4平5，车六退三，炮3退2，红方很难轻取和势。

40. 马三退四　　卒1平2　　　　**41.** 相五进七　　卒2平3

42. 相三进五　　炮3平9　　　　**43.** 车八平七　　炮9退4

44. 相五进七　　车6退1　　　　**45.** 相七退五　　车6平1

46. 马七进五　车1退2	**47.** 车七平六　将4平5
48. 马五进七　车1平2	**49.** 车六平八　车2平1
50. 马七进六　车1退1	**51.** 车八平七　车1平4
52. 马四进三　炮9进1	**53.** 车七进一　车4进2
54. 车七退四　车4进2	**55.** 车七平一　炮9退1
56. 马三退四　象5退3	**57.** 车一进三　车4退2
58. 兵五进一　炮9平5	**59.** 车一平五

由于黑方双卒被红方吃掉，又兑去了主力，已无取胜条件，双方言和。

第82局　谭才文负焦明理

1. 马八进七　卒3进1	**2.** 兵三进一　马2进3
3. 马二进三　马8进7	

不如炮8进4或车1进1，局面较为灵活。

4. 炮八进四　马3进2	**5.** 相七进五　象7进5

应相三进五，布局结构较为合理。

6. 仕六进五　士6进5	**7.** 炮二平一　车9平8
8. 车一平二　炮8进5	**9.** 马三进四　卒1进1
10. 炮八平三　马2进3	

不应动2路马，可卒5进1，以后再车1进3，牵制红炮更有威胁。

11. 车九平八　炮2平3	**12.** 车八进六　卒1进1
13. 兵三进一　卒1进1	

冲三路兵假着。黑方可象5进7，车八平七，炮3平4，车七退一，马3进1，炮一退一，象3进5，车七退一，车1平2，马四进六，炮8进1，仕五退六，炮8平2，车二进九，马7退8，黑方占优。

14. 马四进二（图82）　炮8平3

如图82所示，如兵三平二，炮8平3，炮一平七，车1进5，马四进五，马7进5，车八平五，马3进5，相三进五，炮3进5，形势比较复杂，红方难以掌握主动。

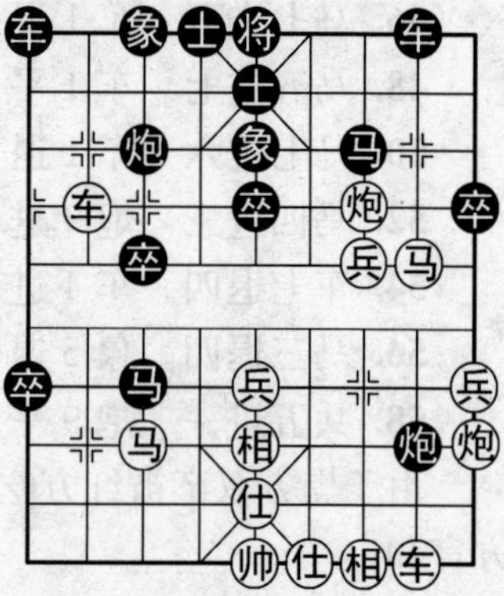

15. 炮一平七　车1进5
16. 车二进二　车8进3
17. 马二退三　车8进4
18. 炮七平二　卒1平2

弃去一卒，可以减缓红方的攻击速度。

19. 马三进四　车1平8
20. 炮二平四　马3退4
21. 车八平六　马4进3
22. 车六进二　马7退6

图82

23. 炮四进七　将5平6
24. 马四进五　车8退3
25. 马五退七　车8平4
26. 车六平八　车4进2
27. 车八退五　车4平7

红方多得一象，如发挥得好，就有取胜机会。

28. 炮三平二　车7平8
29. 炮二平三　马3退4
30. 炮三退二　车8进2

应兵五进一，打开红车的通路，发挥红车控制作用，比较有利。

31. 车八平六　马4进6
32. 车六进一　马6进7
33. 兵五进一　车8平5
34. 兵一进一　马7进9
35. 炮三退三　马9退8
36. 炮三平四　将6平5
37. 兵五进一　车5平6

红方在以上运子中出现软着，被黑方乘机调理阵形，此时红方已无力发起攻势。

38. 车六平二　马8进7
39. 仕五进四　车6进1
40. 帅五进一　车6退7
41. 车二进三　马7退6
42. 帅五退一　马6退7
43. 车二退二　马7进5
44. 炮四平六　卒5进1

红方平炮不好。应兵五平四，马5进4，帅五进一，车6平7，兵四进一，造成混战之势，还有一些机会。

45. 仕四进五　马 5 进 3

如车二平五，马 5 进 6，帅五进一，车 6 进 3，红方仍处于危急之中。

46. 炮六进一　卒 5 进 1　　　　**47.** 车二进一　卒 5 进 1

48. 炮六进四　车 6 进 8　　　　**49.** 相五进三　马 3 进 1

50. 车二进三　士 5 退 6　　　　**51.** 车二退二　车 6 退 5

52. 车二平七　车 6 平 4　　　　**53.** 仕五进四　马 1 进 3

54. 帅五进一　士 6 进 5　　　　**55.** 车七进二　卒 5 平 6

黑方得势之后，过河中卒配合车马攻击，红方已无力抵抗，只好推枰认负。

第 83 局　吕钦负齐世家

1. 马八进七　卒 3 进 1　　　　**2.** 兵三进一　马 2 进 3

3. 马二进三　车 1 进 1　　　　**4.** 炮二平一　车 1 平 7

也可车九进一，视黑车的动向再作策略，较为灵活。

5. 炮八进四　马 3 进 4　　　　**6.** 车一平二　象 7 进 5

7. 车二进五　卒 7 进 1　　　　**8.** 炮八平一　马 8 进 6

9. 车九平八　车 9 平 7　　　　**10.** 车八进四　马 4 进 3

11. 马三退五　炮 2 平 3　　　　**12.** 马五进四　炮 8 平 7

如卒 7 进 1，后炮平三，炮 8 平 7，炮一平三，黑方失车，形势大为不利。

13. 兵三进一　炮 7 进 7

红方不惜弃相抢夺攻势，集结车马炮对黑方左路发起攻击，形势异常紧张。

14. 仕四进五　象 5 进 7　　　　**15.** 后炮平三　炮 3 平 7

16. 炮三平四　象 7 退 5　　　　**17.** 车八平四　后炮平 9

如炮四平三，象 5 进 7，炮三平四，双方不变形成和局。

18. 车四进四　前车平 6　　　　**19.** 炮四进六　车 7 进 6

20. 炮四退二　炮 7 平 9

平边炮是一步不明显的失误。应炮 9 进 4 打兵，以下红方炮一平五，士 4 进 5，炮四平二，车 7 平 6，炮二进三，炮 7 退 9，车二平七，将 5 平 4，车七退二，车 6 平 8，黑方足可对抗。

21. 炮一平五　士 4 进 5　　　　**22. 仕五进四　车 7 平 6**

23. 车二平七　将 5 平 4

红方平车吃卒不太严谨，造成子力交换的形势。不如炮四平二，将 5 平 4，炮二进三，将 4 进 1，炮二平七，卒 3 进 1，车二退一，后炮进 2，车二平七，后炮平 5，仕六进五，车 6 平 8，车七平六，士 5 进 4，帅五平六，炮 5 平 4，车六平七，以上变化要好于实战所走的车二平七的攻法。

24. 车七退二　车 6 退 3

25. 炮五退一　后炮平 8

26. 车七平六　士 5 进 4

27. 兵五进一（图 83）　**车 6 进 2**

如图 83 所示，红方冲中兵过急，被黑方及时进车捉兵，立即陷入困境之中。应车六进一，还可进行对抗。

28. 炮五平六　将 4 平 5

29. 炮六平八　车 6 平 5

30. 车六平五　炮 8 进 7

31. 帅五进一　车 5 平 3　　　　**32. 炮八进四　象 3 进 1**

33. 车五进四　士 4 退 5　　　　**34. 车五平二　炮 8 平 3**

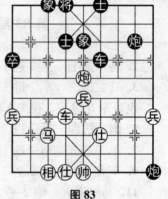

图 83

红方局势已力不从心，此时平车捉炮是无可奈何之应法。如马七进五，车 3 进 3，帅五进一，炮 9 退 2，马五退三，炮 8 退 2，车五平三，车 3 平 7，黑方获胜。

35. 车二平九　车 3 进 2　　　　**36. 炮八退五　车 3 进 1**

37. 帅五进一　将 5 平 4　　　　**38. 炮八平六　车 3 退 3**

39. 车九平六　将 4 平 5　　　　**40. 车六退一　卒 1 进 1**

41. 车六退一　炮 3 平 1　　　　**42. 仕四退五　车 3 进 2**

43. 仕五进六　炮 1 退 2

黑方中局功力雄厚，在激烈的搏杀中攻守准确，终于取得了胜利。

第84局 吕钦胜王斌

1. 马八进七 卒3进1 　　　　**2.** 兵三进一 马2进3

如炮八平九，马2进3，车九平八，车1平2，车八进四，马8进7，兵七进一，卒3进1，车八进七，炮2退1，相三进五，炮2平3，车七平八，车2进5，马七进八，卒7进1，马二进四，象7进5，兵三进一，卒7进1，车一平三，马7进6，车三进四，炮8平6，马四进六，车9平8，炮二平一，车8进3，黑方足可抗衡。

3. 马二进三 车1进1 　　　　**4.** 炮二平一 马8进7

5. 车一平二 车9平8 　　　　**6.** 车二进六 炮8平9

7. 车二进三 马7退8 　　　　**8.** 车九进一 车1平8

9. 车九平六 象7进5 　　　　**10.** 车六进三 车8进3

11. 相七进五 马8进7 　　　　**12.** 炮八进四 车8平4

不如卒7进1打开马路，才有利于局势的展开。

13. 兵七进一 车4进1

也可车六进一，马3进4，炮八平三，卒1进1，兵七进一，卒3进1，相五进七，红方占优。

14. 马七进六 卒3进1 　　　　**15.** 马六进四 马3进4

16. 炮八平三 卒3进1 　　　　**17.** 马四进三 炮2平7

如兵三进一，仍是红方好走。

18. 炮一进四 卒5进1 　　　　**19.** 炮一平九 炮9退1

20. 马三进四 马4进2 　　　　**21.** 炮九平五 炮9平5

22. 炮五进二 士4进5 　　　　**23.** 炮三平五 将5平4

24. 仕四进五 马2进4 　　　　**25.** 炮五平二 炮7平6

可马四退六，卒3平4，炮五平四，卒4平5，兵三进一，红方多兵，有获胜机会。

26. 马四进三 炮6进4 　　　　**27.** 炮二退五 士5进6

28. 兵九进一　炮6平7　　　29. 马三进二　士6进5

30. 兵九进一　炮7平8　　　31. 马二退三　炮8退2

32. 兵九进一　炮8退1　　　33. 马三退四　卒5进1

34. 马四退三　卒5平4

如卒5进1，马三进五，红方形成马炮三兵的优势，黑方难以对抗。

35. 仕五进六　炮8进3

36. 炮二平六　将4平5

37. 仕六进五　炮8退5

38. 兵九平八　士5退6

39. 相三进一（图84）　炮8平1

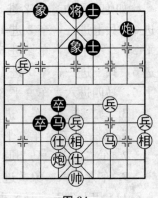

图 84

如图84所示，红方上边相是细致有力的应法，为保护兵的安全起了一定的作用。如兵八平七，炮8平7，马三进四，炮7平5，马四退三，炮5平7，马三进四，炮7平5，黑方有谋取和局的机会。

40. 马三退二　炮1平5　　　41. 马二进四　卒3进1

42. 相一退三　卒3进1　　　43. 炮六进二　卒4进1

44. 马四进二　炮5进5　　　45. 帅五平四　炮5平8

红方形成马三兵的优势残局，黑方已难抵挡。

46. 兵一进一　卒4平5　　　47. 兵一进一　炮8退5

48. 帅四平五　卒3平4　　　49. 兵一进一　将5平4

50. 兵八平七　象3进1　　　51. 兵七平六　象1进3

52. 兵六平五　士6进5　　　53. 相五进七　炮8退1

54. 马二进一　将4进1　　　55. 兵一平二　炮8平3

56. 相七退五　炮3进3　　　57. 兵五平四　卒5平6

58. 兵三进一　卒6平7　　　59. 兵三进一　卒7进1

60. 兵四平五　炮3平1　　　61. 兵三平四　卒7进1

62. 兵二平三　象5退7　　　63. 马一退三　象3退5

64. 马三进五　卒7平6　　　65. 马五退七　卒4平3

66. 马七进八　炮1进6　　　67. 兵三进一　卒3平4

68. 兵五平六　炮1退2

如兵三平四，卒6平5，仕六退五，卒4进1，黑胜。

69. 相五进七　炮1退7　　　70. 马八进九　炮1平5

71. 马九退七　将4退1　　　72. 相三进一　象5退3

73. 相一进三　士5退6　　　74. 相七退五　士6进5

75. 马七进八　将4进1　　　76. 兵三进一　象7进9

77. 兵三平四　象9进7　　　78. 前兵进一　士5退6

79. 兵六进一　将4平5　　　80. 兵四进一　象3进5

81. 马八退七　炮5平1　　　82. 兵六进一　将5退1

83. 马七进八　炮1进1　　　84. 马八退九　士6进5

85. 兵六平五

红方攻杀有力，终于获得胜局。

第85局　陈富杰胜郑一泓

1. 马八进七　卒7进1　　　2. 兵七进一　马8进7

3. 马二进三　象3进5

上象稳健。如车9进1，炮八平九，马2进3，车九平八，车1平2，车八进六，红方好走。

4. 炮八平九　车9进1　　　5. 车九平八　炮2平3

如马2进4，较有对抗的能力。

6. 车一进一　炮3进3

运炮打兵之后，7路马无子保护，形成全局被动。应马7进8，局势较好。

7. 车一平四　马2进3　　　8. 相七进五　炮3进1

9. 车八进三　炮3退2

只能退炮避让。如炮3平7，车四进二，卒7进1，车八进一，形势比较危险。

10. 车四进五　炮8退1　　　11. 马七进六　炮8平4

12. 车四平三　车9平8　　　13. 炮二平一　炮3平4

14. 马六进四　马7退9　　　15. 车八进四　前炮平3

16. 兵三进一　车8进2

　　红方应车八进一较为紧凑有力。以下黑方如车1平2，车八进一，马3退2，车三平五，车8进2，炮九进四，至此红方多兵，胜利有望。

17. 兵三进一　象5进7　　　18. 车三平二　马9进8

19. 马四退六　车1平2

20. 车八进二　马3退2

21. 马六进五（图85）　炮4进2

　　如图85所示，红方如炮九进四，炮3平4，马六进八，卒3进1，马八退七，前炮进3，局势简化之后，红方仍是优势，但黑方谋和之机仍然存在。此时黑方进炮弃象保边卒，是失误的应法，使防守更加无力。应象7退5，炮九进四，炮4平1，虽然少卒，但仍有谋和的机会。

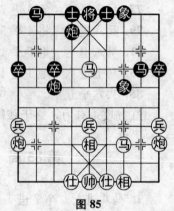

图85

22. 马五退三　马2进4　　　23. 炮一进四　炮4平9

　　红方打卒兑炮，不给黑方反击的机会，形成多兵之势，黑方已难防守。

24. 炮九进四　马8进6　　　25. 前马进一　马6进4

26. 马一退二　后马进6　　　27. 仕四进五　马6进7

28. 炮九平八　炮3平2　　　29. 仕五进六　马4进3

30. 兵九进一　炮2进5　　　31. 仕六进五　炮2平1

32. 帅五平四　士4进5

　　如马3进2，帅四进一，炮1平7，炮八退五，黑马被困住，仍然难走。

33. 兵九进一　卒3进1　　　34. 马二进四　马3退1

35. 炮八平五　象7进5

如士5进4，炮五平九，炮1退5，马四进六，马1进3，马六进八，炮1平2，马八进七，红方胜势。

36. 炮五平九　炮1退5	**37.** 马四进五　马1进3
38. 炮九平二　马7退8	**39.** 马三进四　马3退4
40. 炮二退二　马4退6	**41.** 马五退四　炮1平6
42. 马四进二　马8退6	**43.** 马二进三　炮6退2
44. 兵五进一　士5退4	**45.** 兵五进一　马6进4
46. 炮二平五　士4进5	**47.** 兵五平六　士5退4
48. 帅四平五　马4进6	**49.** 炮五进二　马6进5
50. 炮五退一	

黑方在马炮兵的合击下，已无法防守，只好投子认负。

第86局　陶汉明负王斌

1. 马八进七　卒3进1	**2.** 炮二平四　马2进3
3. 马二进三　马8进9	**4.** 车一平二　车9平8
5. 兵三进一　炮8进4	

此时士4进5或炮8平7的走法较多。现在进炮封车，别出心裁。

6. 相七进五　炮2平1	**7.** 车九平八　车1平2
8. 炮八进五　炮8平7	

如炮八进六，马3进4，兵七进一，卒3进1，相五进七，炮8平7，马七进六，车8进9，马三退二，炮1平5，黑方并不落后。

9. 炮八平一　车8进9	**10.** 车八进九　马3退2

如炮1平9，黑方也可取得满意的结果。

11. 马三退二　象7进9	**12.** 炮四进四　马2进3

如兵七进一，和局机会较大。

13. 炮四平一　炮7平3	**14.** 马二进三　卒7进1
15. 兵三进一　象9进7	

16. 兵一进一　马3进4（图86）

如图86所示，红方进边兵比较勉强，被黑方跃马河口后抢得了先机。应马三进四，炮3平9，马七进六，形成和势。

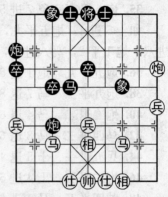

图86

17. 兵一进一　炮3平4
18. 马七进六　炮1进4
19. 兵一平二　卒3进1
20. 马六进四　象3进5
21. 兵二进一　卒5进1

进二路兵失误，使红炮打卒后失去了退路。应炮一平九，比较有利。

22. 炮一平九　士4进5	23. 兵二进一　马4退2
24. 马三进二　卒3进1	25. 相五退七　炮4退4
26. 兵二进一　卒3平4	27. 仕四进五　炮4退1
28. 马二进一　炮1退2	29. 马四进三　卒4平5
30. 马三退五　炮4平3	31. 帅五平四　炮1进5
32. 帅四进一　炮3进7	33. 帅四退一　炮3平2

由于无法阻挡黑方炮2进1破相的凶着，红方遂放弃抵抗，推枰认负。

第87局　陈孝坤胜周德刚

1. 马八进七　卒3进1	2. 炮二平五　马2进3
3. 马二进三　马8进7	4. 车一平二　车9平8
5. 兵三进一　象7进5	6. 车二进六　炮2进1

进炮保卒是老式的应法，容易受到攻击，不如马3进4，对抗能力较佳。

7. 车九进一　卒7进1	8. 车二退二　卒7进1
9. 车二平三　马7进6	10. 兵七进一　卒3进1
11. 车三平七　炮8平7	12. 车九平四　车8进4

13. 马三进四　车8进1

如车8平7，马四退二，车7平8，炮八进一，马6进7，车四进二，红方仍占主动。

14. 马七进六　马6进4　　　　**15.** 车七平六　车1进1

16. 马四进五　车8平4　　　　**17.** 马五退六　车1平8

18. 车四进五　炮2退1

19. 车四平七　车8进3

20. 炮八平七（图87）　马3退5

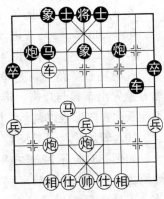

图 87

如图87所示，黑方退窝心马，无奈。如车8平4，马六退四，仍然难以化解红方的攻击。

21. 兵五进一　车8平7

22. 相三进一　炮7平8

23. 兵五进一　炮8进7

进炮对攻，寻求机会。如车7平5，马六退四，车5进2，马四退二，炮8进4，马二退四，车5退2，车七退三，炮8退1，马四进五，炮8平5，炮五进二，车5进1，炮七平五，黑方仍难应付。

24. 相一退三　车7进5　　　　**25.** 兵五平四　象3进1

26. 车七平二　炮8平9　　　　**27.** 马六进七　车7退6

28. 仕四进五　车7进6

不能吃车，因红方有马七进八的绝杀，所以只好进车叫将，再看如何防守。

29. 仕五退四　炮2进4　　　　**30.** 炮五进三　象1进3

31. 马七进八　车7退4　　　　**32.** 车二退六

黑方已无法解除被攻之势，只能投子认负。

第88局　陈建国负肖革联

1. 马八进七　卒3进1　　　　**2.** 兵三进一　马2进3

3. 马二进三　车1进1

4. 炮八平九　马3进2

进马封住车路，是必走之着。

5. 兵九进一　象7进5

红方进边兵，企图从边路打入，效力并不明显。不如马三进四，马8进7，炮二平四，车9平8，车一平二，象7进5，车二进六，车1平4，相三进五，红方仍有先手。

6. 兵九进一　马2进3

7. 炮九进四　马8进6

8. 炮二进一　马3退4

9. 车九进四　卒7进1

此时巧献7路卒，是争先之着。红方如兵三进一，车9平7，黑方抢先出车参与攻击，形势令人满意。红方如不吃7路卒，红马不能跃起，阵形难以调整，仍然难走。

10. 车九平六（图88）　卒7进1

如图88所示，红方平车六路，被黑方卒7进1之后，局势更显被动。还是应兵三进一，车9平7，炮二退二，车7进4，车一进二，炮8平7，炮二平三，车7平6，炮三进六，炮2平7，相三进五，卒9进1，马三进二，车6平8，车一平三，红方有出车的机会，足可对抗。

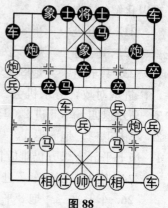

图 88

11. 车六平三　炮2平3

黑方乘机弃卒亮车，再而平炮打马，迫使七路马后退，由此扩大了先手。

12. 马七退九　炮3平4

13. 相三进五　马4退3

14. 马九进八　炮8平7

15. 马三进二　马3进1

16. 兵九进一　车1进2

17. 仕四进五　炮7平8

18. 炮二平三　炮4平3

19. 车一平四　马6进4

20. 车四进六　士6进5

21. 马八进六　车9平6

22. 车四平五　车1平5

23. 马六进五　炮3退1

24. 兵五进一　车6进3

25. 马五退四　炮8进2

26. 炮三平四　炮8平6

27. 炮四平二	卒 3 进 1	**28.** 马二进三	炮 6 平 3
29. 相七进九	卒 3 平 4	**30.** 马四退三	前炮平 8

应炮二进三，车 6 进 1，兵五进一，马 4 进 5，马三退五，车 6 平 5，炮二平五，车 5 平 6，车三进五，车 6 退 4，车三平四，将 5 平 6，形成平稳之势，红方谋和机会较多。

31. 车三进一	炮 8 退 2	**32.** 车三退一	车 6 进 3
33. 炮二进二	马 4 进 3	**34.** 相五进七	卒 4 平 3
35. 炮二平五	卒 3 平 4	**36.** 前马退二	马 3 进 2
37. 车三进五	车 6 退 6	**38.** 车三平四	将 5 平 6
39. 炮五平四	马 2 进 3	**40.** 帅五平四	卒 4 平 5
41. 相九进七	将 6 平 5	**42.** 炮四退四	马 3 退 4
43. 仕五进六	炮 8 平 6	**44.** 帅四平五	炮 3 进 2
45. 仕六进五	炮 3 平 5	**46.** 帅五平六	象 5 进 7
47. 炮四平一	卒 5 平 4	**48.** 马三进五	卒 4 平 3
49. 马二进四	炮 6 平 4	**50.** 马四进六	马 4 退 5
51. 马五退三	卒 3 进 1	**52.** 炮一进五	马 5 进 3
53. 马三进四	炮 5 进 3	**54.** 马四进五	象 7 退 5
55. 仕五进四	马 3 退 5	**56.** 马五进三	炮 4 平 7

黑方取得残局的优势之后，利用马炮卒围攻红方，走得很有耐心，使红方没有反击的机会。以下红方如马六退四，炮 5 平 4，帅六平五，炮 7 进 1。黑方多子，胜局已定。

第89局　陈富杰和郑一泓

1. 马八进七	卒 7 进 1	**2.** 兵七进一	马 8 进 7
3. 马二进三	车 9 进 1	**4.** 车一进一	车 9 平 3

如相三进五，象 3 进 5，炮八进二，卒 3 进 1，兵三进一，卒 3 进 1，相五进七，卒 7 进 1，炮八平三，红方形势较为工稳。

5. 马七进六	炮 2 进 3	**6.** 马六退五	车 3 平 6

红方退马中路，避开反击，是一种常见的应法。

7. 车一平六　马 2 进 1　　　8. 兵九进一　车 6 进 3

9. 车九进三　士 4 进 5　　　10. 炮八平九　车 1 平 2

11. 炮九平八　车 2 平 1

12. 炮二平一　卒 7 进 1

13. 兵七进一　卒 3 进 1（图 89）

如图 89 所示，黑方吃七路兵，减少麻烦，力求平稳。如卒 7 进 1，车六进三，炮 2 退 3，马五进三，车 6 平 7，炮八进一，卒 3 进 1，各有千秋。

14. 车六进三　炮 2 退 3

15. 车六平三　象 3 进 5

16. 车九平八　炮 2 平 3

17. 车三进二　炮 8 退 1　　18. 相七进九　炮 8 平 7

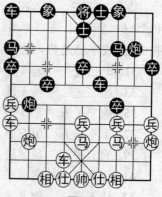

图 89

19. 车三平二　卒 3 进 1　　20. 车八进四　炮 3 进 1

21. 车二退二　马 7 进 8　　22. 车二平七　炮 7 进 1

可马 8 进 6，对形势的开展较为有利。

23. 车八退三　车 1 平 4　　24. 仕四进五　车 4 进 6

25. 兵三进一　车 4 平 1　　26. 马三进二　车 1 平 5

27. 炮一平三　炮 7 平 8　　28. 兵三进一　车 6 平 7

29. 兵一进一　车 5 平 8　　30. 炮八平六　炮 3 进 1

31. 仕五退四　车 7 平 5　　32. 仕六进五　炮 8 平 7

不如炮 8 平 9，伺机打兵，较有发展。

33. 车七平三　车 8 退 1　　34. 炮三进五　车 8 平 7

35. 车八平三　马 8 退 7　　36. 车三进三　车 5 进 1

37. 马五进三　车 5 平 1　　38. 车三退一　炮 3 平 5

如相九退七，车 1 进 4，相三进五，炮 3 平 5，帅五平六，马 1 进 3，红方左路反而受到攻击，并不合算。

39. 相三进五　车 1 进 2　　40. 车三平五　车 1 平 4

41. 车五退一　车 4 退 4　　42. 兵一进一　马 1 进 3

43. 兵一进一　马 3 进 2　　44. 相五进七　车 4 平 3

45. 车五退一　车3平9　　　46. 车五退一　卒1进1
47. 车五平九　车9进3　　　48. 车九平七　卒1进1
49. 马三进五　车9退3　　　50. 马五退六　车9平4

双方在残局的攻守中，黑方虽然好走，但要取胜也非常艰苦。

51. 车七平八　车4进2　　　52. 车八平五　马2退1
53. 车五进一　车4进1　　　54. 相七退九　马1进3
55. 车五平七　卒1进1　　　56. 相九退七　马3退5
57. 车七平九　马5进7　　　58. 车九平三　象7进9
59. 相七进五　卒1进1　　　60. 相五退三　卒1平2
61. 马六退四　卒2平3　　　62. 车三退二　卒3进1
63. 车三平七　卒3平2　　　64. 车七平八　卒2平3
65. 车八平七　卒3平2　　　66. 车七平六　车4平6
67. 马四进二　车6平8　　　68. 马二退四　卒2平3
69. 车六平七　卒3平4　　　70. 车七平六　卒4平3
71. 车六平七　卒3平4　　　72. 车七平六　卒4平3
73. 车六平五　车8平2　　　74. 车五进一　车2进2
75. 马四进三　卒3平4　　　76. 马三退五　车2进1
77. 仕五退六　车2退4　　　78. 车五平六　卒4进1
79. 马五退六　马7进5　　　80. 车六平五　马5退3
81. 仕四进五

红方顽强防守，没有出现差错，黑方久攻不下，不得不握手言和。

第90局　赵金成胜孙浩宇

1. 马八进七　卒7进1　　　2. 兵七进一　马8进7
3. 车九进一　象3进5　　　4. 马二进一　马2进1

不如车9进1，对局势的开展比较有利。

5. 相七进五　炮2平4　　　6. 车一进一　炮8平9
7. 车一平六　士4进5　　　8. 兵九进一　车9平8
9. 炮二平四　马1退3

退马意义不大。不如车1平2，炮八平九，车8进7，仕六进五，马7进8，对红方右路有所牵制，比较有利。

10. 炮八平九　卒9进1

轻易进边卒，对阵形的弱点认识不够。不如卒3进1，加强右路防守较好，以下红方如兵七进一，象5进3，车九平八，车8进5，虽处下风，但足可防范。

11. 车九平八　炮9进1　　　**12. 车八进七　车1平3**

13. 炮九进四　车8进7　　　**14. 仕六进五　马7进6**

进马出击过急。应卒9进1，兵一进一，车8进1，混乱中再设法应付，争取扭转局势。

15. 车六进四　马6进7　　　**16. 炮九平五　车8退4**

17. 炮五进二　马3进4

红方炮打中士，过于贪攻。不如炮五平一兑炮，马7进9，相三进一，车8平9，兵九进一，红方占优势。

18. 车六平五（图90）　炮9退2

如图90所示，黑方退炮打车失去了争势的良机。应马7进5，相三进五，士6进5，红方没有连续攻击手法，黑方足可对抗。

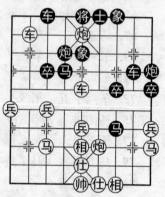

图90

19. 车五进一　马7进9

20. 车五平二　马9进7　　　**21. 炮四退一　马4退6**

22. 炮五平三　炮9平2

可车二进二，马6退8，炮五平一，马8进7，车八平三，马7退9，车三平二，红方伏下了退车捉马的攻势，占优。

23. 车二平六　马7退8　　　**24. 车六进一　卒3进1**

25. 车六平八　炮2平5　　　**26. 车八退一　卒3进1**

27. 车八平四　卒3进1　　　**28. 马七退八　车3平2**

29. 马八进六　卒3进1

如马6退8，仕五进四，黑方仍是败势。

30. 车四进一	炮 5 平 4	**31.** 车四退四	卒 3 进 1
32. 马六进七	车 2 进 9	**33.** 仕五退六	卒 3 平 4
34. 马七退六	车 2 平 4	**35.** 帅五进一	马 8 进 9
36. 炮四平二	卒 7 进 1	**37.** 炮二进八	炮 4 退 1
38. 车四进四	炮 4 平 3	**39.** 车四平五	将 5 平 4
40. 车五平六	将 4 平 5	**41.** 车六平七	

红方运子紧凑有力，取得胜局。

第91局 吕钦胜蒋川

1. 马八进七	卒 3 进 1	**2.** 兵三进一	马 2 进 3
3. 马二进三	车 1 进 1	**4.** 炮二平一	马 8 进 7

目前红方比较流行的下法是车九进一，车 1 平 7，炮八进四，卒 7 进 1，炮八平七，成双方抢攻之势。

5. 车一平二	车 9 平 8	**6.** 车二进六	炮 8 平 9
7. 车二进三	马 7 退 8	**8.** 车九进一	车 1 平 4
9. 相七进五	象 7 进 5		

可马 8 进 7，形成工稳之势。

10. 车九平二	马 8 进 6	**11.** 马三进四	车 4 进 4

如车二进七，炮 2 退 1，因黑方有化解的手法，所以没有必要这样走。

12. 车二平四	马 3 进 2	**13.** 兵七进一	马 2 进 3

如炮八进五，炮 9 平 2，兵七进一，马 2 进 3，兵七进一，象 5 进 3，炮一进四，车 4 进 2，炮一进三，士 6 进 5，车四平二，双方各攻一路，后果难料。

14. 兵七进一	象 5 进 3	**15.** 炮八退二	炮 9 平 3

应炮 2 平 3，形势比较稳健。

16. 炮八平七	象 3 进 5	**17.** 兵一进一	卒 5 进 1

红方进边兵静观其变，以后可炮一进一打扰对方，是颇见功力的走法。

18. 炮一进四　　炮 2 进 5

还是车 4 进 2 捉马较好。以下红方如车四平八，炮 2 平 1，炮七进三，炮 3 进 4，炮一平二，仍是红方略优，但黑方并不吃亏。

19. 炮一平二（图 91）　　士 6 进 5

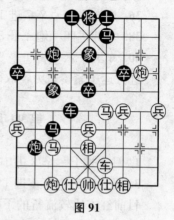

图 91

如图 91 所示，红方可马四进五，以下黑方马 6 进 5，炮一平五，士 4 进 5，车四平八，红方占优势。

20. 炮二退二　　马 3 进 5

21. 马四退五　　车 4 平 7

如车四平八，马 5 进 7，车八平三，炮 3 进 5，马四进三，车 4 进 1，马三进四，炮 2 进 2，仕四进五，炮 3 平 1，黑方少子有攻势，红方有一定的风险。

22. 炮二进二　　马 6 进 8

可车 7 进 4，车四进七，车 7 退 2，马五退七，炮 3 进 5，黑方仍可纠缠下去。

23. 车四平八　　炮 2 平 1

可马五进七化解黑方的攻势。

24. 马七退五　　炮 1 进 2

25. 炮七平八　　车 7 平 4

26. 后马进三　　象 3 退 1

27. 车八平七　　炮 3 进 2

28. 炮八平七　　车 4 平 7

可兵一进一，车 4 平 7，马三进一，黑方一时还没有反击机会，红方可借机争夺主动。

29. 车七平九　　炮 1 平 2

30. 炮二平九　　车 7 进 2

31. 车九平八　　卒 5 进 1

32. 兵五进一　　马 8 进 7

33. 兵五进一　　马 7 进 5

34. 帅五进一　　炮 2 平 4

应车 7 平 8，帅五平六，车 8 进 1，仕四进五，车 8 退 2，车八退一，车 8 平 4，仕五进六，车 4 平 1，黑方足可对抗。

35. 车八进三　　马 5 进 6

36. 帅五平六　　车 7 退 1

37. 炮九平五　　车 7 平 4

38. 帅六平五　　车 4 平 8

39. 帅五平六　车 8 平 4　　　　40. 帅六平五　车 4 平 8

41. 帅五平六　车 8 平 4　　　　42. 帅六平五　车 4 平 8

43. 帅五平六　炮 3 进 3

不如卒 7 进 1，较为好一些。

44. 车八平七　炮 3 平 2　　　　45. 炮七进二　马 6 进 7

应车 8 平 4，帅六平五，车 4 平 1，虽然形势艰难，但还可支撑一阵。

46. 马五进四　车 8 平 6　　　　47. 帅六退一　车 6 进 3

48. 帅六进一　车 6 退 1　　　　49. 帅六退一　车 6 进 1

50. 帅六进一　车 6 退 1　　　　51. 帅六退一　炮 2 退 1

52. 车七平六　将 5 平 6　　　　53. 马四进三

双方经过激烈的对攻，黑方错过了取势的良机，又白丢一子，终于难以抗衡，只好投子认负。

第 92 局　孟辰负葛维蒲

1. 马八进七　卒 7 进 1　　　　2. 兵七进一　马 8 进 7

3. 车九进一　象 3 进 5　　　　4. 马二进一　车 9 进 1

可相三进五，变化较多。

5. 相七进五　车 9 平 3　　　　6. 炮八退二　卒 3 进 1

7. 炮八平七　卒 3 进 1　　　　8. 车九平八　炮 2 平 4

9. 炮七进四　马 2 进 1　　　　10. 炮二平四　车 3 进 3

11. 车一平二　炮 8 平 9

红方在布局中运子效力不高，至此已无先手。

12. 车二进四　卒 1 进 1　　　　13. 车八进五　车 1 平 2

14. 车八进三　马 1 退 2　　　　15. 兵一进一　马 2 进 1

16. 兵三进一　马 1 进 2　　　　17. 仕六进五　卒 7 进 1

18. 车二平三　炮 9 退 1　　　　19. 马一进二　炮 9 平 7

不如炮四进五，炮 4 平 6，车三进三，士 4 进 5，马一进三，红方可取得平稳局势。

20. 车三平四　马2进3　　　　**21.** 炮四平三　炮7进6

22. 马二退三　士4进5　　　　**23.** 车四平六　马7进6

不如马三进二，比较有力。

24. 车六退四　马6进7

进马加强压制，形势更加主动。

25. 车六进四　象5进7

26. 车六进二　炮4平7

27. 炮七平三　象7退5

28. 车六退四（图92）　卒5进1

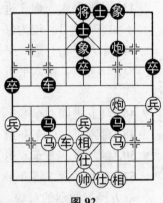

图 92

如图92所示，黑方如马7进5吃去中相，炮三进五，象5退7，相三进五，黑方虽然兵种较好，但局势变化较少，要想取胜有一定的困难，所以没有这样走。

29. 车六进一　炮7平9　　　　**30.** 炮三平四　炮9平7

31. 炮四平三　炮7进1　　　　**32.** 马七退八　象7进9

33. 马三进一　马7进6　　　　**34.** 炮三平四　炮7进3

35. 车六退一　卒5进1

由于黑方车马炮已占据攻击的位置，所以进中卒从中路突破，紧凑。

36. 炮四平二　卒5进1

如兵五进一，马3进2，车六进二，炮7平5，车六平七，马2退4，黑胜势。

37. 车六平七　车3平8　　　　**38.** 炮二平七　车8进2

39. 马八进六　卒5平4　　　　**40.** 炮七平五　炮7平9

41. 车七平八　将5平4　　　　**42.** 车八进七　将4进1

43. 车八退一　将4退1　　　　**44.** 车八进一　将4进1

45. 马六进八　卒4进1　　　　**46.** 炮五平六　马3进5

47. 炮六进一　车8平3

黑方在取得攻势之后，借机吃去红方边路马。红方子力一失，攻势又被阻挡，已无力防守，只好推枰认负。

第 93 局 李鸿嘉负王斌

1. 马八进七　卒 3 进 1　　　　　**2.** 炮二平五　马 2 进 3

3. 马二进三　马 8 进 7　　　　　**4.** 车一平二　车 9 平 8

5. 车二进四　炮 8 平 9

如兵三进一，象 7 进 5，炮八进四，马 3 进 2，红方仍有先手。

6. 车二进五　马 7 退 8　　　　　**7.** 兵三进一　马 8 进 7

8. 炮八进四　马 3 进 4

如改走象 7 进 5，炮八平七，红方仍持先手。

9. 炮八平三　象 7 进 5　　　　　**10.** 车九平八　炮 2 平 3

11. 车八进八　士 6 进 5　　　　　**12.** 炮五平四　卒 1 进 1

如卒 3 进 1，车八退三，卒 3 进 1，车八平六，卒 3 进 1，相七进五，卒 3 进 1，炮三平四，红方形势占先。

13. 车八退四　马 4 进 3　　　　　**14.** 相七进五　卒 5 进 1

不如车 1 进 1，出动主力，比较稳健。

15. 车八进二　卒 1 进 1

红方不如炮三平七兑子争先，车 1 进 3，炮七退三，炮 3 进 4，车八退一，炮 9 进 4，马三进一，炮 3 平 9，兵五进一，红方有兵过河，易走。

16. 车八平七　炮 3 平 4　　　　　**17.** 兵三进一　卒 1 进 1

18. 兵三平四　车 1 进 5　　　　　**19.** 兵四平五　马 3 进 1

可炮四进二，马 3 进 1，再兵五进一进行反击。

20. 仕四进五　卒 1 平 2　　　　　**21.** 车七平八　马 1 进 3

如欲保持复杂局势，可卒 2 平 3，马七退八，马 1 进 3，帅五平四，马 7 退 9，黑方好走。

22. 帅五平四　卒 2 平 3　　　　　**23.** 车八退五　车 1 退 2

24. 马三进二　前卒进 1　　　　　**25.** 炮四平七　车 1 平 6

26. 前兵平四　车 6 平 5　　　　　**27.** 车八平七　车 5 进 3

28. 车七平六　炮 9 进 4（图 93）

29. 车六进三　马7进5

如图 93 所示，如马二退一，车 5 平 6，帅四平五，车 6 退 2，车六进 二，红方虽然仍处下风，但防守结构 比较稳固，仍可对抗。此时黑方如炮 9 进 3 打将，仍是一步好着。

30. 车六平九　炮9退1

退炮打车破坏红方的河口防线， 是紧要之着，使红方的防守更加 艰难。

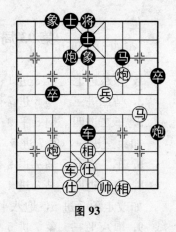

图 93

31. 马二退一　炮4进3

不如车 5 平 6，帅四平五，马 5 进 6，车九进二，马 6 进 4，黑 方攻势更为凶悍。

32. 车九进二　炮4平6　　　**33. 炮三退二　炮9进1**

34. 帅四平五　炮6进3　　　**35. 车九平六　马5进6**

可车 5 进 1，炮七退一，车 5 退 2，以下红方不能炮七平四， 因黑方有炮 9 平 3 的绝杀手段，黑方占优。

36. 车六平一　炮6平9

红方应相五退七，较为安全。

37. 相五退七　前炮进1　　　**38. 相三进五　车5平8**

39. 帅五平四　车8进3　　　**40. 帅四进一　车8退1**

41. 帅四退一　后炮平6　　　**42. 车一平四　马6进4**

黑方攻势强大。以下红方如兵四平五，马 4 进 6，车四退三， 马 6 进 7，马一退二，马 7 退 8，黑胜。

第94局　黎德志胜陆峥嵘

1. 马二进三　卒7进1　　　**2. 炮二平一　马8进7**

3. 车一平二　车9平8　　　**4. 车二进六　炮8平9**

5. 车二进三　马7退8　　　**6. 兵七进一　马8进7**

7. 马八进七　马2进3

不如相七进五等待变化，较为灵活。

8. 车九进一　象3进5

9. 相三进五　士4进5

红方先上相静观动向，是正确的走法。如车九平六，马7进6，红车难以抢占要道，不占便宜。

10. 车九平六　炮2平1

可卒3进1兑兵，活通马路，可与红方对抗。

11. 马七进八　炮1进4

12. 车六进二　炮1进3

13. 仕四进五　炮1平2

还是应卒3进1兑兵，较为有利。

14. 马八进七　车1平2

15. 炮八平七　马7进6

16. 兵五进一　炮9平7

17. 炮一进四　马6进7

18. 车六平四　车2进4

19. 炮一退一　卒7进1

红方可考虑炮一平三。以下黑方如卒7进1，炮三退三，卒7进1，车四平三，红方多兵占优。

20. 兵五进一　车2进3

21. 炮七平六　卒5进1

22. 马七退五　马3进5

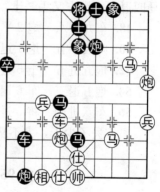

图94

红方退马吃卒稳健。如炮一进四，黑方可象5进7，红方难以控制形势。

23. 马五退三　马5进4

24. 车四平六　马7进5

25. 前马进二　炮7平6（图94）

26. 马二进四　士5进6

如图94所示，马二进四兑炮正确。如马二进三，炮6退1，炮一进三，马5进7，帅五平四，车2退3，炮一平四，车2平6，炮六平四，车6退3，黑方反而好走。

27. 炮六进二　马5退4

28. 炮一平五　士6进5

红方先平中炮是紧凑之着，为进攻创造出机会。

29. 马三进四　车2退3

30. 马四进三　马4退6

31. 兵七进一　车2退1　　　　**32.** 马三进二　马6退8

33. 兵七进一　车2平3

红方进兵胁车抢先，黑方吃与不吃都将落入被动挨打之中。

34. 车六平八　车3平5　　　　**35.** 炮五平一　炮2平1

36. 炮一进四　士5退6　　　　**37.** 车八进六　象5退3

38. 车八平七　将5进1　　　　**39.** 炮一退一　马8退7

退马解将无可奈何。如马8退9，车七退一，将5退1，马二
退四，将5平4，车七平六，红方胜。

40. 车七退一　将5退1　　　　**41.** 炮一平三　车5进5

42. 帅五平四　车5退2　　　　**43.** 车七进一　将5进1

44. 炮三退七　车5平6　　　　**45.** 炮三平四　象7进5

46. 车七退七　将5退1　　　　**47.** 车七平九　炮1平2

如炮1平4打仕，车九平六，炮4平5，车六平五，炮5平4，
车五进五，士6进5，帅四平五，车6进2，马二退四，将5平4，
马四退五，黑方又丢一士，防守更加艰苦。

48. 车九平八　炮2平1　　　　**49.** 炮四进一　士6进5

50. 帅四平五　炮1退5　　　　**51.** 炮四平五　炮1平5

52. 炮五进五　士5进4　　　　**53.** 车八进三　炮5进2

54. 炮五退三　车6退1　　　　**55.** 炮五进二　车6平5

56. 车八进四　将5进1　　　　**57.** 车八退一　将5退1

黑方失子少士，力不从心，终于被红方车炮马击败。

第95局　吕钦胜金松

1. 马八进七　卒3进1　　　　**2.** 炮二平四　马2进3

3. 马二进三　马8进9　　　　**4.** 车一平二　炮8平7

5. 炮八平九　车1平2

红方可改走相七进五，形成平稳局势。

6. 车九平八　士6进5

如卒7进1，制约马路，比较主动。

7. 相三进五　炮2进4　　　　**8.** 兵七进一　卒3进1

9. 相五进七　炮2平3　　　　**10.** 车八进九　炮3进3

黑方虽然白取一相，但主力无法助攻，而且使红马活跃，并不划算。不如马3退2，相七退五，车9平8，车二进九，马9退8，形成平稳之势。

11. 仕六进五　马3退2　　　　**12.** 马七进六　炮7平2

13. 炮九平八　马2进3　　　　**14.** 相七退五　炮3平1

15. 兵三进一　车9进1

不如卒9进1，防止红车抢占要道，然后再视情况展开反击。

16. 车二进五　象3进5　　　　**17.** 马三进四　卒7进1

18. 兵三进一　士5退6

19. 兵三进一　车9平4

20. 马六进七（图95）　车4进2

如图95所示，黑方若车4进7较好，炮四退一，车4退5，破坏红方担子炮的防守能力，为反击创造条件。

21. 车二平七　卒5进1

红方河口保马，保持牵制功效。此时黑方可车4进5，红方如炮四退一，车4平2，黑方有攻势。

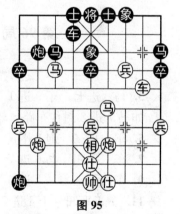

图95

22. 车七退一　士6进5

不如马9进7，马四进三，车4平7，马七退五，车7平2，兑子后，局势平稳。

23. 仕五进六　炮2进1　　　　**24.** 炮八退一　卒5进1

红方退炮准备打死黑车，同时化解了黑方的反击手法。

25. 兵五进一　车4进3

红方进中兵免得另生枝节，简明有力。如炮八平六，卒5平4，马七退六，炮2进7，帅五进一，车4平2，车七进三，车2进5，黑方有反击的机会。

26. 兵五进一　　车4平6　　　　　**27.** 炮四平二　　炮2进4

28. 炮二进五　　马3退1　　　　　**29.** 马四进二　　象5进7

30. 马七进九　　炮2退5

如将5平6，兵三平四，车6退3，马二进三，将6进1，兵五平四，以下有炮八平四的凶着，黑方不好对付。

31. 车七平八　　炮2进6　　　　　**32.** 车八退三　　马1退3

33. 马九进七　　将5平6　　　　　**34.** 车八进五　　炮1平6

35. 仕六退五

由于黑方错过了边马吃三路兵的机会，使被动的形势未能好转，在红方潮水般的攻势下，终于无力防守而败北。

第 96 局　　翁德强负吕钦

1. 马二进三　　卒7进1　　　　　**2.** 兵七进一　　马8进7

3. 马八进七　　车9进1　　　　　**4.** 炮二平一　　马7进6

如马7进8封住车路，较为稳健。

5. 车一平二　　炮8平7　　　　　**6.** 车二进六　　马2进3

7. 车二平四　　马6进7　　　　　**8.** 炮一进四　　象3进5

9. 车四平三　　马7退6　　　　　**10.** 车九进一　　炮7平6

11. 车三平四　　士4进5　　　　　**12.** 炮一平三　　车9平7

13. 车九平六　　卒7进1　　　　　**14.** 炮三进三　　车7退1

准备弃象抢先。如象7进9，相三进五，红方仍持先手。

15. 车四退一　　卒1进1　　　　　**16.** 炮八平九　　车1平2

17. 车六平八　　卒7进1　　　　　**18.** 马三退五　　炮2进4

19. 马七进六　　车7进5

应炮九进三为好。如车7进5，相七进五，卒7平6，马五退七，再后马进九，红占先。

20. 马五进七　　炮2平3　　　　　**21.** 车八进八　　马3退2

22. 车四平六　　炮3进3　　　　　**23.** 仕六进五　　炮3平1

24. 相三进五　　卒7平6　　　　　**25.** 炮九平八　　炮1退2

26. 炮八进四　马 2 进 3

27. 马七进八（图 96）　卒 3 进 1

如图 96 所示，红方进马踏炮是失先之着，应炮八进一打中象，不论黑方如何应付，红方仍占上风。而在上一回合时，红方应马七进八，才是正确之着。

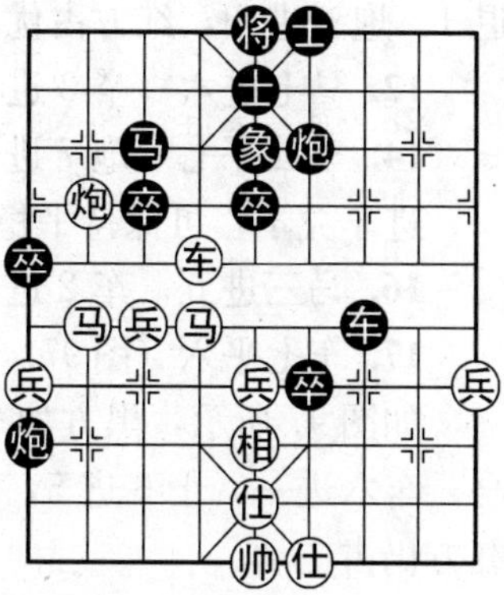

图 96

28. 马八进七　卒 3 进 1

29. 相五进七　炮 1 平 7

30. 相七退五　卒 6 平 5

31. 炮八退四　卒 5 进 1

抓住红方的不利形势，发动迅猛攻势，

32. 炮八平三　车 7 进 2

由此争得了主动。

33. 车六平九　象 5 退 7

34. 车九平四　炮 6 平 7

35. 马六进八　马 3 退 2

36. 马七退六　马 2 进 4

37. 帅五平六　车 7 平 8

38. 车四平三　炮 7 平 4

39. 帅六平五　炮 4 平 5

40. 帅五平六　车 8 进 2

41. 兵九进一　前卒进 1

42. 车三平四　炮 5 平 6

红方已抵挡不住黑方的联合攻击。如马六退七，炮 6 进 7，马七退五，炮 6 退 1 形成杀局，红方投子认负。

第 97 局　吕钦胜谢岿

1. 马八进七　卒 3 进 1

2. 炮二平四　马 2 进 3

3. 马二进三　马 8 进 9

4. 车一平二　炮 8 平 7

也可车 9 平 8 先行出动主力，较能控制局势。

5. 炮八平九　车 9 平 8

6. 车二进九　马 9 退 8

7. 车九平八　车 1 平 2

8. 车八进四　炮 2 平 1

9. 车八平二　马 8 进 9

10. 兵七进一　车 2 进 4

11. 炮四平五　象 3 进 5

可马七进六，卒 3 进 1，马六进五，马 3 进 5，炮四平五，车 2

退1，炮五进四，红方占优。

12. 马七进六　卒3进1

14. 车二平七　炮7进4

进车兑子，可保持平稳局势。

16. 马三进五　车2进1

17. 车七平六（图97）　车2平4

如图97所示，黑方如车2平5吃马，车六进一，士6进5，马五进七，红方仍占主动。

18. 炮九进四　士4进5

19. 兵九进一　卒9进1

20. 炮九退一　车4退1

21. 前马退六　炮1进3

22. 仕四进五　炮7退2

红方闪开兑子，保持攻击力，以求展开攻势。

13. 马六进五　马3进4

15. 兵五进一　车2进1

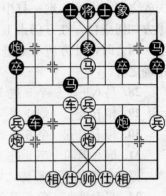

图97

23. 炮九进四　马4进2

24. 马六进八　炮7平3

如马2进3，马五进七，黑方不占好处。

26. 帅五平四　马9进8

28. 炮五平六　士5进4

30. 马五退三　马8进7

32. 帅四平五　马7退5

34. 仕五进六　将5平4

36. 帅五平四　炮5平6

38. 帅五平四　炮5平6

40. 帅五平四　炮3平1

25. 兵五进一　马2进4

27. 兵五平六　炮3进3

29. 马八进六　炮3退1

31. 相三进五　炮1平6

33. 马六进八　马5进4

35. 仕六进五　炮6平5

37. 帅四平五　炮6平5

39. 帅四平五　炮6平5

平炮使黑方形势落入下风。应士4退5，保住6路士，还可应付。

41. 炮九平四　炮5平6

43. 马八退六　炮1平9

应士5退6，对防守仍有好处。

42. 炮四退三　士4退5

44. 马六进五　将4进1　　　**45.** 马五退三　炮9平7

46. 前马退五　卒9进1　　　**47.** 帅四平五　炮6平5

48. 马三进五　卒9平8　　　**49.** 前马进七　炮7平6

50. 兵六进一　炮6退2　　　**51.** 炮四平五　炮6退2

52. 马七退八　卒7进1　　　**53.** 马八退六　卒8进1

54. 炮五退一　马4退2　　　**55.** 马六进八　马2进4

56. 马八退六　马4退2　　　**57.** 马六进七　马2退3

58. 兵六平七　炮6进3　　　**59.** 马五退七　象5进3

60. 马七进九　卒7进1　　　**61.** 马九进八　炮6退3

62. 马八退七　卒7平6　　　**63.** 兵七平六　炮5平2

64. 马七退九　炮2平4　　　**65.** 马九进八　象7进5

66. 马八退六　卒6进1　　　**67.** 马六进四　卒8平7

黑方如能用炮换取红兵，仍可谋求和局，但红方不会给黑方这个机会。

68. 炮五平一　炮4平1　　　**69.** 马四进三　将4平5

70. 炮一平五　象5进7　　　**71.** 炮五退一　炮1退2

应炮6平7拦住马路，还可支撑。

72. 兵六平五　将5平4　　　**73.** 马三退五　炮6平5

74. 马五进七　炮5平3　　　**75.** 马七退九　炮3平1

应炮3平2，以下红方如马九退八，炮2进3，尚可维持一阵。

76. 马九退八　象3退5　　　**77.** 兵五平六　后炮平3

78. 马八进七　炮1平2　　　**79.** 马七进八　将4退1

80. 兵六平七　炮2进6　　　**81.** 仕五退六　炮3退1

82. 兵七进一　炮3平7　　　**83.** 兵七平六　象5退7

红方兵临城池，黑方危机四伏。

84. 马八退六　炮7进1　　　**85.** 炮五平六　将4平5

86. 马六进四　将5进1　　　**87.** 马四进三　将5平6

88. 马三退二　象7退9

红方吃去一象之后，黑方已无力防守，红方胜局已定。

第98局　俞云涛负谢卓淼

1. 马八进七　卒3进1　　　　**2.** 兵三进一　马2进3

3. 马二进三　车1进1

如象3进5，相三进五，马3进4，车九进一，炮2平4，车九平四，马8进7，马三进四，马4进6，车四进三，炮8平9，炮八进四，红方比较主动。

4. 炮二平一　马8进7　　　　**5.** 车一平二　车9平8

6. 相七进五　炮8进4　　　　**7.** 炮八进四　马3进2

8. 炮八平三　象7进5

9. 仕六进五　卒1进1

10. 车九平六　车1平6（图98）

11. 车六进四　车6进3

如图98所示，红方可兵七进一，卒3进1，相五进七，车6平3，相三进五，双方实力相当。

12. 兵七进一　卒3进1

13. 车六平七　马2进1

马踏边兵，力求兑子取势，好着。

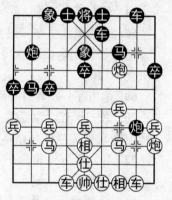

图98

14. 马七进九　炮8平1　　　　**15.** 车七平八　车8进9

16. 马三退二　炮2平3　　　　**17.** 车八平七　炮3平2

18. 车七平八　炮2平3　　　　**19.** 车八平七　炮3平2

20. 车七平八　炮2平3　　　　**21.** 马二进三　炮1进3

22. 车八平七　炮3平4　　　　**23.** 马三进四　车6平2

24. 仕五进六　士6进5　　　　**25.** 炮一平三　卒9进1

进9路卒等待机会，是目前的一种走法。

26. 后炮退一　炮4平2　　　　**27.** 帅五进一　车2平5

28. 车七平八　炮2平1

也可炮2平4，仍然有利。

29. 车八平五　车5平2　　　　**30.** 车五平六　后炮平4

31. 车六进一　车2进1　　　　**32.** 车六平四　卒5进1

红方如车六平九，车2平6，车九退五，将5平6，红方仍难摆脱困境。

33. 马四进六　车2退1　　　　**34.** 车四平五　炮1平4

35. 帅五平六　前炮平5　　　　**36.** 前炮平四　马7退8

37. 车五平二　马8进9　　　　**38.** 车二平三　炮5退3

39. 相五进七　炮5退3

可考虑炮四平五，马9退7，车三平一，马7进9，车一平四，还可对抗下去。

40. 帅六平五　车2进2　　　　**41.** 炮三进一　车2平5

42. 炮三平五　车5平6　　　　**43.** 炮五平三　卒1进1

44. 车三平一　卒1平2　　　　**45.** 炮四平二　将5平6

46. 马六退八　象5进3

吃卒过早，不如炮二进一，仍可支撑一阵。

47. 车一平三　车6平5　　　　**48.** 炮三平五　车5进1

红方由于疏于防守，失去了求和的机会，终于被黑方弃车吃炮，形成绝杀而落败。

第99局　陈平和许银川

1. 马八进七　卒3进1　　　　**2.** 炮二平四　马2进3

3. 马二进三　马8进9

如炮8平4，成另一路变化。

4. 车一平二　车9平8　　　　**5.** 兵三进一　卒9进1

6. 相七进五　车1进1　　　　**7.** 炮八进四　马3进4

8. 炮八退一　马4进3

如炮八平三，炮8进4，红方三路炮位置不好，容易受到威胁。

9. 炮八平一　车1平6　　　　**10.** 仕六进五　车6进3

可车6进5加强攻势。以下红方车九平八，象7进5，炮一进一，卒7进1，黑方有一定的反击能力。

11. 车九平八　　车6平9

12. 车八进七　　象7进5

13. 车八退一　　炮8进1（图99）

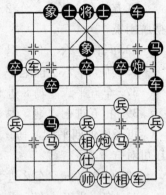

图99

如图99所示，黑方升起8路炮，力求坚守卒林，着法稳健有力。如马9进8打车，兵一进一，黑方反而占不到好处。

14. 车二进四　　炮8平9

15. 车二进五　　马9退8

如兵一进一，炮9进2，车二进五，马9退8，车八平五，马8进9，双方局势平稳。

16. 车八退三　　马3退4

应车八平九，先得实惠，比较有利。

17. 马七进八　　卒3进1　　**18.** 相五进七　　卒7进1

19. 相七退五　　卒7进1　　**20.** 马八进六　　车9平4

21. 相五进三　　马8进7　　**22.** 相三退五　　车4进1

23. 车八进二　　炮9退2　　**24.** 炮四退一　　炮9平7

25. 炮四平三　　炮7进6　　**26.** 炮三进六　　车4进1

红方虽然多兵，但黑方占位较佳，双方势均力敌，都难以突破，只好同意和局。

第100局　卜凤波胜苗利明

1. 马二进三　　卒7进1　　**2.** 兵七进一　　马2进1

如马8进7，比较灵活多变。

3. 马八进七　　车1进1　　**4.** 炮二平一　　马8进7

5. 车一平二　　车9平8　　**6.** 车二进六　　车1平4

7. 相七进五　　炮8平9　　**8.** 车二进三　　马7退8

9. 兵三进一　卒 7 进 1

红方兑兵活通马路，是争先的走法。

10. 相五进三　车 4 平 7　　**11.** 相三进五　车 7 进 3

12. 炮一进四　马 8 进 7　　**13.** 炮一平七　炮 2 进 4

14. 炮七退一　车 7 平 4

红方退炮保存实力。如马七进八，马 1 进 3，马八进七，马 7 进 8，黑方可以满意。

15. 炮八平九　象 7 进 5

应象 3 进 5，为以后退炮扩大空间创造条件。

16. 车九平八　炮 2 退 6

如炮 2 平 9 交换子力，马三进一，象 5 进 3，兵七进一，车 4 平 3，马七进六，红方得象好走。

17. 马三进四　车 4 平 6

18. 炮七进二　卒 1 进 1

19. 车八进八（图 100）　车 6 进 1

如图 100 所示，红方进车紧凑有力。如炮七平三打马，黑方可马 1 进 2，以下再车 6 进 1，红方将失去先手。

20. 炮七平三　车 6 退 3

21. 炮三退一　车 6 进 2

22. 兵九进一　炮 2 平 1

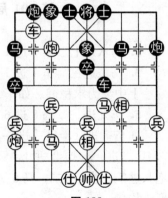

图 100

红方进边兵恰到好处，可威胁边马抢夺攻势。

23. 车八平九　炮 1 平 2　　**24.** 炮九进三　士 6 进 5

红方炮打边卒，力争多兵优势。

25. 车九平八　车 6 平 7　　**26.** 炮三平二　车 7 平 8

27. 炮九进一　炮 9 进 1　　**28.** 兵一进一　卒 5 进 1

29. 炮九平一　车 8 退 1　　**30.** 炮一进一　车 8 退 1

31. 炮一退一　炮 2 平 1　　**32.** 车八平九　炮 1 平 2

33. 兵九进一　马 1 进 3

如车8进1，可炮一进一，象5退7，炮一进二，车8退3，炮一退四，车8进5，兵九进一，马1进3，兵七进一，车8平9，兵七进一，车9退1，车九平八，炮2平1，兵九进一，红方大占优势。

34. 车九退二　马3退4	**35.** 车九平八　炮2进2
36. 车八平六　炮2平3	**37.** 马七进六　炮3平4
38. 马六进四　象5进7	**39.** 兵七进一　车8平6
40. 炮一退一　马4进2	**41.** 车六平八　炮4进3
42. 相三退一　卒5进1	**43.** 兵五进一　炮4平9
44. 兵九平八	

红方大军压境，攻势强大，黑方认负。

第101局　尚威负胡荣华

1. 马八进七　卒3进1	**2.** 兵三进一　马2进3
3. 马二进三　车1进1	**4.** 车一进一　象7进5

上中象力求稳健。如车1平7，形势比较紧张。

5. 车九进一　马8进6

如卒7进1，兵三进一，车1平7，兵三进一，炮2进1，马三进二，炮8进5，炮八平二，马8进9，大体形成均势。

6. 相七进五（图101）　车9平7

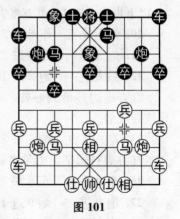

图 101

如图101所示，红方上七路相，缓慢之着，使黑方乘机抢出左车，造成被动。应马三进二兑炮，炮8进5，炮八平二，炮2进3，兵七进一，形成平稳局势。

7. 马三进四　炮2进3	**8.** 车九平六　卒7进1

如卒3进1，兵七进一，炮2平6，车一平四，黑方不占便宜。

9. 炮二平三　炮8平7　　　　10. 车六进三　炮2平6

11. 车六平四　车1平2　　　　12. 马七退五　马6进8

13. 车一平二　卒7进1　　　　14. 车四进一　卒7进1

红方进车力求复杂变化，但留下黑卒终是后患。不如车四平三，马8进7，车三平四，形成平等局势。

15. 炮三进五　车7进2　　　　16. 马五退七　马8进7

17. 车二平六　马7进8　　　　18. 仕六进五　车7进2

19. 车四平三　马8退7

此时黑方车马通畅，又有一卒过河，反而占优。

20. 车六进六　车2进1　　　　21. 兵七进一　士4进5

22. 车六退三　车2进3　　　　23. 车六进二　卒3进1

24. 车六平七　马3退2　　　　25. 车七退二　车2平3

如炮八进七，车2退5，相五进七，车2进6，黑方多卒，仍是胜势。

26. 相五进七　马2进3　　　　27. 马七进六　卒7平6

28. 马六进五　马7进8　　　　29. 马五进六　卒6平5

30. 帅五平六　士5进4　　　　31. 炮八平九　马8退7

32. 兵九进一　士6进5　　　　33. 相七退五　前卒平6

34. 炮九进一　卒6平7　　　　35. 相五进三　卒7平8

36. 马六退七　马3进2

进马捉炮准备交换，正确。如卒8平9吃兵，红方可马七退五，打死黑方边卒，局势有所松透，黑方并不合适。

37. 炮九进三　卒8平9　　　　38. 马七进八　将5平6

39. 炮九进三　象3进1　　　　40. 兵九进一　马2进3

41. 兵九进一　后卒进1　　　　42. 兵九进一　后卒进1

43. 炮九平八　后卒平8　　　　44. 相三退五　卒9平8

45. 相五进七　象5进3　　　　46. 兵九进一　前卒平7

47. 相三进五　卒5进1　　　　48. 帅六平五　马7进6

49. 仕五进四　马6进4　　　　50. 帅五平六　卒7平6

51. 仕四退五　马3进2　　　　52. 帅六进一　马4退5

53. 仕五退六　马2退3　　　　**54. 帅六平五　卒6进1**

黑方双马多卒，攻势强大。红方炮马很难防守，终于败下阵来。

第102局　陈富杰胜张申宏

1. 马八进七　卒3进1　　　　**2. 兵三进一　马2进3**

3. 马二进三　马8进9　　　　**4. 相七进五　象3进5**

5. 车一进一　车9进1

如兵一进一，也是一种走法。

6. 车一平六　卒7进1

兑卒先弃后取，由此抢得了满意的局势。

7. 兵三进一　车9平7　　　　**8. 马三进四　车7进3**

9. 车六进三　炮8平6　　　　**10. 兵七进一　士4进5**

11. 仕六进五　卒9进1　　　　**12. 马七进八　炮2进5**

13. 炮二平八　车7平6　　　　**14. 马四退六　卒3进1**

15. 车六平七　马3进4　　　　**16. 车七平五　卒5进1**

弃中卒意欲抢夺攻势。如马4进2吃马，马六进八，卒5进1，车五平六，双方各有千秋。

17. 马六进五　炮6进7　　　　**18. 仕五退四　马4进2**

19. 车九平六　车1平3　　　　**20. 马五退七　车3进4**

21. 炮八进一　马9进8

红方虽然缺一仕，在防守上比较单薄，但各子位置较佳，并不难走。

22. 仕四进五　车6进4　　　　**23. 炮八平七　车3平7**

24. 车五平三　马2进3

红方由于少仕，所以主动平车兑车，正确。此时黑方急于求成而马2进3杀中仕，过于勉强。不如车7进1兑车，相五进三，车6退4，车六进二，象5进3，车六平八，马2退3。黑方稳住阵营后，可与红方相抗衡。

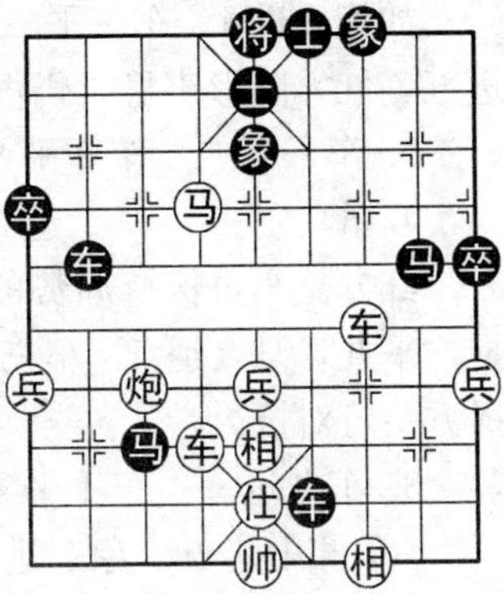

25. 车六进二　车7平2

26. 马七进六（图102）　车2进5

如图 102 所示，红方跃马要杀凶
悍有力。如急于得子而车六平七，车2
进4，士五退六，车6平4，车七退二。
红方虽然多子，但黑方还可反抗。

图 102

27. 相五退七　士5进4

28. 车六平七　车2退1

29. 仕五进四　车6平4

30. 马六进四　将5平4

31. 马四退五　士6进5

红方多一子，又处于攻击状态，大占优势。

32. 炮七平六　将4平5　　　　33. 车七进四　车2进1

34. 仕四退五　马8退6

如车2退1，帅五平四，车4平5，车七进三，象5退3，车三
进五，士5退6，车三平四，将5进1，车四退一，红胜。

35. 车三退二　马6进4　　　　36. 车三平六　车4退1

兑车无可奈何。如车4平1，炮六进四，形成败势。

37. 仕五进六　马4进5　　　　38. 仕六退五　车2退5

39. 马五退七　车2进2　　　　40. 车七平六　马5进7

41. 炮六退一　车2进2　　　　42. 炮六平四　车2进1

43. 马七退六　马7退9　　　　44. 炮四平五　马9退7

45. 车六平九　马7进5　　　　46. 车九进三　士5退4

47. 车九退五　车2平1　　　　48. 车九平三

红方多子，威力强大，黑方至此认负。

第 103 局　　陈寒峰负洪智

1. 马八进七　卒3进1　　　　2. 兵三进一　马2进3

3. 马二进三　车1进1　　　　4. 炮二平一　马8进7

如炮 8 进 4，车一平二，炮 8 平 3，相七进五，马 8 进 7，仕六进五，红方阵形牢稳，仍占先手。

5. 车一平二　车 9 平 8　　　　**6.** 车二进六　炮 8 平 9

7. 车二进三　马 7 退 8

红方兑车可保持局势的稳健性。如车二平三压马，炮 9 退 1，炮八平九，马 3 退 5，车三退一，象 3 进 5，车三平六，马 5 退 3，黑方足可对抗。

8. 车九进一　车 1 平 4　　　　**9.** 车九平四　马 8 进 7

10. 相七进五　象 7 进 5　　　**11.** 炮八退二　车 4 进 3

红方可车四进三，抢占河口要道。

以下如车 4 进 5，兵七进一，马 3 进 4，车四平六，车 4 退 1，马七进六，卒 3 进 1，相五进七，双方局势平稳。

12. 炮八平七（图 103）　车 4 平 8

如图 103 所示，黑方平车 8 路，是细致有力的抢先之着。如卒 7 进 1，车四进三，形成均势，黑方取势机会较少。

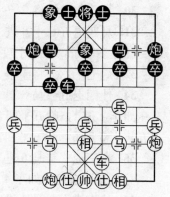

图 103

13. 车四平八　炮 2 平 1

14. 车八进三　卒 7 进 1　　　**15.** 兵七进一　卒 7 进 1

冲七路兵失策。应兵三进一，车 8 平 7，马三进四，并不吃亏。

16. 相五进三　车 8 进 3

红方应兵七进一，卒 7 进 1，尚可周旋。现在被黑方进车捉三路马，形势大为不利。

17. 马七退五　卒 3 进 1　　　**18.** 车八平七　马 3 进 4

19. 车七平六　马 4 退 6　　　**20.** 相三退五　马 6 进 8

21. 马三进四　马 7 进 6

如马三进二，炮 1 进 4，马五进三，炮 1 平 9，黑方多卒，形势较好。

22. 车六平七　马 8 进 7　　　**23.** 炮七进二　车 8 退 2

24. 炮一平四　炮 9 进 4　　　　**25.** 炮四进三　炮 9 平 5

弃子打中兵，镇住窝心马，抢夺攻势的佳着。

26. 车七退一　车 8 平 6

红方只好弃子解危，已落入下风。

27. 车七平五　马 7 退 6　　　　**28.** 车五进三　马 6 进 4

如马五进三，车 6 进 3，车五平六，黑方多卒，仍占优势。

29. 车五平九　车 6 进 3　　　　**30.** 炮七退一　马 4 进 2

黑方进马是巧妙的攻击手段，足见其功力不凡。以下红方如炮
七平六，士 6 进 5，红方仍无法解救，黑胜。

第 104 局　赵庆阁胜蔡伟林

1. 马二进三　卒 7 进 1　　　　**2.** 兵七进一　马 8 进 7

3. 马八进七　马 2 进 1

不如车 9 进 1，变化较多。

4. 兵九进一　车 1 进 1　　　　**5.** 兵九进一　卒 1 进 1

6. 车九进五　象 7 进 5　　　　**7.** 马七进八　炮 8 进 2

红方看到黑方右路比较薄弱，所以上马兑炮，抢夺攻势。

8. 车九进一　炮 2 平 4　　　　**9.** 炮二退一　炮 8 退 1

10. 车九退三　炮 4 进 3　　　　**11.** 马八退七　车 1 平 2

出车捉炮是不明显的软着，由此造成被动局势。应炮 4 退 1，
先避一手为好。

12. 炮八平九　车 2 进 6　　　　**13.** 炮九进五　车 2 平 3

14. 马三退五　车 3 平 8

红方避开兑炮，好着。以下弃炮换取双象，由此取得优势。

15. 炮二进五　象 3 进 1　　　　**16.** 车九进四　车 8 退 4

17. 车九平五　马 7 退 5　　　　**18.** 车一进二　车 9 平 7

19. 车一平六　车 7 进 2　　　　**20.** 车五平三　马 5 进 7

21. 车六进二　车 8 进 3　　　　**22.** 车六平四　车 8 平 7

23. 车四进三　马 7 进 8　　　　**24.** 车四平五　士 6 进 5

25. 车五退一　卒7进1（图104）

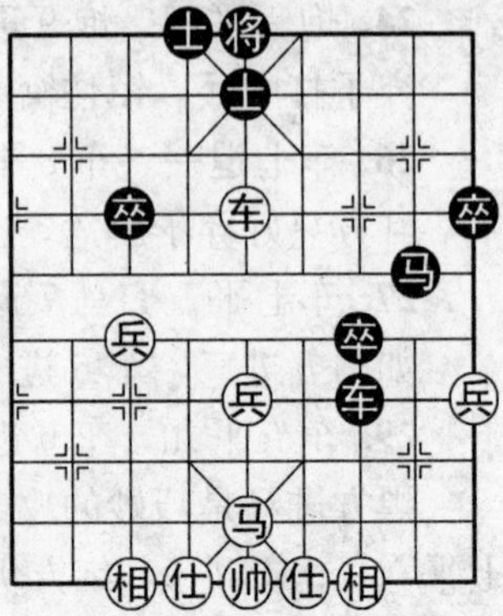

如图104所示，黑方进7路卒失去谋和机会。不如马8进9，相三进五，马9进8，马五退三，卒7进1，还可寻机求战。

26. 马五进七　马8进6

27. 车五平一　马6进7

28. 兵一进一　车7平6

29. 仕六进五　马7退5

30. 马七进六　车6退1

31. 马六进七　马5退3

图 104

32. 相三进五　马3退2

33. 相五进三　马2退3

34. 兵一进一　车6退1

35. 仕五进六　将5平6

红方上仕助攻，佳着。

36. 仕四进五　将6平5

37. 仕五进四　将5平6

38. 马七进六　车6进3

应车6退2加强防守，还可支持下去。

39. 车一进三　将6进1

40. 马六退五　马3进5

41. 马五进三　车6进2

42. 帅五进一　车6退1

43. 帅五退一　车6进1

44. 帅五进一　车6退4

45. 车一退一　将6进1

46. 马三进二

黑方难以防守红方的车马攻击，只好投子认负。

第105局　许银川胜胡荣华

1. 马八进七　卒3进1

2. 炮二平四　马2进3

如马8进7，兵三进一，马2进3，马二进三，车9平8，车一平二，象7进5，炮八进四，马3进4，炮八平三，炮2平3，车二进五，马4进3，车九平八，车1进1，成另一路变化。

3. 马二进三　炮8平4

4. 车一平二　马8进7（图105）

如图105所示，红方抢先出动右车，积极。如兵三进一，马8进7，炮八进四，象3进5，炮八平七，车1平2，车一进一，炮2进2，车一平六，士4进5，车九平八，车9平8，黑方可相机对抗。

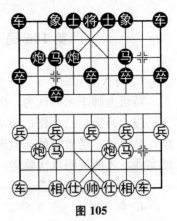

图 105

5. 兵三进一　象7进5

6. 炮八进四　马3进4

可马3进2封制红车，比较适宜。

7. 炮八平三　车1平2

此时出右车不太稳妥。不如炮2平3，车九平八，车1进1，局势并不差。

8. 车九平八　炮2进4　　　　　**9.** 车二进五　马4进3

不如马4退3，使右车生根，以后可车9平8兑车，虽然仍落下风，但还未受损失。

10. 炮四进一　卒3进1

如炮4平3，炮四平七，炮3进4，兵三进一，卒5进1，车二退一，红方好走。

11. 相七进五　车9进1　　　　　**12.** 相五进七　车9平3

13. 车二平六　炮4平3　　　　　**14.** 兵三进一　车2进1

15. 士六进五　车3平6　　　　　**16.** 兵三平四　车6平8

17. 炮四平七　炮3进4　　　　　**18.** 相七退五　车8进6

19. 马三进四　车2进4　　　　　**20.** 炮三退三　车2平6

红方运炮得子，夺得胜势。

21. 炮三平七　车6进3　　　　　**22.** 车八进三　车8平5

23. 炮七进四　马7进8　　　　　**24.** 车八平七　士6进5

25. 炮七平八　车5平7　　　　　**26.** 车六进三

红方运子老练，中局谋取一子之后，稳扎稳打，不给黑方任何机会。黑方少子，不能久守，终因无法对抗而败北。

第106局　陶汉明胜李艾东

1. 马八进七　卒7进1

特级大师李来群认为，黑方如卒3进1，有两个作用：阻挡对方马路，开通自己马路；而卒7进1，只有一个作用：开通自己马路，卒7进1功效较低。但现在布局战略更加丰富，还要通过更多的实践，才能证明孰优孰劣。

2. 炮二平三　象7进5　　　　　**3.** 炮八平九　马2进1

4. 车九平八　车1平2　　　　　**5.** 相三进五　马8进7

6. 马二进四　马7进8　　　　　**7.** 炮九进四　士6进5

8. 炮九平五　车9平6

红方运炮吃卒，虽然取得多兵之势，但影响主力的出动，容易出现危机。

9. 马四进六　车6进4

进车河口，好着。如车6进6，马六进五，红方明显占优。

10. 炮五退二　炮2进4　　　　　**11.** 仕四进五　炮2平5

红方上仕加强防守，稳健。如兵七进一，车6进2，炮五进一，卒7进1，黑方反而产生了攻击能力，对红方不利。

12. 车八进九　马1退2　　　　　**13.** 马六进七　炮5平4

14. 前马进六　车6退1　　　　　**15.** 马六进七　炮4退5

如炮五进一，车6平4，炮五平二，炮8平9，炮二进四，车4平8，炮二平一，炮4平9，红方右车受牵制，黑方反而好走。

16. 兵七进一　马2进1　　　　　**17.** 前马退九　象3进1

18. 炮五退一　卒3进1

红方退炮功效极低。不如兵一进一，卒3进1，兵七进一，象1进3，兵一进一，卒9进1，车一进五，马8进7，炮五平九，双方形成持久战斗，红方并不吃亏。

19. 兵七进一　象1进3　　　　　**20.** 兵一进一　马4平3

21. 兵一进一　马8进7　　　　　**22.** 车一平二　炮8平6

如炮3进6，炮三平七，马7进6，炮五平八，车6平2，车二进三，黑方形势反而危险。

23. 车二进三　马7退5　　　　**24.** 车二进一　马5进7

25. 兵一平二　炮3进6

不够细致，应车6平5较佳。以下如炮五平四，炮3进6，炮三平七，车5进3，黑方可以满意。

26. 炮三平七　车6进3　　　　**27.** 炮五进三　车6退3

28. 炮五退三　车6进3　　　　**29.** 炮五进三　车6退3

30. 炮五退三　马7退6　　　　**31.** 炮五进一　车6平7

32. 兵九进一　卒7进1

冲卒力求兑车。红方虽然多一兵，但要取胜却非常艰苦。

33. 车二平三　车7进2　　　　**34.** 相五进三　象3退1

35. 相七进五　将5平6　　　　**36.** 炮五进一　象5进3

37. 炮七进一　马6退7

38. 兵二平三　炮6平5

39. 炮七平四　马7进5

40. 兵三平四　炮5平6（图106）

如图106所示，黑方平炮正确。如将6平5，炮四平五，马5退7，兵四进一，将5平6，后炮平四，马7进6，炮四进一，有丢子的危机，黑方反而不利。

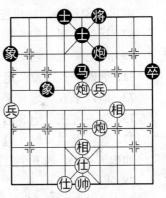

图 106

41. 炮四平五　马5退3

可马5退4，比较灵活有力。

42. 后炮平六　马3进4　　　　**43.** 炮六进一　炮6退1

44. 兵四进一　象3退5　　　　**45.** 相五进七　象1退3

46. 兵九进一　卒9进1　　　　**47.** 兵九平八　马4退3

48. 兵八进一　马3进2　　　　**49.** 炮六进一　马2进1

50. 相三退五　卒9进1　　　　**51.** 兵八平七　卒9平8

52. 兵七平六　卒8平7　　　　**53.** 兵六平五　卒7平6

双方各运兵卒，但红方对黑方有强大的攻击力。

54. 炮六平九　马1退2　　　　**55. 炮九进四　马2退1**

退马巧妙，可以有惊无险地化解当前的困境。但从长远看，险情无法彻底除掉，红方仍有攻势。

56. 炮五退二　马1退3

红方退炮紧凑有力。如改走炮五进二，马1退3，炮九平八，马3进5，兵五进一，将6平5，兵四平三，卒6平5，兵三进一，炮6进5，兵三进一，炮6平5，形成和势。

57. 炮九平八	**马3进1**	**58. 炮八平九**	**马1退3**
59. 炮九平八	**马3进1**	**60. 炮八平九**	**马1退2**
61. 炮五平七	**炮6平9**	**62. 炮九退五**	**炮9平6**
63. 兵四平三	**卒6进1**	**64. 炮九退一**	**士5进6**
65. 兵三进一	**马2进1**	**66. 兵五进一**	**象3进5**

进兵破象正确。如兵三平四，马1进2提双炮，形成和局。

67. 兵三平四	**炮6平3**	**68. 炮九平四**	**将6平5**
69. 炮七平五	**炮3平5**	**70. 炮五平八**	**象5进7**
71. 炮四平五	**象7退5**	**72. 炮五平一**	**象5进7**
73. 炮八平五	**象5平8**	**74. 兵四进一**	**炮8进5**
75. 炮一进三	**炮8退3**	**76. 炮五进三**	**马1进3**
77. 炮一退二	**炮8退1**		

如炮8进2，炮五平二，无法拦挡红炮，仍是败局。

78. 炮一平四

黑方在中局时，黑炮在底线防守，作用不大，是失利的根源。红方在残局得势之后，步步紧迫，攻法细巧，终于获胜。

第107局　孟昭忠胜朱永康

1. 马八进七	**卒3进1**	**2. 炮二平四**	**马8进7**
3. 马二进三	**车9平8**	**4. 车一平二**	**炮8进4**
5. 相七进五	**炮2平5**		

反架中炮企图以攻代守，不易获取效益，不如马2进3比较稳健。

6. 兵三进一　马2进3　　　　7. 马三进四　车1平2

8. 车九平八　炮8平3　　　　9. 车二进九　马7退8

10. 炮八进四　马8进9　　　11. 兵一进一　炮5退1

12. 车八进三　象3进5　　　13. 炮四平二　卒5进1

14. 炮二进五　卒5进1

不应冲中卒，如及时平中炮于6路，局势不会变坏。

15. 马四进三　卒5进1

16. 马三进二（图107）　卒5平4

如图107所示，红方进马二路，暗中吃中卒，使黑方左右为难。最后只好保卒弃中象，但仍难以防住红方的攻势。

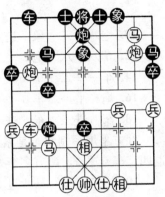

图 107

17. 马二退四　炮5平6

18. 炮二平五　马3进5　　　19. 炮八进二　将5进1

20. 车八进三　车2进1　　　21. 车八平五　马9进7

22. 炮五平六　马7退5　　　23. 炮六退三　卒4进1

24. 仕四进五　车2平4

上仕弃马，为炮六平五做好准备，攻法十分紧凑。

25. 炮六平五　车4进4　　　26. 仕五进六　将5平4

用仕吃卒，正合时机。如炮3平5，仕六退五，车4进4，马七退六，炮5退3，马六进七，中路马炮被封制，黑方难免失子，形成劣势。

27. 炮五进三　车4退3　　　28. 车五平六

平车迫使黑方兑车，成为多子形势。黑方无力抵抗，只好认负。

第108局　赵汝权负翁德强

1. 马八进七　卒3进1　　　　2. 兵三进一　马2进3

3. 马二进三　车1进1　　　　4. 车九进一　车1平7

5. 车九平六　卒7进1　　　　6. 兵三进一　车7进3

7. 马三进四　马8进7

此时 7 路车占据河口，现又跃马加强攻守，黑方已有反先之势。

8. 马四退二　车7平4　　　　9. 车一进一　炮8进5

10. 炮八平二　象7进5　　　11. 相三进五　士6进5

12. 车六平八　炮2平1　　　13. 马二退四　车9平8

14. 车一平二　车4平6　　　15. 马四进三　马3进4

16. 炮二平一　车8平6　　　17. 仕六进五　前车平7

18. 车八进三　车6进6　　　19. 炮一平三　车6平7

红方平炮牵制双车是紧要之着。如车二进五，马4进6，马三退四，车6平9，黑方多卒好走。

20. 炮三退二　马4进3　　　21. 兵一进一　炮1平3

22. 马七退九　马3退4　　　23. 车二进五　卒1进1

24. 马九进八　炮3进7（图108）

如图 108 所示，红方进马判断失误。本以为黑方炮3进7打相之后可马八退六捉炮，黑如躲炮，则有马六进五踏双车的攻击手段，不料黑方巧施妙手，走出马4进3先弃后取的好着，使红方失相失势，落入下风。

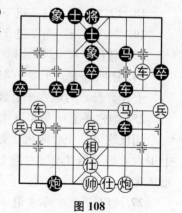

图 108

25. 马八退六　马4进3

26. 相五退七　前车进3

如马六退七，马3进5，仍要失子。

27. 马三退四　前车退3　　　28. 马四进五　马3退5

29. 马六进五　后车退1　　　30. 马五进六　士5进4

31. 车二平三　车7退3　　　32. 车八进一　车7进1

33. 车八平九　车7平4　　　34. 马六进八　车4进2

35. 兵五进一　车4平2　　　　**36.** 马八退六　车2退3

37. 马六退八　马7进6　　　　**38.** 马八退七　车2进6

39. 马七进六　马6进4　　　　**40.** 车九进一　车2平3

41. 仕五退六　马4进5　　　　**42.** 帅五进一　马5退4

如仕四进五，马5进7，帅五平四，马7退6，帅四平五，马6退7，车九退二，车3退2，车九平六，车3平9，黑方仍有取胜之机。

43. 帅五平四　车3平4　　　　**44.** 车九平五　马4进2

45. 马六退四　车4退3　　　　**46.** 车五平四　车4平6

47. 帅四平五　车6平5　　　　**48.** 帅五平六　马2进1

49. 车四平六　马1退3　　　　**50.** 马四退三　车5进1

如车六退四，马3进2，帅六退一，车5平6，仕四进五，车6退1，车六平八，车6平9，黑胜定。

51. 车六平三　车5退2　　　　**52.** 仕四进五　车5进2

黑方残局功夫老练，利用车马加紧攻击，破去一仕之后，运车中路做杀，终于取得胜利。

第 109 局　赵国荣负臧如意

1. 马二进三　卒7进1　　　　**2.** 兵七进一　马8进7

3. 马八进七　象3进5　　　　**4.** 炮八平九　炮2平4

5. 车九平八　马2进3　　　　**6.** 车一进一　士4进5

不如炮二进四，保持车一平二的先手，较为工稳。

7. 炮二进四　炮8平9　　　　**8.** 炮二平七　车9平8

9. 相七进五　车8进6　　　　**10.** 车一平四　车8平7

11. 马七进六　卒7进1　　　　**12.** 兵七进一　象5进3

13. 车八进八　车1平4

进车抢先不如仕六进五，先避开车1平4打仕的反击手段，比较稳健。

14. 仕六进五　炮4平6　　　　**15.** 马六进八　马7进8

进马准备弃象寻求攻势，但失象之后容易发生危险。不如炮 9 退 1，马八进七，炮 9 平 2，马七进六，将 5 平 4，车四进五，黑方有一卒过河，比较好走。

16. 车四进四　马 8 进 6

17. 车四平七　象 7 进 5

18. 车七平二　马 6 进 7

19. 车二进二（图 109）　**炮 9 退 1**

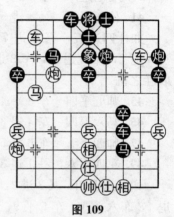

图 109

如图 109 所示，进车捉炮失误，未能看到黑马的攻击性。应炮九平三，车 7 进 1，车二进二，炮 9 退 1，车二进一，车 4 平 2，车八进一，马 3 退 2，车二平一，卒 7 平 6，各有千秋。

20. 车二进一　马 7 进 5

马踏中仕是获胜的关键，从此打开了红方的防守大门。

21. 仕四进五　炮 9 进 5　　　**22. 马八进九　车 4 进 8**

23. 马九进七　将 5 平 4　　　**24. 车八进一　将 4 进 1**

25. 炮九平八　炮 9 进 3　　　**26. 车二退八　车 7 进 2**

由于红方未能及时打去劣马，黑方乘机运马破去一仕，削弱了红方的防守。此时双车夺仕要杀，红方无法解救而败北。

第 110 局　陶汉明负赵国荣

1. 马八进七　卒 3 进 1　　　**2. 炮二平五　马 2 进 3**

3. 马二进三　车 1 进 1　　　**4. 炮八平九　马 8 进 7**

可车一平二，以下黑方如车 9 进 2，炮八进二，卒 9 进 1，炮八平五，士 6 进 5，车九平八，黑方右炮退 1 左移的计划无法实施，红方好走。

5. 车九平八　马 3 进 4　　　**6. 车一平二　车 9 平 8**

7. 兵三进一　车 8 进 1

8. 车二进五 车8平4 (图110)

9. 车八进四 炮8平9

如图110所示，红方不如兵三进
一，乘黑方左路的弱点赶紧施加压
力。以下黑方如卒7进1，车二平三，
车4进1，兵五进一，士4进5，兵五
进一，卒5进1，车三平五，象7进
5，马三进五，红方占有空间优势，
可以满意。

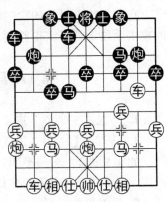

图 110

10. 炮五平六 马4进3

11. 车二平七 车1平3　　　　**12.** 车七退一 马3进1

13. 炮六平九 炮2平3　　　　**14.** 车八进三 炮3进2

红方应马七退九或车八退二，形成工稳形势，黑方难有反击的
机会。

15. 车八平三 炮3平5　　　　**16.** 车七平五 车3进6

17. 炮九进四 车4进7　　　　**18.** 仕四进五 象3进5

19. 炮九平三 士4进5　　　　**20.** 兵三进一 车3进2

改走炮5平3较为稳健。以下红方如相七进九，车3平1，车
五平七，炮3平2。红方后车受牵制，难以支援前方的车炮，黑方
可以从容进攻，占优。

21. 帅五平四 炮5平4　　　　**22.** 车五平四 炮4进5

23. 相三进五 车3平2　　　　**24.** 帅四进一 炮4平6

25. 车四进四 将5平4　　　　**26.** 兵三平四 炮6平7

27. 兵四平三 炮7平6　　　　**28.** 炮三进三 将4进1

29. 兵三平四 炮6平7　　　　**30.** 兵四平三 炮7平6

31. 兵三平四 炮6平7　　　　**32.** 相五进三 炮7退1

退炮打仕是获胜的关键之着。

33. 炮三退一 炮7平5　　　　**34.** 车三平五 将4退1

35. 炮三进一 将4进1　　　　**36.** 马三退四 炮5进1

37. 帅四进一 车2退1

在双方攻杀极为凶险的时刻，黑方利用炮的威力，找到了最佳的攻击手段，终于获得胜利。

第 111 局　　许波胜杨官璘

1. 马二进三　卒 7 进 1　　　　**2.** 兵七进一　马 8 进 7

3. 马八进七　象 3 进 5　　　　**4.** 车一进一　炮 2 进 4

如车 9 进 1，车一平四，马 2 进 4，马七进八，马 7 进 8，车四进三，马 8 进 7，大体形成均势。

5. 兵五进一　马 2 进 3

红方进中兵，防止黑方打三路兵，别出心裁。

6. 车一平四　炮 8 平 9　　　　**7.** 车四进二　炮 2 退 2

不如炮 2 退 5，以后可炮 2 平 3，比较灵活。

8. 炮二进四　车 9 平 8

如卒 5 进 1，兵五进一，卒 3 进 1，马七进五，炮 2 平 5，炮八平五，炮 5 进 3，相七进五，车 9 平 8，车四进三，红方先手。

9. 炮二平七　士 4 进 5　　　　**10.** 相七进五　车 1 平 4

11. 仕六进五　炮 2 平 6

平 6 路炮并无好处。可车 8 进 7，马三进五，炮 2 进 2，车四进三，炮 2 平 7，各有千秋。

12. 马七进八　车 8 进 6　　　　**13.** 车九平七　车 4 进 5

进车使底线的防守力量减弱，红方可乘虚而入。不如卒 7 进 1，车七进三，车 8 平 7，车四平三，卒 7 进 1，车七平三，炮 6 平 7，形势比较稳固。

14. 炮七平八　卒 7 进 1　　　　**15.** 车七进三　马 3 进 4

进马使防守更加空虚。还应卒 7 进 1，车四平三，车 8 平 7，车七平三，炮 6 平 7，局势较为平稳。

16. 马八进七　车 4 进 3　　　　**17.** 车七平八　卒 7 进 1

18. 前炮进三　卒 7 平 6

红方弃车进炮攻击是抢攻的佳着，由此夺得了胜势。

19. 前炮平九（图 111）　　士 5 进 6

如图 111 所示，黑方如马 4 进 2，
车八进一，炮 6 平 1，马七退九，卒 1
进 1，车八进五，士 5 退 4，炮八平
六，车 4 退 1，仕五进六，车 8 平 7，
马三退五，红方先手。

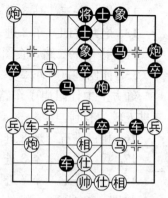

图 111

20. 车八进六　　将 5 进 1

21. 车八退一　　将 5 退 1

22. 马七进九　　马 4 退 3

如士 6 进 5，车八平六，将 5 平
6，炮八进六，将 6 进 1，车六平五，将 6 平 5，马九进七，红胜。

23. 炮八进五　　士 6 进 5

如车 4 平 2，车八平六，车 2 退 6，马九进八，马 3 退 4，车六
进一，将 5 进 1，车六退一，红胜。

24. 车八平六	将 5 平 6	**25.** 车六退七	将 6 进 1
26. 炮八进一	士 5 进 4	**27.** 车六进六	炮 9 退 1
28. 马九进七	士 6 退 5	**29.** 车六平五	车 8 平 7
30. 车五平七	将 6 退 1	**31.** 马七进五	

由于黑方疏于防守，红方及时弃车抢攻，黑方阵形大乱，终于
抵挡不住车马炮的攻杀而失败。

第 112 局　　王玉才负柳大华

1. 马八进七	卒 3 进 1	**2.** 炮八平九	马 2 进 3
3. 车九平八	车 1 平 2	**4.** 车八进六	炮 2 平 1
5. 车八平七	马 8 进 7	**6.** 马二进三	炮 1 退 1
7. 车一进一	士 6 进 5	**8.** 兵三进一	炮 1 平 3
9. 车七平六	象 7 进 5	**10.** 马三进二	炮 8 退 1

退炮可以有力发挥防守作用。以下如炮二进六，炮 3 平 8，车
六平七，马 3 退 1，红方左路子力不好展开，黑方满意。

11. 炮二平三　马 3 进 2　　　12. 车六退二　马 2 进 3

13. 炮九进四　车 2 进 3　　　14. 炮九进二　车 9 平 6

红方进炮下二路，企图牵制对方。

15. 仕四进五　车 2 平 3

红方上中仕阻碍了车路，不如相三进五较为有利。

16. 相三进五　炮 8 进 3

17. 兵三进一　卒 3 进 1

18. 相五进七　卒 7 进 1 (图 112)

如图 112 所示，黑方进卒吃兵，采取了弃子抢攻的打法，是较佳的选择。如象 5 进 7，相七进五，红方较为好走。

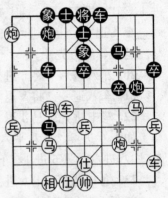

图 112

19. 炮三进五　炮 3 进 4　　　20. 车一进一　车 6 平 7

21. 炮三进一　卒 7 进 1　　　22. 车六平三　炮 8 平 2

23. 马二进三　炮 2 进 1　　　24. 车三退三　炮 2 进 2

25. 仕五进六　炮 3 进 2　　　26. 车一退一　炮 2 退 1

得还一子之后，又有一定的攻势，黑方大占优势。

27. 车一平二　炮 2 平 5　　　28. 车三进二　炮 5 平 1

29. 车三进一　卒 5 进 1　　　30. 马三退五　车 3 平 5

31. 车二平五　马 3 退 4　　　32. 车三平六　炮 3 退 6

33. 车六进一　车 7 进 1　　　34. 车五进二　车 7 进 8

35. 帅五进一　炮 1 进 2　　　36. 车五平九　炮 1 退 7

37. 车九进五　车 5 平 2

红方老帅不安于位，黑方双车及时抢攻，令红方防不胜防，终于无法防守而认负。

第 113 局　赵庆阁负黄仕清

1. 马二进三　卒 7 进 1　　　2. 兵七进一　马 8 进 7

3. 马八进七　象3进5　　**4.** 炮八平九　车9进1

红方也可炮八进二，仍然好走。

5. 车九平八　炮2平4　　**6.** 炮二平一　马7进6

不如炮二进二，局势较为平稳。

7. 车一平二　炮8平7　　**8.** 车二进六　卒7进1

红方进二路车容易引起风险。不如车八进五，马6进7，炮一退一，子力较易展开。

9. 车二平四　马6进8

10. 马三退五　卒7进1

11. 炮一平五　马2进3

12. 炮五进四　士4进5（图113）

13. 炮五退二　车9平8

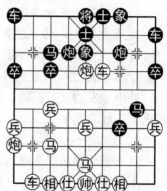

图 113

如图113所示，红方此时退中炮不是紧要之着。不如车四平二捉马，化解右路的威胁，比较有利于防守。

14. 相三进一　炮4进2

红方可车八进五控制局势，防止黑方反击。

15. 车八进六　炮4平8　　**16.** 相一进三　马8进7

黑方逐渐加强对红方右路的攻击，红方进相防守，无可奈何。如炮五平三，马8进9，炮九平一，炮8进5，马五退三，车8进6，黑方占优。

17. 车八退一　炮8进5　　**18.** 马五退三　马7进9

19. 相七进五　马9退8　　**20.** 炮九退一　卒7进1

21. 炮九平四　卒3进1　　**22.** 车八平七　卒7进1

23. 车七平四　马3进5　　**24.** 前车平五　卒7平6

红方如炮四平九，卒7平6，后车退四，炮7进7，帅五进一，炮7退1，车四进四，车1平2，黑方胜势。

25. 车五平三　卒6进1　　**26.** 帅五进一　车8进3

27. 车四进三　马8退7

退马叫杀，佳着，红方已难应付。

28. 车三进一　马7进5　　　　**29.** 兵五进一　车8进4

30. 车四退七　车1平2

黑方出右车要杀，红方无力防范，只得认负。

第114局　余仲明负徐天利

1. 马八进七　卒3进1　　　　**2.** 马二进三　卒7进1

3. 车九进一　马8进7　　　　**4.** 车一进一　炮8平9

5. 车九平六　车9平8　　　　**6.** 炮二退一　炮2平5

7. 车六进三　马2进3　　　　**8.** 炮二平八　卒5进1

冲中卒发动攻击正确。如车8进6，车一平四，车8平7，车四进五，红方先手。

9. 仕六进五　车8进6　　　　**10.** 前炮进四　车8退3

红方进炮预防黑车吃兵压马。如车一平四，马7进5，车六进二，车8平7，车四进五，士4进5，红方不占好处。

11. 前炮退二　卒1进1　　　　**12.** 车一平二　车8进5

13. 后炮平二　车1平2

如车1进3，兵三进一，车1平8，炮二进三，马7进5，兵三进一，卒5进1，车六进二，卒5进1，炮二平三，卒5平6，形成复杂局势，双方各有顾忌。

14. 兵七进一　马7进5

进马没有好处。不如车2进4，以下红如相七进五，马3进5，车六进二，卒3进1，相五进七，卒9进1，黑方可以对抗。

15. 兵七进一　马5进3　　　　**16.** 炮二进四　后马进5

17. 车六进二　炮9平7　　　　**18.** 炮八进二　炮7进4

19. 炮八平五　马3退5　　　　**20.** 相三进五　马5退7

21. 炮二平五　士6进5　　　　**22.** 兵五进一　车2进6

红方冲中兵作用不大。应马七进六，车2进5，兵五进一，红方先手。

23. 马七进六　车2平6　　　　**24.** 马六进七　炮5进1

25. 马七进六 炮 5 退 1　　26. 马六退八 将 5 平 6

如马六退七，炮 5 进 1，马七进六，炮 5 退 1，马六退七，双方不变，可成和局。

27. 炮五平六 卒 7 进 1　　28. 兵五进一 车 6 平 3

29. 兵九进一 卒 1 进 1　　30. 车六平四 将 6 平 5

31. 马八退六 车 3 退 2　　32. 车四退三 卒 1 平 2

33. 兵一进一 卒 2 平 3

34. 炮六退三 卒 3 平 4

35. 帅五平六 马 7 进 8

36. 相五进七 卒 4 平 3

37. 兵五进一 卒 7 平 6

38. 车四平九 炮 5 平 7（图 114）

如图 114 所示，以上一段着法，红方比较软弱，被黑方双卒过河后白送吃一相，由此形势已落后于黑方。

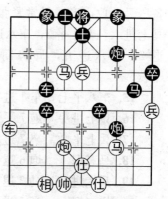

图 114

39. 马三退一 卒 3 进 1

40. 车九进一 卒 3 平 4　　41. 炮六平三 车 3 进 5

42. 帅六进一 后炮平 4　　43. 马一进二 卒 4 平 5

44. 马六退七 炮 7 退 1　　45. 炮三退二 车 3 退 1

46. 帅六退一 炮 7 平 3

红方的着法不够紧密，黑方乘机退炮打马，逐渐形成多子攻势，红方无力对抗，只好投子认负。

第 115 局　朱俊奇负胡荣华

1. 马二进三 卒 7 进 1　　2. 兵七进一 马 8 进 7

3. 相三进五 马 7 进 6　　4. 仕四进五 炮 2 平 6

5. 马八进七 象 7 进 5　　6. 车九平八 马 2 进 3

7. 炮八进三 马 6 进 7

红方进炮威胁左马，以便于右车抢占要道，发挥控制能力。

8. 车一平四　士6进5　　　　　**9.** 炮八退二　炮8平7

10. 炮八平三　炮7进4　　　　　**11.** 车四平二　车9平7

12. 炮二进七　炮6退2　　　　　**13.** 炮二退二　士5进6

上士而不进炮，为结成担子炮埋下伏笔，有意制造复杂局势。

14. 车八进六　卒7进1（图115）

如图115所示，红方进车要道准
备压马抢攻，形成异常紧张之势。如
马七进六，车1平2，车八进九，马3
退2，马六进五，局势简化，各有
千秋。

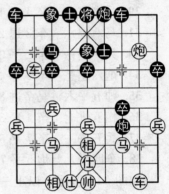

图 115

15. 车八平七　车1进2

16. 兵七进一　炮7平6

17. 兵七平六　卒7进1

18. 马三退一　炮6退3

19. 兵六进一　马3退5　　　　　**20.** 马七进八　车7进4

21. 炮二退一　卒5进1　　　　　**22.** 车七退二　车1平3

23. 车七平六　马5进7　　　　　**24.** 兵六进一　车3平2

可车二进四，后炮平7，兵六进一，车3平2，马八进七，形
势虽然复杂，但红方较有作为。

25. 炮二平九　前炮平5

红进兵之后失去控制，被黑方炮平中路，形成反击之势。

26. 马八进七　车2进1　　　　　**27.** 马七进六　士6退5

28. 炮九进三　炮6进1　　　　　**29.** 兵六平五　炮6平4

由于黑炮镇守中路，红方攻势减弱，形势显得不太有利。此时
红方如车六平七，炮6平4，兵六进一，炮5平3，车二进八，红
方仍有对攻之势。

30. 车六进四　车2退3　　　　　**31.** 炮九退一　炮5进3

炮打中兵已形成强大威力，红方难以组织有效攻势，黑方大占
优势。

32. 兵五平四　士5进6　　　　　**33.** 车六平三　士6退5

34. 车三进一　士5退6	35. 炮九平二　马7进5
36. 车三平一　象3进5	37. 车一退三　卒5进1
38. 车一平四　象5退7	39. 车二进四　马5进6
40. 炮二平四　炮5平6	

如车二平四，卒5平6，车四平五，士4进5，车五退三，卒6进1，由于形势不好，难以守和双车卒的攻势。

41. 车四退二　卒5平6	42. 车二平四　炮6退5
43. 车四进四　车2进3	44. 车四退四　车2平8
45. 马一退三　车8进6	

在残局阶段，黑方双车高卒展开攻击，红方车马仕相全无力守和，黑胜。

第116局　杨汉民胜景文仁

1. 马二进三　卒7进1	2. 炮二平一　炮8平4
3. 车一平二　马8进7	4. 兵七进一　士4进5

上士看来不够灵活，不如象3进5，再伺机车9进1，局势较为通畅。

5. 马八进七　马2进1	6. 兵九进一　象7进5

飞左象子力并不协调，但也没有更好的办法。

7. 车九进三　车9进1	8. 车九平六　车9平6
9. 车二进四　车6进3	10. 相三进五　卒1进1
11. 兵九进一　车6平1	12. 炮八退一　象5退7

红方准备左炮右移，加强攻击力，是取势的好着。

13. 兵三进一　象3进5	14. 炮八平三　卒7进1
15. 车二平三　后车平3	16. 马三进四　马7退9
17. 马四进三　车1平8	18. 炮一平三　象7进9
19. 马三进四　炮2退1	
20. 车三进四（图116）　车8进4	

如图116所示，黑方进车捉炮没有作用。应炮2平6打马，交

换子力，足可对抗。以下红方如车三
平二，炮 6 进 5，黑方并不吃亏。

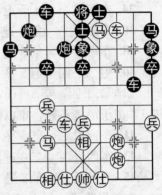

21. 后炮退一　炮 2 平 6

22. 车三平四　马 9 进 7

23. 前炮进二　车 3 平 2

24. 前炮平五　马 1 退 3

25. 车六进二　车 8 退 4

又运车返回兑子，可见以上进车
白浪费了步数。

图 116

26. 车六平二　马 7 进 8

27. 车四平二　马 8 退 7

28. 马七进六　卒 5 进 1

29. 炮五平一　象 9 进 7

30. 炮一平二　卒 5 进 1

进卒劣着，反而使红方乘势入局。应车 2 进 6，尚可支撑
下去。

31. 马六进七　卒 5 进 1

32. 车二平三　马 7 进 8

33. 炮三平二　马 8 退 9

34. 车三平一　象 5 退 7

35. 前炮平三　象 7 退 5

36. 马七进五　马 3 进 5

37. 炮二平三　士 5 退 4

38. 后炮进九　士 6 进 5

39. 后炮平二

红方弃马踏象之后，黑方已陷入困境，在红方车炮的紧逼之
下，终于无力支持而失败。

第 117 局　邬正伟和张江

1. 马二进三　卒 7 进 1

2. 兵七进一　马 8 进 7

3. 马八进七　车 9 进 1

4. 炮二平一　马 7 进 8

5. 马七进六　象 3 进 5

也可马 2 进 3，以下红方如炮八平五，象 3 进 5，车九平八，
车 1 平 2，马六进五，炮 2 平 1，车八进九，马 3 退 2，车一进一，
马 2 进 4，车一平六，马 8 进 7，车六进四，车 9 平 7，马五退六，

马4进2，兵五进一，车7平4，车六进三，马2退4，兵五进一，红方略好。

6. 炮八平六　马2进1　　　　**7.** 车九平八　车1平2

8. 车八进六　炮2平3　　　　**9.** 车八进三　马1退2

10. 车一进一　炮3进3

打兵先得实利，并为右马让开道路。如车9平2，局势不易展开。

11. 相七进五　炮3退1　　　　**12.** 车一平八　马2进3

13. 炮一退一　车9平6　　　　**14.** 炮一进五　车6进2

15. 炮一进三　车6平9

运车捉炮迫不得已。如卒5进1，车八进七，黑方仍有很大压力。

16. 炮一平二　马8退7（图117）

17. 炮二退一　车9退2

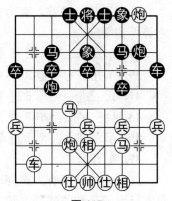

图 117

如图 117 所示，红方退炮正确。如车八平二，马7进8，车二平四，马8退7，车四平二，马7进8，车二平四，马8退7，双方不变作和。红方当然不甘心和局，以下如接走炮二退一，士4进5，马六进七，炮8进2，黑方可以对抗，红方不占便宜。

18. 炮二平八　炮8进3

进炮威胁河口马，紧要之着，使红方没有马三退五加强控制的机会。

19. 炮八进一　马3退2　　　　**20.** 车八进八　象5退3

退象之后，解除了右路的压力，取得了满意的形势。

21. 车八退二　象7进5　　　　**22.** 马六进七　马7进6

23. 车八退三　炮8退2　　　　**24.** 车八平四　炮8平3

25. 车四进一　车9平4　　　　**26.** 仕六进五　车4进4

应仕四进五，比较有利于防守。

27. 车四进三　士4进5　　　28. 车四平一　前炮平2

应后炮平2，较为有利。

29. 车一退四　炮2进5　　　30. 炮六平七　车4进3

31. 车一平八　炮2平1　　　32. 车八退二　将5平4

33. 炮七平六　车4平3

应车4平1，以后可吃去边兵，保持子力优势，还有取胜的机会。

34. 车八平九　车3进1　　　35. 仕五退六　车3平2

36. 马三退五　车2退2

红方退马，好着，有力地化解了被攻之势，并迫兑一炮，紧张之势得到缓解。

37. 车九退二　车2平4　　　38. 马五进三　车4退2

39. 车九平七　炮3进1　　　40. 仕六进五　车4平6

41. 兵三进一　车6进1　　　42. 兵三进一　车6平7

43. 兵三平四　车7进1　　　44. 车七平六　将4平5

45. 车六进六　卒1进1　　　46. 车六平五　炮3进4

47. 车五退二

红方走法简练有力，弃马吃去双卒之后，打消了黑方的优势，双方已形成必和的残局之势，最终握手言和。

第118局　陶汉明负金波

1. 马八进七　卒3进1　　　2. 炮二平四　马2进3

3. 马二进三　马8进9　　　4. 车一平二　车9平8

5. 兵三进一　炮8平7　　　6. 车二进九　马9退8

7. 马三进四　卒7进1　　　8. 相三进五　卒7进1

9. 相五进三　车1进1

如炮2进3，马四进五，马3进5，炮四平五，黑方不占便宜。

10. 相三退五　炮7平6　　　11. 炮四平三　象3进5

12. 炮八进四　车1平8　　　13. 炮八平七　车8进8

14. 炮三退二　炮2退1　　　15. 车九进一　炮2平9

16. 车九平三　炮9进5　　　17. 马四进六　马3退2

18. 兵七进一　卒3进1　　　19. 马六进八　卒3进1

20. 炮七平九　马2进4

红方可考虑炮七进三，采取弃子抢先的战术，以下黑方如士4进5，马八进七，将5平4，车三平六，士5进4，炮三进四，红方主动。此时黑方如卒3进1吃马，炮九平五，士6进5，车三进八，炮6退2，马八退六，马2进4，炮五退二，车8退7，炮三进六。红方攻势凶猛，黑方陷入困境。

21. 马七退五　车8退5　　　22. 马五进三　炮9平7

23. 车三平六　炮7进3　　　24. 相五退三　马4进2

25. 马三进四　车8平7　　　26. 相三进五　马8进7

27. 马四进六　士6进5　　　28. 兵九进一　卒3进1

29. 兵五进一　车7进2　　　30. 炮九平五　马7进6

31. 车六平二　马6进4　　　32. 马八退七　车7退3

双方攻守有序，局势平稳，但都力求胜机，不肯轻易兑子。

33. 炮五平八　车7进1　　　34. 马六退四　车7平6

35. 马四退三　车6进2　　　36. 马三进二　车6退1

37. 兵五进一　卒3进1　　　38. 炮八退二　卒9进1

39. 马二进三　车6退2　　　40. 马三退一　马4进3

应炮八平六打马，车6平7，车二平七，红方可占主动。

41. 马一退三　车6平7　　　42. 炮八进二　卒3进1

在双方较量功力的紧要时刻，红方的走法出现松动，现丢失一相，形势非常不利。

43. 仕四进五　马3退4　　　44. 车二进五　车7退1

45. 车二退四　马4进5　　　46. 车二平五　车7进3

47. 车五平七　车7进4　　　48. 仕五退四　卒3平4

49. 帅五平六　车7平6　　　50. 帅六进一　车6退1

51. 帅六退一　车6退3　　　52. 炮八退二　车6进4

53. 帅六进一　车6退1　　　54. 帅六退一　车6进1

55. 帅六进一	车6平2	56. 炮八进二	车2退5
57. 炮八平二	车2平3	58. 炮二退一	车3退1
59. 马七退五	车3平8	60. 炮二退三	马2进3
61. 兵九进一	马3进2	62. 炮二平五	车8进5
63. 炮五退一	马2退4	64. 车七平四	车8退2
65. 马五进七	马4进6	66. 兵五平四	车8退1
67. 马七退六	马6退4	68. 兵四平三	马4进3
69. 炮五进四	将5平6		

如车四进五，车8进4，炮五进四，车8平4，帅六平五，车4退2，帅五平四，马3进4，帅四退一，马4退5，帅四进一，马5退7，红方丢子，形成败势。

70. 兵三进一	车8平7	71. 兵三平二	车7平1
72. 帅六平五	车1退1	73. 炮五退三	马3退4
74. 马六进五	车1进4	75. 帅五退一	车1退5
76. 兵二进一	车1平7	77. 炮五进一	炮6退1
78. 兵二进一	炮6进1	79. 炮五退二	将6平5
80. 车四进四	车7进6		
81. 车四退六	车7退2		
82. 车四进二	车7进2		
83. 车四退二	车7退4		
84. 马五进六	马4进5 (图118)		
85. 炮五平一	车7平9		

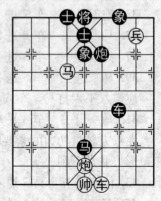

图118

如图118所示，双方战至残局阶段，红方多兵少仕相，防守相当困难。此刻红方平炮边路要杀，欲造成黑方慌中出错。黑平车捉炮，防止攻杀。其实可马5进3叫将较好。

86. 车四进二	马5进3	87. 炮一平六	车9平4
88. 马六进四	士5进6	89. 帅五进一	马3退4
90. 车四平六	车4平5	91. 帅五平四	马4退5

92. 炮六平五	马 5 进 7	93. 炮五进一	马 7 进 8
94. 帅四退一	马 8 退 6	95. 车六平八	马 6 进 7
96. 帅四进一	马 7 退 9	97. 炮五退二	马 9 退 7
98. 车八平三	马 7 退 6	99. 车三进七	将 5 进 1
100. 帅四退一	将 5 平 4	101. 车三退八	车 5 平 4
102. 兵二平三	马 6 进 5	103. 炮五进一	车 4 平 9
104. 车三退一	车 9 平 6	105. 帅四平五	车 6 平 4
106. 帅五平四	车 4 进 4	107. 炮五退一	车 4 退 1
108. 炮五进二	车 4 平 5		

黑方车马配合老将左右攻击，红方车炮招架不住，终于败下阵来。

第 119 局　　吕钦负程进超

1. 马八进七	卒 3 进 1	2. 兵三进一	马 2 进 3
3. 马二进三	车 1 进 1	4. 车九进一	车 1 平 7
5. 炮八进四	卒 7 进 1		

红方进炮伏下炮八平七的抢先手段，是一步新颖的应法。以往多走炮二退一、马三进四、车九平六、马三进二等应着，各有不同变化。

6. 炮八平七　卒 7 进 1

冲 7 路卒吃兵，放弃右象，展开对攻，变化复杂，不易掌握。如象 7 进 5，马三进四，卒 7 进 1，马四进六，马 8 进 6，车九平八，马 3 退 5，马六进四，车 7 进 3，车一进一，象 3 进 1，马四进二，炮 2 平 8，车八进七，车 7 平 4，炮二平五，车 4 退 1，车一平四，车 4 平 3，车四进七，炮 8 进 5，车八平六，炮 8 平 3，兵五进一，象 5 进 7，兵五进一，卒 5 进 1，仕六进五，车 3 退 3，车四退二，卒 5 进 1，车四平五，卒 7 平 6，帅五平六，炮 3 平 2，车六平八，红方占优。

| 7. 炮七进三 | 士 4 进 5 | 8. 车九平八 | 炮 2 进 2 |

9. 马三退五　马8进7　**10.** 炮二平三　车9平8

11. 车一平二　炮8进4　**12.** 相三进五　卒7进1

13. 炮三退二　象7进5

14. 炮七平九　车8进5

15. 炮九退二（图119）　象5进7

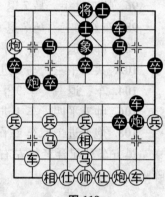

图 119

如图 119 所示，红方退炮打象是落空之着。应兵九进一，伏下马七进九的攻着，红方仍有优势。

16. 车二进二　马7进6

17. 车二平四　炮8进3

18. 兵七进一　象7退5

19. 兵九进一　车7进3

20. 马七进九　马6进4　**21.** 兵五进一　车7平6

平车兑车佳着，为突破红方右路防线创造了有利条件。

22. 车四进三　炮2平6　**23.** 马五进七　马4进3

24. 马九退七　车8平6　**25.** 车八平二　车6进4

26. 帅五进一　车6平5　**27.** 帅五平六　车5退2

28. 马七进六　将5平4　**29.** 炮九平五　马3进2

黑方车马炮攻守老练，巧妙地打开红方的防守阵地，现进马要杀，取得了胜利。

第 120 局　陈建国负金松

1. 马八进七　马8进7

独特的应法，有意避开流行的布阵。

2. 兵三进一　卒3进1　**3.** 马二进三　马2进3

4. 炮八进四　马3进2　**5.** 炮八平三　象7进5

6. 车九进一　炮8进4

可车一进一，炮8进4，马三进二，炮8平3，相七进五，红方仍可保持先手。

7. 相三进五　炮 8 平 3　　　**8.** 车一平二　车 1 进 1

9. 炮三平四　车 1 平 6

应车九平四较好。黑方如卒 3 进 1，炮二进二，马 2 进 4，马七退九，车 1 平 3，车四平八，炮 2 平 4，相五进七，马 4 进 6，相七进五，卒 1 进 1，双方各有攻守。

10. 车九平四　卒 3 进 1

11. 兵三进一　马 2 进 4

12. 马三进二　马 4 进 6（图 120）

13. 兵三进一　马 6 退 8

如图 120 所示，红方如马二退四，车 6 进 2，车四平八，车 6 进 3，车八进六，车 6 平 8，兵三进一，马 7 退 5，相七进九，卒 3 平 4，车八平六，车 8 退 1，仍是黑方先手。

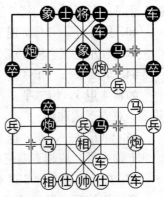

图 120

14. 兵三进一　炮 2 平 7

15. 车二平三　炮 7 进 4　　　**16.** 仕四进五　车 9 平 7

17. 车四进三　马 8 退 7　　　**18.** 车四进一　马 7 进 8

19. 车四退一　马 8 进 6　　　**20.** 相七进九　炮 7 进 1

飞边相，软着。应兵五进一，马 6 进 7，车三进一，炮 7 平 5，马七进五，车 7 进 8，马五进七，车 7 退 2，兵一进一，局势平稳。

21. 炮二平一　卒 3 平 4　　　**22.** 兵五进一　车 7 进 6

23. 兵五进一　卒 4 平 5　　　**24.** 车四进一　马 6 退 4

25. 炮一进四　前卒进 1　　　**26.** 炮一进三　车 7 退 6

仍可将 5 进 1，以下红方车四退一，炮 7 平 3，车三进三，后炮平 7，车四平六，车 6 进 2，车六平七，将 5 平 6，车七退二，后卒进 1，伏下前卒平 4 再而炮 7 平 5 的争先之着，形势较佳。

27. 车三进二　车 7 平 9　　　**28.** 车四退一　马 4 进 3

29. 兵五进一　士 6 进 5　　　**30.** 车四平七　卒 5 平 4

31. 炮四平九　马 3 退 5　　　**32.** 车三退二　车 6 进 1

33. 车七平六　马 5 退 6　　　**34.** 车六退一　炮 3 平 9

35. 车三平一　炮 9 退 1　　**36.** 相九退七　车 6 平 9

37. 车一平四　马 6 退 7　　**38.** 兵五进一　炮 9 进 4

39. 车四进八　后车平 8

平后车正确。如前车平 8，兵五进一，马 7 退 5，炮九进三，车 8 进 7，仕五退四，车 8 退 3，相五退三，车 8 平 4，车四平五，将 5 平 6，车五进一，将 6 进 1，车五平一，可望形成和局。

40. 兵五进一　马 7 退 5　　**41.** 车六进六　将 5 平 4

42. 炮九进三　将 4 进 1　　**43.** 炮九平二　车 9 平 8

44. 车四平一　车 8 进 7　　**45.** 仕五退四　炮 9 平 6

如将 4 退 1，炮二平一，马 5 进 7，车一退一，马 7 进 8，车一平二，双方形成和势。

46. 帅五进一　车 8 退 9

上帅失误。应相五退三捉子，红方占优。

47. 车一平四　炮 6 退 6

黑方退炮后，胜局已定。

第 121 局　赵庆阁负胡荣华

1. 马二进三　卒 7 进 1　　**2.** 兵七进一　马 8 进 7

3. 马八进七　车 9 进 1

如象 3 进 5，炮八平九，马 2 进 3，车九平八，车 1 平 2，车八进六，炮 8 进 1，车一进一，卒 3 进 1，车八退二，红方退车河口，攻守两利，仍持先手。

4. 车一进一　马 7 进 6

过早进马，易受攻击，不如先车 9 平 3，较为稳健。

5. 炮八平九　炮 8 进 2

如炮八进四展开攻击，马 2 进 3，车一平四，马 6 进 7，马七进六，车 9 平 4，马六进五，马 3 进 5，炮八平五，车 4 进 2，车四进五，炮 2 进 1，炮二进四，马 7 退 8，车九进二，卒 7 进 1，车四平三，卒 7 进 1，车九平四，卒 7 进 1，车四进六，象 7 进 9，仕四进五，车1进2，帅五平四，卒7平6，车四退六，炮8平6，帅四平五，象9退7，车四进三，红方弃子后有较强的攻势，也是一种较好的选择。

6. 车九平八　炮2平6　　　　**7.** 炮二平一　马2进3

8. 车一平二　车9平8　　　　**9.** 相七进五　象3进5

10. 仕六进五　车1进1（图121）

11. 车二进二　炮6平7

如图121所示，如车二进三，卒7进1，车二平三，炮8平7，红方三路线会受到重炮的打击，显然没有好处。

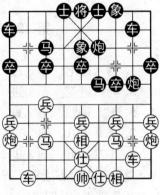

图 121

12. 马七进八　炮8退1

13. 炮一进四　车1平2

14. 兵一进一　炮8进2

15. 兵一进一　炮7进4

16. 马三进一　卒7进1　　　**17.** 相五进三　炮7平1

红方上相不妥，应兵九进一，防止黑方炮7平1的攻着。

18. 车八进三　炮1平5　　　**19.** 相三退五　车2进3

20. 炮九平八　炮5退1　　　**21.** 车八平五　车2平5

22. 马八进七　马6进5　　　**23.** 马七退五　马5进3

进3路马伏下反击之势，佳着。如卒5进1吃马，车二平五，车8平2，炮八平六，以下红方一路边马可跃入河口，黑方一无所得，红方占先。

24. 马五退三　车8平4　　　**25.** 马三退五　车4进5

26. 车二进一　车4平5　　　**27.** 仕五进六　炮5退1

28. 仕四进五　车5平2

红方八路炮被捉死，已形成败势。

29. 帅五平四　车2进1　　　**30.** 车二平四　车2进2

31. 帅四进一　士4进5　　　**32.** 马一进三　炮5平1

33. 兵七进一　象5进3　　　**34.** 炮一平三　炮1进4

35. 帅四进一	后马进4	**36.** 车四进一	车2退4
37. 炮三平九	车2平6	**38.** 车四退一	马4进6
39. 仕五退四	马6进4	**40.** 帅四退一	马3进4
41. 帅四平五	前马退2		

红方局势艰难，已无法防守，只好推枰认负。

第 122 局　吕钦胜谢卓淼

1. 马八进七	卒3进1	**2.** 兵三进一	马2进3
3. 马二进三	车1进1	**4.** 车九进一	车1平7
5. 炮八进四	卒7进1	**6.** 炮八平七	象3进5
7. 车九平八	炮2退2	**8.** 马三进四	炮2平3
9. 车八进五	炮3进3		

兑炮正中红方之意，导致局势落入下风。应马3退1，车八平九，卒7进1，马四进六，车7平3，黑方足可对抗。

10. 车八平七　车7平6

11. 马四进六　车6进6（图122）

12. 车一进二　车6平3

如图122所示，红方进一路车保炮，深谋远虑，为取势创造了有利的条件。

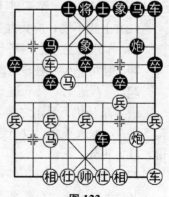

图 122

13. 马六进五　车9进1

14. 炮二进七　车3平9

15. 相三进一　卒7进1

16. 车七退一　车9平5

17. 马五退七	炮8进7	**18.** 相一退三	车5平8
19. 炮二平一	车8退1	**20.** 炮一退一	车8进1
21. 炮一进一	车8退1	**22.** 炮一退一	炮8退6
23. 马七进九	车8进1	**24.** 炮一进一	马3退1

25. 车七平三　卒7平6

红方平车捉象，从此攻破了黑方的防线，为取胜铲平了道路。

26. 车三进四 将5进1	27. 车三退三 马1进3
28. 兵七进一 炮8进3	29. 兵七进一 炮8平1
30. 马九进七 将5平4	31. 兵七进一 马3退5
32. 车三退一	

红方车马炮兵攻势凶猛，黑方勉强应付了数回合之后，只好认负。

第123局 柳大华胜徐天利

1. 马二进三 卒7进1	2. 兵七进一 马8进7
3. 马八进七 象3进5	4. 炮八平九 马2进3
5. 车九平八 车1平2	6. 车八进六 马7进6
7. 车一进一 炮8平6	8. 炮二进三 马6进7
9. 车一平四 士4进5	10. 炮二进一 车9平8
11. 炮二平七 炮2平1	12. 车八进三 马3退2
13. 车四平八 马2进3	14. 炮七平六 马7退6

退马捉炮失误。红方可乘机过兵交换子力，使黑方攻防的子力被迫后退，产生了后患。此时黑方可马3进4，有一定的对攻机会。

15. 兵七进一 马6退4

16. 兵七进一 卒7进1

17. 兵七平六 卒7进1

18. 马三退五（图123） 车8进4

如图123所示，黑方如马3进4，兵六平五，车8进3，兵五进一，象7进5。黑方失去一象，但河口马活跃，形势虽然不太乐观，但还有一定的攻击力。

19. 兵六平七 马3退4

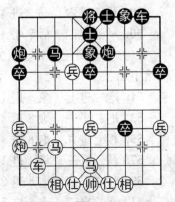

图 123

20. 马七进六	车8平3	**21.** 马五进七	卒7平6
22. 车八进四	车3进2	**23.** 兵五进一	卒6平5
24. 车八退二	车3平2		

红方兑车是争夺主动的紧要之着，交换之后，形势对红方有利。

25. 马六退八	前卒平4	**26.** 马八进六	马4进2
27. 兵七平六	卒4平3	**28.** 马七进五	炮1进4
29. 马五进三	象5进7	**30.** 马六进五	炮6平5
31. 兵五进一	卒3进1	**32.** 相三进五	象7进9
33. 炮九退一	卒3进1	**34.** 炮九进一	卒3平4
35. 仕四进五	炮1平6	**36.** 兵五平四	炮5进5
37. 帅五平四	炮5平6	**38.** 帅四平五	前炮平3

此时黑方如前炮退3打兵，红方可马五退六提双子，形势占优。

39. 炮九进二	炮3退2	**40.** 马三退五	炮3平5
41. 兵四平三	卒1进1	**42.** 炮九退二	卒1进1
43. 兵三平四	卒1平2	**44.** 炮九平二	炮6平8
45. 帅五平四	卒4平3	**46.** 后马进三	卒2进1
47. 马三退四	炮8平6		

双方子力相等，但红方占位较好，有一定的优势。

48. 马四进六	马2进1	**49.** 马五退三	卒2平3
50. 马三退四	后卒平4		

红方兑子简化局势，双方各攻一面，但红方的攻击速度较快，仍然主动。

51. 炮二进七	象9退7	**52.** 马四进三	炮5平8
53. 炮二平一	炮8退4	**54.** 兵四进一	马1进3
55. 相七进九	炮8进4	**56.** 马三进二	将5平4
57. 马二进三	将4进1	**58.** 炮一退一	将4退1
59. 马三退二	炮8退2	**60.** 兵四平五	士5进6
61. 炮一平三	士6进5	**62.** 炮三退七	炮8进5

63. 马二退三　卒 3 平 4

红方退马之后，红兵可以直进九宫，逐渐形成杀势。

64. 炮三进三　马 3 进 2　　　　**65.** 兵五进一　炮 8 退 7

66. 兵五平四　马 2 退 4　　　　**67.** 马三退五　马 4 退 2

68. 兵四平五　将 4 平 5　　　　**69.** 马五进七　后卒平 5

70. 炮三平五　马 2 进 3　　　　**71.** 炮五进一　马 3 退 4

72. 马七进六　将 5 平 4　　　　**73.** 兵五进一

红方伏下马六进八，再兵六进一的绝杀之势。黑方无法挽救，只好认负。

第 124 局　孙伟负金波

1. 马八进七　卒 3 进 1　　　　**2.** 炮二平五　马 2 进 3

3. 马二进三　炮 8 平 6　　　　**4.** 炮八平九　车 1 平 2

红方平边炮防止黑方进炮打马，但也可车一进一，较为灵活有力。

5. 车一平二　马 8 进 7　　　　**6.** 车九平八　炮 2 进 4

7. 兵三进一　士 6 进 5　　　　**8.** 车二进六　车 9 平 8

9. 车二平三　炮 6 进 4

红方平车压马过于勉强，易受暗算。不如车二进三兑车，马 7 退 8，车八进一，马 8 进 9，车八平四，车 2 进 5，车四进三，大体形成均势。

10. 车三进一　炮 6 平 7

红方只得无奈地接受对方的弃马。如相三进一，炮 6 平 7，车三平四，车 8 进 4，车四退三，马 7 进 6，黑方略优。

11. 车三平七　炮 7 进 3　　　　**12.** 仕四进五　炮 7 平 9

黑方弃双马展开抢攻，形成十分复杂的变化。从形势上看，攻势的力度足可补偿子力的损失。

13. 仕五进六　炮 2 进 2

如帅五平四，象 7 进 5，车八进二，车 2 进 3，下一着黑方可卒 5 进 1，攻势较强，黑方有利。

14. 炮九进四　车 2 进 3

进车捉炮可以阻挡炮九平一的解围之着，防守效力较佳。

15. 炮九平五　象 7 进 5（图 124）

16. 帅五平四　车 8 进 9

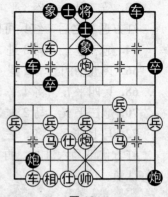

图 124

如图 124 所示，出帅迫不得已。如车七退二，车 8 进 9，帅五进一，车 8 退 1，帅五退一，炮 2 平 7，车八进六，炮 7 进 1，马三退二，炮 7 退 1，帅五进一，炮 7 退 1，马二进四，炮 7 进 1，马四进三，炮 7 退 1，帅五退一，炮 7 进 2，黑胜。

17. 帅四进一　车 8 退 1　　　**18. 帅四进一　炮 2 平 7**

19. 马三退一　车 8 退 5

黑方车炮的攻势已难阻挡，此时红方退边马是唯一的解杀之着。如车八进六，炮 9 退 2，马三进二，车 8 退 1，马二退三，车 8 平 7，帅四退一，炮 9 进 1，帅四退一，车 7 平 8，形成绝杀。

20. 帅四退一　车 8 平 6　　　**21. 帅四平五　车 2 进 6**

22. 马七退八　将 5 平 6

及时出将助攻，加强了攻击能力。

24. 帅五退一　炮 9 平 8　　　**25. 马一进三　炮 8 平 6**

26. 马三退一　炮 6 平 8　　　**27. 马一进三　车 6 进 1**

28. 帅五进一　炮 8 退 1　　　**29. 帅五进一　车 6 平 5**

黑方车炮配合老将，形成了决定性的攻击，红方马炮防守不起作用，终于在连将中失败。此时红方如仕六进五，炮 8 退 1，马三进四，炮 7 退 1，黑胜。

第 125 局　许银川胜万春林

1. 马八进七　卒 3 进 1　　　**2. 兵三进一　马 2 进 3**

3. 马二进三　马8进9

如卒9进1，车一平四，马9进8，炮二进五，炮2平8，车四进四，车1平2，车四平二，车2进7，车二进二，车2平3，马三退五，红方占优。

4. 车一进一　车9进1

5. 车一平四　象3进5

6. 马三进二　炮8进5

7. 炮八平二　车1平2

8. 车九平八　炮2进4

9. 车四进三　车9平4

10. 兵七进一　车4进5

及时兑兵，为七路马打开通道。

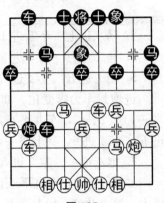

图 125

11. 兵七进一　车4平3

12. 车八进二　车3退2

13. 马七进六　车3进2

14. 马二退三（图125）　炮2退2

如图125所示，黑方如炮2平5，车八进七，马3退2，车四退一，黑方有丢子的危险。

15. 相三进五　卒9进1

16. 车四进一　炮2进2

17. 仕四进五　车3平4

18. 炮二进二　卒7进1

19. 车八进一　车4平2

20. 马六退八　车2进6

如卒7进1，炮二进三，卒7进1，炮二平七，红方占优。

21. 兵三进一　车2平1

红方有兵过河，兵种较佳，形势占优。

22. 炮二进三　象5进7

23. 车四平三　车1退2

24. 车三进四　车1平8

黑方失去双象，防守更加艰辛，只好尽力应付。

25. 炮二平六　马3进4

26. 炮六平八　车8退1

27. 车三退四　车8平7

28. 车三平六　车7进4

29. 车六平一　马9进7

30. 车一平四　卒5进1

31. 车四进一　卒1进1

进车捉卒，并控制住马卒，已成胜势。

32. 炮八退五　车 7 进 1　　**33. 兵一进一　士 4 进 5**

34. 车四平九　车 7 退 2　　**35. 车九进三　士 5 退 4**

36. 炮八进七　将 5 进 1　　**37. 车九退一　将 5 进 1**

38. 车九平三

以下黑方如车 7 进 1，炮八退七，黑方败局已定，投子认负。

第 126 局　吕钦胜徐超

1. 马八进七　卒 3 进 1　　**2. 炮二平四　马 2 进 3**

3. 马二进三　马 8 进 9　　**4. 车一平二　车 9 平 8**

5. 相七进五　士 4 进 5　　**6. 兵三进一　炮 8 进 4**

进炮封车力求变化。如象 3 进 5，炮八退一，卒 9 进 1，炮八平一，炮 2 进 2，车九平八，车 1 平 4，车八进四，炮 8 进 6，仕四进五，车 4 进 6，兵七进一，车 4 平 3，相互牵制，红方好走。

7. 炮八退一　象 3 进 5　　**8. 炮八平一　马 3 进 2**

如车 1 平 2，车九平八，炮 2 进 4，兵七进一，卒 3 进 1，相五进七，卒 9 进 1，相七退五，红方略好。

9. 兵一进一　车 1 平 4　　**10. 炮一进五　卒 7 进 1**

11. 兵三进一　象 5 进 7　　**12. 马三进四　炮 8 进 1**

进炮容易落空，不如炮 8 平 3 打兵，先得实利。

13. 兵一进一　炮 8 退 5

14. 车二进六　炮 8 平 6

15. 炮一平五　象 7 退 5

16. 车二进三　马 9 退 8

17. 炮四平三　车 4 进 5

18. 马四进三　炮 6 平 7

19. 兵七进一（图 126）　**车 4 平 9**

如图 126 所示，黑方由于运子不当，在布局中吃了亏，形势十分不利，在艰苦中难以寻求良策。如马 2

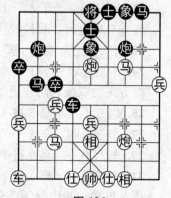

图 126

进 3，马三退五，象 7 进 9，兵七进一，车 4 退 2，炮五平一，红方仍占优势。

20. 马三退五	象 7 进 9	**21.** 兵七进一	马 8 进 6
22. 兵七平八	马 6 进 5	**23.** 兵一平二	车 9 平 8
24. 兵二平一	车 8 平 9	**25.** 兵一平二	车 9 平 8
26. 兵二平一	车 8 平 6	**27.** 兵八进一	车 6 退 1
28. 兵五进一	马 5 进 3	**29.** 仕六进五	马 3 进 5
30. 马五进七	象 9 进 7	**31.** 兵八进一	炮 7 进 5

通过兑子，虽然缓解了红方的攻势，但红方实力强大，黑方仍难以摆脱困境。

32. 后马进五	炮 7 退 1	**33.** 马五进七	车 6 平 2
34. 前马退五	象 5 进 3		

退马夺势，机智。

35. 兵八平七	车 2 进 2	**36.** 车九平六	象 7 退 5
37. 马五退三	士 5 进 6	**38.** 兵七平六	士 6 进 5
39. 兵六进一	卒 1 进 1	**40.** 兵一平二	炮 7 平 4
41. 马七进九	车 2 平 1	**42.** 马九退七	车 1 平 2
43. 马七进五	象 3 退 1	**44.** 兵二进一	马 5 退 3
45. 兵二平三	炮 4 退 4	**46.** 兵三平四	车 2 退 5
47. 马五进七	车 2 进 2	**48.** 马三进五	炮 4 平 3
49. 兵四进一			

红方强行进兵攻击将府，令黑方防不胜防。以下如士 5 进 6，车六进七捉炮，红方胜局已定。

第 127 局　吕钦胜柳大华

1. 马八进七	卒 3 进 1	**2.** 炮二平四	马 8 进 9
3. 马二进三	车 9 平 8	**4.** 车一平二	炮 8 进 4

进炮封车是较为强硬的应着。如马 2 进 3，相七进五，士 4 进 5，兵三进一，象 3 进 5，炮八退一，炮 8 进 4，炮八平一，红方先手。

5. 相七进五　马2进3　　　　**6.** 兵三进一　炮8平7

7. 车九进一　炮2平1　　　　**8.** 炮八退一　车1进1

9. 车二进九　马9退8　　　　**10.** 炮八平七　车1平6

11. 仕四进五　车6进3　　　　**12.** 车九平八　马3进4

13. 车八进三　象7进5　　　　**14.** 兵七进一　卒3进1

15. 车八平七　炮1平4　　　　**16.** 车七进二　马8进7

17. 车七平九　士6进5　　　　**18.** 车九平七　卒7进1

黑方进卒放松了防守。应象3进1，以后再进7路卒，才是稳妥的走法。

19. 车七进三　卒7进1

红方用车吃去底象，使黑方右路出现危机，佳着。

20. 车七退五　车6进1　　　　**21.** 车七进二　卒7平8

22. 车七平六　车6退1　　　　**23.** 马七进六　车6平7

24. 炮七进六　象5退3　　　　**25.** 马六退四　车7平8

红方退六路马捉车，打乱了黑方的阵势，有利于运炮打马，扩大优势。

26. 炮七平三　卒8平7　　　　**27.** 车六平五　炮7退4

红方弃还一子正确。如炮三平一，卒7平6，炮四进二，马4进6，车六退二，红方无好处。

28. 车五平三　象3进5　　　　**29.** 车三退二　炮7进5

30. 车三退二　炮4平2

应马4进5吃中兵，减少红方的有生力量，还可以对抗下去。

31. 兵五进一　马4进3

32. 相五退七（图127）　炮2进4

如图127所示，红方退相稳健。如兵五进一，马3进4，仕五进六，炮2进7，仕六进五，车8进2，马四进六，马4退2，马六退七，炮2平1，红方受攻，并不乐观。此时黑方

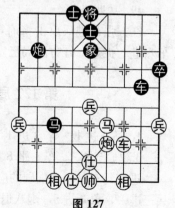

图127

应马3退5吃中兵，以下红方炮四平五，将5平6，黑方虽处劣势，但还有谋和的希望。

33. 马四退六　炮2平9　　**34.** 车三进一　炮9进3

35. 仕五退四　车8平3　　**36.** 车三平一　炮9平8

37. 车一平二　炮8平9　　**38.** 仕六进五　炮9退4

39. 相七进九　马3退2　　**40.** 炮四平五　车3平7

红方架中炮展开攻势，黑方颇难应付。

41. 炮五进五　士5退6　　**42.** 相三进一　马2进4

43. 车二进三　卒9进1　　**44.** 炮五退二　将5进1

45. 马六进七

针对黑方缺一象的不利形势，红方车马炮在防守中展开袭击，黑方无法回防，终于形成败局。

第128局　吕钦胜申鹏

1. 马八进七　卒3进1　　**2.** 炮二平四　马2进3

3. 马二进三　马8进9　　**4.** 车一平二　车9平8

5. 相七进五　炮8进4　　**6.** 兵三进一　炮2平1

可炮8平7，车九进一，炮2平1，炮八退一，车8进9，马三退二，车1平2，黑方可以满意。

7. 车九平八　车1平2　　**8.** 炮八进六　马3进4

9. 兵七进一　卒3进1　　**10.** 相五进七　炮8平7

11. 马七进六　车8进9　　**12.** 马三退二　炮1平5

13. 炮四平六　炮5平4

如马4进6，马六进七，伏下马七进九的攻击手法，形势比较主动。

14. 炮六进三　炮4进3　　**15.** 炮六平八　车2平1

16. 后炮退三　马9退8

退马准备跃入7路，保护中卒的安全。

17. 相三进一　象7进5　　**18.** 兵五进一　马8进6

19. 马二进三　卒 1 进 1

可马二进四捉炮，马位较为灵活。

20. 车八进一　车 1 进 1

21. 后炮平五　卒 1 进 1

22. 车八进六　卒 1 平 2

23. 炮八进一　士 6 进 5

24. 炮八退五　炮 4 进 2（图 128）

如图 128 所示，黑方可炮 4 平 2
兑炮，车八退三，车 1 进 5，双方局
势平稳。

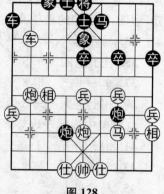

图 128

25. 炮八平九　炮 4 平 7　　26. 车八退四　后炮平 1

27. 车八平九　车 1 进 2　　28. 仕四进五　士 5 退 6

29. 车九平四　马 6 进 4

如车 1 进 2 吃炮，车四进五，车 1 平 3，炮五进四，士 4 进 5，
炮五平一，将 5 平 4，兵五进一，红方多兵好走。

30. 炮九退一　马 4 进 3　　31. 炮九平五　士 4 进 5

32. 帅五平四　车 1 平 4　　33. 车四进二　车 4 进 3

34. 前炮进三　马 3 退 5　　35. 炮五进四　将 5 平 4

36. 兵一进一　车 4 退 1

如车 4 平 9 提兵，车四平六，将 4 平 5，帅四平五，运帅助
攻，黑方不好应付。

37. 兵五进一　卒 7 进 1　　38. 兵三进一　象 5 进 7

如车 4 平 9，车四退三，炮 7 退 1，车四平六，将 4 平 5，相七
退九，红方占优。

39. 车四平三　炮 7 平 2　　40. 相七退五　车 4 平 9

41. 车三退二　炮 2 进 2　　42. 相五退七　车 9 平 6

43. 帅四平五　车 6 平 3　　44. 炮五平二　士 5 进 6

45. 兵五进一　车 3 进 4　　46. 车三平六　将 4 平 5

47. 车六平八　炮 2 平 1　　48. 车八平九　卒 9 进 1

49. 相一退三　士 6 进 5　　50. 相三进五　车 3 平 2

51. 兵五平四　卒 9 进 1　　　52. 炮二进三　卒 9 平 8

53. 车九进六　将 5 平 4　　　54. 仕五进六　将 4 平 5

55. 相五进七　将 5 平 6　　　56. 兵四平三　炮 1 退 7

57. 车九平七　将 6 进 1　　　58. 炮二退三　炮 1 进 7

59. 兵三进一　车 2 退 1

虽然双方都是车炮兵，但红方子力靠近将府，攻击速度较快，黑方已难防守。

60. 仕六进五　车 2 进 1　　　61. 仕五退六　车 2 退 1

62. 仕六进五　车 2 进 1　　　63. 仕五退六　车 2 退 6

64. 帅五进一　车 2 平 5　　　65. 帅五平四　士 5 退 4

66. 炮二进三　将 6 平 5　　　67. 炮二平四　卒 8 进 1

68. 兵三平四　卒 8 进 1　　　69. 车七平六　车 5 进 6

70. 兵四进一　将 5 进 1　　　71. 车六平五　将 5 平 4

72. 车五平九　卒 8 平 7　　　73. 车九退九

黑方失炮并受攻，已无力防范，只好认负。

第 129 局　吕钦和柳大华

1. 马八进七　卒 3 进 1　　　2. 炮二平四　马 8 进 9

3. 马二进三　车 9 平 8　　　4. 兵三进一　马 2 进 3

5. 车一平二　炮 8 平 7

平炮兑车，虽然步数有亏损，但 7 路炮对红方三路马有压制作用，并不落后。

6. 车二进九　马 9 退 8

7. 马三进四　卒 7 进 1

8. 相三进五（图 129）　卒 7 进 1

如图 129 所示，如炮 2 进 3，车九进一，卒 3 进 1，兵七进一，炮 2 平 6，车九平二，马 8 进 9，车二进

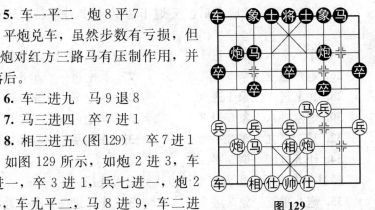

图 129

六，炮7平5，车二平四，炮6进4，帅五平四，车1平2，双方各有千秋。

9. 相五进三　车1进1

进横车比较灵活。如炮2进3，车九进一，炮7进2，相三退五，象3进5，车九平二，马8进9，车二进五，炮2退2，车二进一，炮2退1，炮四退三，炮7平4，炮八退一，红方略占优势。

10. 相三退五　炮7平6　　　　　**11. 炮四平三　象7进5**

12. 炮八进四　车1平8　　　　　**13. 炮八平七　炮2退1**

14. 车九平八　炮2平6　　　　　**15. 车八进四　车8进4**

16. 炮三进二　士6进5

可后炮进4打马交换，有利于减轻右路的压力。

17. 马四进三　车8退1　　　　　**18. 马三进四　马8进6**

19. 车八进三　炮6平9　　　　　**20. 仕六进五　卒9进1**

红方上仕防守力求平稳。如炮三进三打马对攻，马3退2，车八进二，车8平7，红方并不得便宜。

21. 相五退三　马6进7

跃马炮口，使局势活跃起来，有力阻止了红方的进攻势头。

22. 炮三平八　马7进6

如炮七平三，车8平7，前炮平九，车7进1，双方平稳。

23. 车八进一　炮9进4

跃马进入红方阵地之后，又炮击边兵力求对攻，由此反夺主动。

24. 车八平六　象3进1　　　　　**25. 车六退四　马6进8**

26. 炮八退三　卒5进1　　　　　**27. 兵七进一　车8退1**

28. 兵七进一　象1进3　　　　　**29. 炮七平六　马3进2**

30. 炮六平八　象5退3　　　　　**31. 相七进五　马2进1**

32. 马七进九　车8平2　　　　　**33. 车六平二　马8进6**

34. 仕五进四　炮9平1

经过争夺之后，黑方多卒，以优势进入残局。

35. 炮八平三　象3进5　　　　　**36. 车二进一　车2进6**

37. 帅五进一　卒9进1　　　　38. 车二平五　车2平6

39. 车五退一　卒9进1　　　　40. 车五平九　炮1平2

41. 车九退一　炮2退5

黑方在这紧要之时，应车6平2保炮，由此可确保边卒的安全，获胜机会较多。

42. 兵五进一　车6退2　　　　43. 车九平一　车6平7

44. 炮三平一　卒1进1　　　　45. 帅五退一　车7进1

46. 炮一进一　卒1进1　　　　47. 车一平八　炮2进4

48. 炮一进一　车7平4　　　　49. 兵五进一　炮2平9

50. 车八平三　炮9退3　　　　51. 炮一进一　车4平8

52. 兵五平四　卒1平2　　　　53. 兵四进一　车8退4

54. 炮一退二　象3退1

退象被对方进车吃炮象，使阵形变弱。不如车8进1，仍占主动。

55. 车三进四　炮9进4　　　　56. 车三平五　车8进2

57. 兵四进一　车8平6　　　　58. 兵四进一　车6退5

59. 车五退三

在残局阶段，黑方出现缓着，被红方交换兵卒之后，形成和局。

第130局　张申宏胜陈启明

1. 马八进七　卒3进1　　　　2. 炮二平四　卒7进1

3. 马二进三　马8进9

如马二进一，炮8进5，相三进五，以下可以兵三进一抢先出车，红方主动。

4. 车一平二　车9平8　　　　5. 相七进五　马2进3

6. 车二进四　炮8平7　　　　7. 车二平四　卒7进1

弃卒力图牵制红车。也可车8进6，准备压马争夺先手。

8. 车四平三　士4进5　　　　9. 仕六进五　炮7进1

10. 车九平六　马3退4　　　　11. 车六进八　炮2平7

12. 车三平四　后炮退1　　　　13. 车四进四　车8进1

进车无奈。如前炮进4，炮八进六，红方伏下打士的手段，黑方仍然难以应对。

14. 帅五平六　车8进1

出帅攻守两利，佳着，既防止了黑方后炮进5要杀吃车的凶着，又可炮四进七打士要杀，立即使黑方进退两难。

15. 车四平三　炮7进4　　　　**16. 车三平四　车1进2**

17. 帅六平五　车8平4　　　　**18. 车六退一　车1平4**

19. 车四退二　车4平2

红方兑去一车之后，运用四路车抢占要道，准备吃卒争势。

20. 炮八退二　马4进3

21. 炮八平七（图130）　**马9进7**

如图130所示，黑方急于跃马易被红方所利用。不如象3进5，兵七进一，卒3进1，炮七进四，车2进2，黑方足可应付。

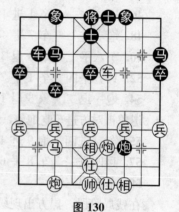

图 130

22. 兵三进一　马3进4

23. 车四退一　马7进6　　　　**24. 兵五进一　车2平4**

25. 兵五进一　马6进5

红方乘机进中兵压制黑方双马，由此必得一马，取得了多子的优势。

26. 相三进五　炮7平5　　　　**27. 仕五退六　马4退3**

如卒5进1，车四平五捉中炮，更加不利。

28. 兵五进一　炮5退2　　　　**29. 炮四平三　象7进9**

30. 车四平七　车4进5　　　　**31. 车七进二　车4平7**

32. 车七进二　士5退4　　　　**33. 车七退五　车7平5**

34. 马七退五　士6进5　　　　**35. 炮七平八　将5平6**

36. 炮八进九　将6进1　　　　**37. 兵五进一**

红方乘势进取，黑方少子难以支撑，只好停钟认负。

第131局　蒋川负汪洋

1. 马八进七　卒 3 进 1　　　　　**2.** 兵三进一　马 2 进 3

3. 马二进三　车 1 进 1　　　　　**4.** 炮二平一　车 1 平 7

5. 车一平二　卒 7 进 1　　　　　**6.** 兵三进一　车 7 进 3

吃兵之后，黑车占位较好，可以满意。

7. 炮一退一　马 8 进 9　　　　　**8.** 炮一平三　车 7 平 6

9. 车二进四　车 9 平 8

红方如相七进五，车 6 进 4，炮三平一，车 9 平 8，仕六进五，炮 8 平 7，炮八退一，车 8 进 9，马三退二，马 9 进 7，炮一平三，车 6 退 4，马二进一，黑方好走。

10. 车二平四　车 6 进 1

红方急于平车兑车，不太妥当，由此造成了右路防守出现弱点。不如车九进一，较有攻守能力。

11. 马三进四　炮 8 平 7

12. 相七进五　车 8 进 5 （图 131）

13. 马四退三　车 8 进 3

如图 131 所示，如炮三进八打象，士 6 进 5，马四退三，车 8 退 5，马三进一，车 8 平 7，马一退三，炮 7

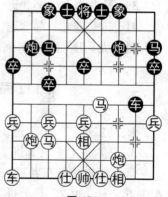

图 131

进 7，相五退三，车 7 进 3，黑方可集结火力于红方右路展开攻势，红方不利。

14. 炮三进六　炮 2 平 7

在子力的交换中，红方由于步数及占位等因素吃了亏，而黑方车炮马具有很强的攻击力，形势占优。

15. 炮八进四　马 3 进 4　　　　　**16.** 车九进一　车 8 平 1

17. 马七退九　卒 3 进 1　　　　　**18.** 炮八平一　马 9 进 7

在占优的大好形势下，黑方仍然针锋相对，抢先捉马，追求完美的攻击速度。

19. 相五进三	马 7 进 9	**20.** 相三退五	卒 3 进 1
21. 兵一进一	马 9 退 7	**22.** 马三进一	马 7 进 6
23. 马一进三	马 4 进 5	**24.** 炮一平九	马 5 退 7
25. 相五进三	炮 7 进 7	**26.** 仕四进五	炮 7 退 3
27. 兵九进一	炮 7 平 5	**28.** 帅五平四	炮 5 退 1

也可马 6 进 7，帅四进一，炮 5 平 6，攻势比较迅猛。

29. 相三退一	炮 5 平 9	**30.** 兵九进一	马 6 进 4
31. 炮九平六	炮 9 平 6	**32.** 帅四平五	马 4 进 3
33. 炮六退五	卒 5 进 1	**34.** 仕五进六	炮 6 退 1
35. 兵九进一	卒 5 进 1	**36.** 仕六进五	卒 5 进 1
37. 相一进三	卒 5 平 6	**38.** 兵九平八	炮 6 平 1
39. 马九退七	卒 3 进 1	**40.** 帅五平六	炮 1 进 5
41. 马七进九	马 3 退 1		

黑方大兵压境，攻势强硬，红方无法防守，只能认负。

第 132 局　　庄玉庭负徐天红

1. 马二进三	卒 7 进 1	**2.** 炮八平五	马 2 进 3
3. 马八进七	马 8 进 7	**4.** 车九进一	士 4 进 5

常见的走法是车九平八，车 1 平 2，车八进四，炮 2 平 1，车八进五，马 3 退 2，兵七进一，象 7 进 5，车一进一，士 6 进 5，车一平八，马 2 进 3，炮二进四，卒 3 进 1，兵七进一，象 5 进 3，车八进六，车 9 平 7，双方相互牵制，红方好走。

5. 兵五进一　马 7 进 8

黑方阵形较为厚实，所以采取进马兑子，阻挡红方展开攻势。

6. 炮二进五	炮 2 平 8	**7.** 车九平四	车 9 平 8
8. 车四进二	象 3 进 5		

如车四进五，炮 8 进 1，马七进五，马 8 进 7，黑方可对抗。

9. 马三进五	车 1 平 4	**10.** 兵五进一	卒 5 进 1

11. 炮五进三　马8退7　　　　**12.** 车一平二　车4进5

进车要道，有力控制红方的攻击能力。

13. 车二进六　车4平5

14. 炮五平八　炮8平9（图132）

15. 车二进三　马7退8

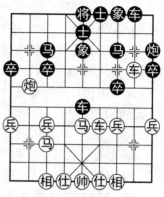

图 132

如图132所示，红方如不兑车而车二平三压马，马7进5，兵七进一，炮9进4，兵三进一，炮9平5，马七进五，马5进4，炮八退一，卒3进1，炮八平六，卒3进1，黑方通过先弃后取的战术，争得主动。

16. 相七进五　马8进7

应兵七进一，并不吃亏。而黑方的应着也不紧凑，应接走卒3进1，仍是先手。

17. 兵七进一　卒3进1　　　　**18.** 炮八退一　车5退1

19. 兵三进一　卒7进1　　　　**20.** 炮八平三　马7进5

21. 车四进五　车5平7　　　　**22.** 车四退二　卒9进1

23. 仕六进五　炮9进4　　　　**24.** 兵七进一　马5进3

25. 马五进七　后马进4

应车四平七，阻拦黑方子力出击。

26. 车四平八　马4进6　　　　**27.** 车八进三　士5退4

28. 车八退六　炮9进3　　　　**29.** 车八平四　车7进1

红方平车，忙中出现失误，以致白丢一炮，造成败势。如车八平五，马6进5吃中相，红方也不好应付。又如后马进六，卒9进1，红方仍落下风。

30. 前马进五　车7平8　　　　**31.** 马五进四　将5进1

32. 车四平三　将5平6　　　　**33.** 马四退五　士6进5

34. 车三进六　车8退1

红方看到车马已无攻杀机会，又少一子，难以持久对抗，只好推枰认负。

第133局　吕钦负杨德琪

1. 马八进七　卒3进1　　　　**2.** 炮二平四　马8进9

3. 马二进三　车9平8　　　　**4.** 车一平二　马2进3

5. 相七进五　卒7进1

先上中相，等待变化。此时常见的走法是兵三进一，炮8平7，足可对抗。

6. 车九进一　炮2平1　　　　**7.** 炮八退二　象3进5

8. 车九平八　士4进5　　　　**9.** 车八进三　炮8平7

10. 车二进九　马9退8　　　**11.** 兵七进一　卒3进1

12. 车八平七　车1平4（图133）

13. 兵一进一　马8进9

如图133所示，红方进一路边兵，准备马三退二，然后再马二进一，调整马位，待机而动，以便取得机会。如兵三进一，卒7进1，车七平三，炮7进5，车三退二，马3进2，局势平稳简化。红方不愿意和局，所以尽力寻求战机。

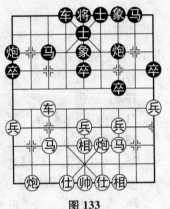

图 133

14. 马三退二　马9进7

15. 炮四进四　炮1退1

退炮准备攻击红方七路马，是有力的打击手段。

16. 马七进八　炮1平3　　　**17.** 车七平二　卒7进1

红方平车二路，意图攻击7路马，是不肯轻易简化局势的走法，但有些冒险。如马八进七，马7退9，马二进一，卒5进1，炮四退五，车4进3，炮四平七，各有千秋。

18. 车二进三　炮7平6　　　**19.** 兵三进一　马7进6

20. 车二退二　车4进8

及时进车下二路，准备平车捉马炮，是第17回合弃卒跃马反击的连续动作。

21. 马八进七　炮 3 进 2

可马 6 退 4，炮四平二，炮 6 进 1，马七进五，马 6 退 5，黑方得子占优。

22. 炮四平七　炮 6 进 7　　　　**23.** 兵五进一　卒 5 进 1

弃中卒争夺机会，妙手。

24. 兵五进一　炮 6 平 4　　　　**25.** 炮八平七　马 6 进 4

强行进左马抢攻，着法紧凑有力。如后炮进七打马，马 4 进 6，帅五平四，车 4 平 5，马二进三，马 6 进 5，黑胜。

26. 车二平四　马 3 退 2　　　　**27.** 帅五平四　马 2 进 4

如前炮平六，马 4 进 3，炮六退六，车 4 平 6，黑方胜势。

28. 前炮平六　前马退 5		**29.** 炮六平二　马 5 退 3
30. 马二进三　车 4 退 2		**31.** 车四进一　马 3 进 4
32. 炮二退一　后马进 3		**33.** 帅四平五　马 3 进 5
34. 马三进四　车 4 进 2		**35.** 车四平八　马 4 进 6
36. 炮二进一　车 4 退 3		**37.** 车八进三　士 5 退 4
38. 车八退八　炮 4 退 1		**39.** 帅五平四　炮 4 平 8
40. 炮二平五　象 5 进 3		**41.** 炮七平五　炮 8 进 1
42. 相三进一　炮 8 平 5		**43.** 马四进三　马 5 退 7
44. 炮五退六　象 3 退 5		**45.** 车八平四　车 4 进 1
46. 兵三进一　马 7 退 6		**47.** 兵三平二　后马进 4
48. 车四进一　士 4 进 5		**49.** 兵九进一　马 4 进 3
50. 兵二进一　马 3 进 1		**51.** 兵二平一　马 1 进 3
52. 相五退三　车 4 进 3		

如车四进一，马 3 进 4，帅四进一，车 4 平 5，黑方胜定。从此局中可看到，红方由于强行争势，造成不利后果。

第 134 局　　吕钦胜刘殿中

1. 马八进七　卒 3 进 1　　　　**2.** 炮二平四　马 2 进 3

3. 马二进三　　马 8 进 7　　　　　4. 车一平二　　车 9 平 8

5. 兵三进一　　象 7 进 5

飞左象加强防守，求变新着。如炮 8 进 4，马三进四，炮 8 退 1，马四退三，炮 8 进 1，双方不变，可成和局。

6. 炮八进四　　马 3 进 2（图 134）

红方运炮过河，争取主动之着。如相七进五，马 3 进 4，仕六进五，炮 2 平 4，车二进六，车 1 平 2，炮八平九，炮 8 退 1，红方不占便宜。此刻黑方可炮 8 进 4，炮四进五，炮 8 平 3，黑方不吃亏。

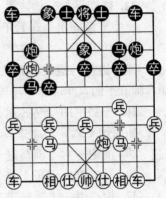

图 134

7. 相七进五　　车 1 进 1

如图 134 所示，红方如车二进六，车 1 进 1，相七进五，炮 8 平 9，车二进三，马 7 退 8，仕六进五，车 1 平 7，马三进四，卒 7 进 1，兵三进一，车 7 进 3，各有千秋。

8. 仕六进五　　车 1 平 4　　　　　9. 炮八平三　　炮 8 进 4

10. 兵七进一　　卒 3 进 1　　　　11. 相五进七　　卒 1 进 1

12. 车七退五　　车 8 进 3　　　　13. 车二进二　　车 8 平 7

14. 车二进四　　卒 5 进 1

红方多兵，形势略优。

15. 车二进四　　车 7 平 3　　　　16. 兵三进一　　车 4 平 7

17. 车九平六　　象 5 进 7　　　　18. 车二退三　　车 7 平 3

19. 马三进四　　象 7 退 5

红方虽然失去过河兵，但子力占位较好，仍是先手。

20. 车二平三　　马 7 进 8　　　　21. 马四退六　　前车平 5

22. 马六进八　　车 3 进 3　　　　23. 车六进八　　士 6 进 5

24. 车六平八　　炮 2 进 3

兑马不占好处，但也无奈。如炮 2 进 1，炮四进六，仍然落后。

25. 马七进八　车5平6　　26. 车三平二　马8退7

27. 车二进三　马7退6　　28. 车八平六　马2退3

退马造成失象，颇不合算。不如车3退2保中象。红方如车六退三，车3进2兑车，黑方足可对抗。

29. 炮四进七　车6退3　　30. 车二平五　车6进5

31. 马八退六　车6平4　　32. 车六退四　象3进5

33. 车六平二　车3平4　　34. 马六退八　马3进5

35. 车二进五　士5退6　　36. 车二退二　象5退3

37. 马八进七　车4平3　　38. 车二平四　马5进7

39. 车四退二　象3进5　　40. 马七进五　士4进5

41. 兵五进一　将5平4　　42. 仕五退六　车3平4

43. 仕四进五　卒9进1　　44. 相五进三　卒9进1

45. 兵一进一　马7进9　　46. 车四退一　马9退7

47. 马五进三　车4退1

退车捉马造成败势。应象5退7，还可应付。

48. 马三进五　车4平5　　49. 马五进七　车5平3

50. 车四进五　士5退6

红方弃车杀士，巧妙兑去一车，可以简要地取得入局的机会。

51. 马七退五　将4平5　　52. 马五退七　马7进5

53. 马七退九　马5进6

至此，红方马兵必胜马单士。以下可见红方的取胜要略。

54. 帅五平四　马6退7　　55. 兵九进一　马7退5

56. 马九进八　士6进5　　57. 兵九进一　马5退3

58. 兵九平八　马3退5　　59. 马八退六　士5退6

60. 兵八平七　士6进5　　61. 仕五进六　士5退4

62. 相三进一　士4进5　　63. 帅四平五　马5进7

64. 兵七进一　马7退5　　65. 兵七进一　马5退7

66. 兵七进一　将5平4　　67. 马六进八　马7进6

68. 兵七平六　将4平5　　69. 兵六平五

红方运兵先弃后取，黑方无法防守，只好认负。

第135局　苗利明胜金波

1. 马八进七　卒3进1　　　**2.** 兵三进一　马2进3

3. 马二进三　车1进1　　　**4.** 车一进一　象7进5

上左象巩固中路，左右子力相互呼应，形成稳健多变之势。另有车1平6、车1平7、马8进7等着法。

5. 车九进一　车1平7

平7路车准备兑卒打开通路，是应对起马局常见的手段。

6. 马三进二　炮8进5

进外马兑炮是创举。如马三进四，卒7进1，兵三进一，车7进3，车九平三，车7平6，车三进三，马3进4，马四进六，车6平4，炮二平三，炮8平7，车一平二，士6进5，车二进五，炮7进5，炮八平三，马8进6，车二平四，马6进8，车四平五，车9平6，仕六进五，车6进3，双方形势平稳。

7. 炮八平二　卒7进1

8. 兵三进一　车7进3（图135）

9. 车九平三　炮2进2

如图135所示，如车一平三，炮2进2，相七进五，马8进7，兵七进一，卒3进1，车三进四，象5进7，车九平三，马3进4，相五进七，士6进5，车三进三，车9平6，双方大体均势，容易成和。

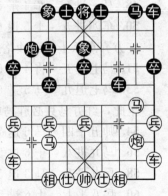

图135

10. 车三进四　炮2平7

11. 车一平三　马8进7　　　**12.** 马七退五　车9平7

13. 车三进三　马7进6　　　**14.** 车三平四　马6退4

15. 相三进五　马4进2　　　**16.** 马二进四　马2进3

17. 马四进六　前马退4　　　**18.** 马六进七　将5进1

19. 车四平二　炮7退3　　　**20.** 车二进四　炮7平6

21. 炮二进五　车7进2　　　22. 马五进七　卒3进1

23. 相五进七　马4退6　　　24. 炮二退六　马6退7

25. 车二进一　车7进6

黑方形势仍处下风。此时不如炮6平3，炮二进七，将5退1，炮二平七，车7进4，形成和势，可以满意。

26. 炮二退一　马7进9

进马求变有些勉强，仍应炮6平3打马，比较安稳。

27. 车二退一　马9退7　　　28. 车二进一　卒5进1

29. 车二平四　车7平8　　　30. 车四平五　将5平4

31. 车五退二　马7进6　　　32. 车五平七　车8进1

33. 仕六进五　车8退7　　　34. 车七退一　马6进4

35. 前马退六　象3进1　　　36. 相七退五　卒1进1

37. 马七进六　车8平4　　　38. 车七平九　士4进5

39. 前马退八　炮6进1　　　40. 车九退一　将4退1

41. 车九进一　将4平5　　　42. 车九平一　马4进2

43. 马八进六　马2进4　　　44. 仕五进六　炮6退2

45. 仕四进五　马4进2　　　46. 后马退八　炮6进6

47. 马六退七　马2进1　　　48. 马七进五　车4平2

49. 马五退四

黑方在对攻的形势下，不甘心兑子成和，而是进中卒贪攻，被红方杀士吃象，形成少卒缺士象的残局，现已难防守，只好认负。

第136局　林宏敏和党斐

1. 马二进三　卒7进1　　　2. 兵七进一　马8进7

3. 马八进七　车9进1　　　4. 炮二平一　马7进8

5. 马七进六（图136）　象3进5

如图136所示，黑方可马2进3保中卒，以下红方如炮八平五，象3进5，车九平八，车1平2，马六进五，炮2平1，车八进九，马3退2，车一进一，马2进4，车一平六，马8进7，车六进

四，车 9 平 7，马五退六，马 4 进 2，
兵五进一，车 7 平 4，车六进三，马 2
退 4，兵五进一，炮 8 进 3，马三进
五，马 7 进 5，相七进五，炮 8 平 5，
仕六进五，炮 1 进 4，马五退七，炮 1
平 8，炮一进四，卒 1 进 1，兵五进
一，炮 8 平 3，兵五平六，卒 1 进 1，
马六进七，炮 3 退 3，兵六平七，马 4
进 3，炮一平五，士 6 进 5，兵七进
一，马 3 退 4，炮五退一，马 4 进 5，

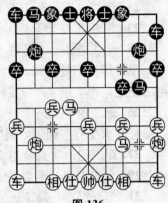

图 136

兵七平六，卒 7 进 1，双方子力相等，容易形成和局。

6. 炮八进四　马 2 进 4

红方左炮过河不落常套，但效果不一定好。常见之着为炮八平
六，马 2 进 3，车九平八，车 1 平 2，车八进六，车 9 平 6，相三进
五，红方先手。

7. 车九进二　车 9 平 6　　　　**8. 炮一进四　车 1 平 3**

9. 兵一进一　卒 3 进 1　　　　**10. 兵一进一　马 8 进 7**

11. 马六退五　卒 7 进 1

乘机进卒保马，黑方已有反先之势。

12. 车一进三　车 6 平 7　　　　**13. 兵一平二　卒 3 进 1**

14. 炮一平三　马 7 进 5　　　　**15. 相三进五　卒 5 进 1**

16. 兵二进一　车 3 进 3　　　　**17. 炮八退五　马 4 进 6**

18. 兵二进一　车 7 进 2　　　　**19. 炮八平三　炮 2 进 4**

20. 车一进一　卒 7 进 1

应马 6 进 8 捉车，车一进一，卒 7 进 1，黑方可以扩大优势。

21. 车一平七　车 3 进 2　　　　**22. 相五进七　车 7 平 3**

23. 马三退五　车 3 进 2

借机吃去一相，黑方形势占优。

24. 兵二平三　马 6 进 7　　　　**25. 炮三进四　象 5 进 7**

26. 车九平七　车 3 平 4　　　　**27. 车七进三　车 4 进 3**

28. 车七平八　炮2平3　　29. 车八平七　炮3平2

30. 车七平五　士4进5　　31. 马五退三　卒7进1

进卒不是当务之急。应车4平3捉马，相七进五，卒7平6，仕六进五，象7退5，兵三平二，车7退1，黑方大占优势。

32. 车五平八　炮2平3　　33. 车八平七　炮3平2

34. 仕四进五　车4退2　　35. 车七平三　炮2平5

36. 相七进五　炮5平7　　37. 兵九进一　象7进5

38. 车三退一　将5平4　　39. 帅五平四　卒7进1

40. 马三进一　车4平6　　41. 帅四平五

至此，双方同意和局，停钟罢战。其实黑方还有一定的取势机会，可卒7平6，马一进三，炮7平8，车三平四，车6平7，车四平六，将4平5，车六平三，车7平1，车三平四，卒6平7，车四平二，炮8进2，黑方还有一定攻势。

第 137 局　谢丹枫负陆伟韬

1. 马八进七　卒3进1　　2. 兵三进一　马2进3

3. 马二进三　马8进9　　4. 兵一进一　象3进5

如马三进二，车9平8，马二进三，炮8平7，马三进一，车8进2，炮二平四，炮7平9，相七进五，炮2平1，车九平八，车1平2，车一进二，车2进6，黑方可以抗衡。

5. 车九进一　车9进1　　6. 车九平六　车9平7

7. 马三进二　炮8平6　　8. 相三进五　士4进5

9. 炮八进二　卒7进1　　10. 炮二平三　车7平8

11. 炮三平二　车8平7　　12. 炮二平三　车7平8

13. 炮三平二　车8平7　　14. 兵三进一　车7进3

在双方不变可判和局之时，红方主动走兵三进一要求变着，力争对攻，展示出积极进取的决心。

15. 车一平三　车7进5　　16. 相五退三　车1平4

17. 车六进八　将5平4　　18. 炮八进二　马3进4

红方不如相七进五，先稳住局势，寻机运子抢先。

19. 炮八平一　炮 2 平 3　　　**20.** 相七进五　卒 1 进 1

21. 马二进四　炮 3 进 4　　　**22.** 炮二进四　马 9 退 7

应炮二进五，封住黑马的动向，较有作为。此刻黑方退 7 路马，着法灵活，形成一定的反击之势。

23. 炮一平五　马 7 进 6　　　**24.** 马四进六　炮 3 平 4

25. 马六进七　炮 6 退 1　　　**26.** 前马退九　卒 3 进 1

27. 炮二退五　马 4 进 6　　　**28.** 炮二平六　将 4 平 5

29. 炮五平九　卒 3 进 1

30. 马七退八　炮 6 平 8

31. 仕六进五　象 5 进 3

32. 马九进八　士 5 进 4 （图 137）

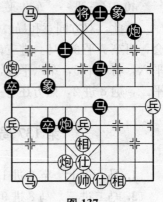

图 137

如图 137 所示，黑方上士，有力地阻碍了马炮沉底的攻势，为进攻创造了条件。

33. 炮九进三　将 5 进 1

34. 炮九平四　前马进 8

35. 炮四平七　象 3 退 5

36. 炮七退三　炮 4 平 1　　　**37.** 炮七平五　象 5 退 3

38. 炮六进五　马 6 进 8　　　**39.** 炮五退一　炮 8 进 1

应前马退七，加强攻守，才是上策。

40. 后马进六　卒 3 进 1　　　**41.** 马八进七　将 5 平 6

42. 兵五进一　后马进 6　　　**43.** 炮五平四　将 6 平 5

44. 马七进六　将 5 退 1　　　**45.** 炮六平五　炮 1 平 4

应帅五平六，不至于形成绝杀，还可应付。

46. 马六退八　卒 3 平 4

黑方平卒要杀，巧妙。不论红方吃炮或吃卒，黑方都可置红方于死地，黑胜定。

第138局　景学义胜孙勇征

1. 马八进七　卒3进1　　　**2.** 兵三进一　马2进3

3. 马二进三　马8进9　　　**4.** 相七进五　车9进1

5. 车一进一　卒7进1

如车9平6控制要道，车一平六，象3进5，车六进三，车6进3，仕六进五，士4进5，兵七进一，车1平4，车九平六，红方占先。

6. 兵三进一　车9平7　　　**7.** 车一平六　车7进3

8. 马三进四　卒9进1　　　**9.** 车六进三　马9进8

10. 炮二平四　马8进7

不如马8进9吃边兵，车九进一，象3进5，黑方不吃亏。

11. 车九进一　炮8平6

平炮劣着，导致局势受困。应马7退6，加强防守，较为稳妥。

12. 相五进三（图138）　车7进1

如图138所示，红方上相困住黑马的活动，是巧妙的围困战术，可以借助捉马的机会，展开有力的攻势。

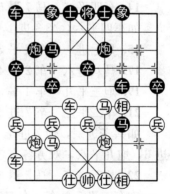

图138

13. 炮四平三　车7平8

14. 马四进五　车8平4

15. 炮三进七　士6进5

16. 马五退六　马3进4　　　**17.** 车九平三　马7退8

18. 炮三平一　炮2平5　　　**19.** 仕四进五　马4进6

应马8退7加强防守，较为稳健。

20. 车三进八　炮6退2　　　**21.** 炮八进三

红方进炮打马，如卒3进1，兵七进一，以下黑方必丢一马，败局已定。

第 139 局　吕钦和赵国荣

1. 马八进七　卒 7 进 1

进 7 路卒对付起马局，也是一种常见的应法。

2. 兵七进一　马 8 进 7	**3.** 炮八平九　马 2 进 3
4. 车九平八　车 1 平 2	**5.** 车八进六　炮 2 平 1
6. 车八进三　马 3 退 2	**7.** 马二进三　车 9 进 1

如炮二平五，车 9 平 8，车一进一，炮 8 平 9，马二进三，车 8 进 5，兵五进一，炮 1 平 5，车一平八，马 2 进 3，车八进五，红方先手。

8. 车一进一　车 9 平 2	**9.** 车一平四　车 2 进 3
10. 车四进三　象 3 进 5	**11.** 相三进五　马 2 进 3
12. 炮二进四　卒 3 进 1	**13.** 炮二平三　马 3 进 4
14. 车四平二　马 7 退 5	

如车四平六，卒 3 进 1，车六平七，卒 1 进 1，成平稳之势。

15. 兵七进一　车 2 平 3	**16.** 马七进八　车 3 平 2
17. 马八进六　车 2 平 4	**18.** 车二进二　卒 9 进 1
19. 炮三平九　车 4 平 5	**20.** 兵三进一　炮 8 平 7
21. 车二平三　卒 7 进 1	

如兵三进一，炮 7 进 5，后炮平三，车 5 平 7，炮三进二，马 5 进 3，炮九平八，双方各有攻守。

22. 相五进三　马 5 退 3

应车 5 平 7 兑车，车三退一，象 5 进 7，双方平稳。

| **23.** 后炮平五　车 5 平 3 | **24.** 马三进四　士 4 进 5 |

如炮五进四打中卒，士 4 进 5，炮五退二，车 3 进 5，红方多兵，但失去底相，也有一定的后顾之忧。

| **25.** 马四进五　车 3 退 1 | **26.** 马五退四　车 3 平 7 |
| **27.** 马四进三　炮 1 进 4 | |

28. 马三退一　马 3 进 2（图 139）

黑方马 3 进 2 争夺先手，所以没有炮 1 平 9 打边兵。

29. 炮九平二　马2进1

如图139所示，红方虽然有多双
兵的优势，但黑方各子的占位较好，
红方要想取胜有一定的难度。此时如
兵一进一，马2进3，炮九平六，马3
进4，红方中兵被捉死，仍然难以取胜。

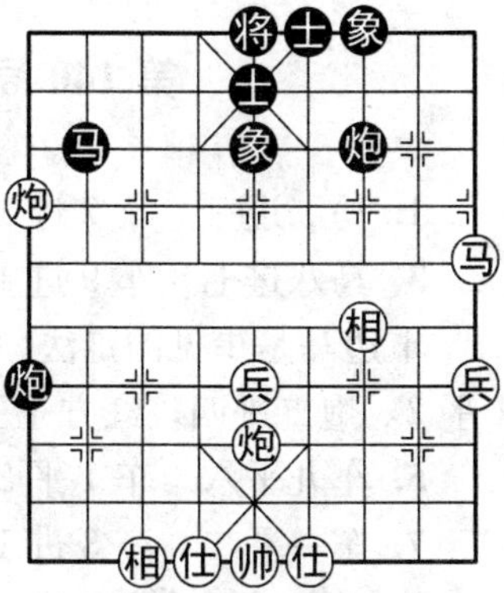

30. 帅五进一　炮1平9

31. 相三退一　马1进3

32. 马一退三　炮9平6

33. 炮二退二　马3进2

34. 马三进二　炮6退3

36. 炮五平七　马2退1

38. 兵五进一　马2进4

40. 相七退五　马4进6

可马二退四，调整一下马位。

41. 炮二退三　马6进5

图 139

35. 相七进九　炮6平7

37. 相九进七　马1退2

39. 帅五退一　前炮平1

如相一进三，马6退7，马二进三，将5平4，炮二退三，炮1
进6，仕六进五，炮1退8，马三进一，马7进9，黑方可以对抗。

42. 马二进三　将5平4

44. 帅五进一　马7退6

46. 帅五进一　马7退6

48. 帅五进一　炮1进5

43. 炮二平六　马5进7

45. 帅五退一　马6进7

47. 帅五退一　马6进7

49. 炮六平三　炮1平7

如炮六进二，马7退6，帅五平六，炮1退7，红方无好处。

50. 相一进三　前炮退2

52. 马三退四　炮7平2

54. 兵五进一　炮6平9

56. 马二进三　炮9平8

58. 马三退四　炮2平1

51. 炮七平三　后炮平6

53. 兵五进一　炮2退5

55. 马四退二　炮9退1

57. 炮三平一　炮8平9

黑方攻守稳健，红方无力突破对方的阵地，终于握手言和。

第 140 局　于幼华负许银川

1. 马二进三　卒 7 进 1　　　　**2.** 兵七进一　马 8 进 7

3. 马八进七　车 9 进 1　　　　**4.** 炮八平九　马 2 进 1

上边马是少见的走法。常见的应着是马 2 进 3，车九平八，车 1 平 2，炮二进四，红方先手。

5. 车九平八　车 1 平 2　　　　**6.** 炮二平一　车 9 平 3

7. 车一平二　卒 3 进 1　　　　**8.** 兵七进一　车 3 进 3

9. 马七进六　卒 7 进 1　　　　**10.** 车二进六　卒 7 进 1

11. 马三退五　象 3 进 5

可车二平三，象 3 进 5，车三退三，炮 8 退 1，相三进五，炮 8 平 7，车三平四，车 3 平 4，车四进一，炮 7 进 6，炮九平三，炮 2 平 4，经过交换之后，局势趋向平稳。

12. 车八进五　马 7 进 6

红方进车兑子毫无益处。应马五进七。此时黑方进河口马巧妙兑子，由此夺得主动。

13. 车八平七　马 6 退 8　　　　**14.** 车七平八　马 8 退 6

15. 马六进五　炮 2 退 1

应马五进七或者马六进四捉卒，较有周旋的空间。

16. 炮一平五　炮 2 平 7

红方还架中炮效力不佳。不如前马进七，炮 2 平 3，车八进四，马 1 退 2，马七退六，马 6 进 7，马五进六，跃出中马后，较有作为。

17. 车八进四　马 1 退 2　　　　**18.** 炮九进四　炮 8 进 4

19. 兵五进一　士 4 进 5　　　　**20.** 炮五平八　马 2 进 4

应炮九平一先得实利。以下黑方如炮 8 平 1，炮五进一，红方仍可应付。

21. 前马退四　马 6 进 7　　　　**22.** 兵五进一　马 7 进 5

如马四退二，马 7 进 5，马五进七，炮 7 进 8，仕四进五，卒 7

平8，红方难以对抗。

23. 马五进七　炮7进8　　　　24. 帅五进一　炮8进2

25. 炮九平三　卒7平6　　　　26. 炮三退二　炮7退1

红方退炮打马，由此落入败势。应炮三平四，仍可对抗。

27. 帅五退一　炮7进1

28. 帅五退一　炮7退1

29. 帅五退一　炮7进1

30. 帅五进一（图140）　马5进3

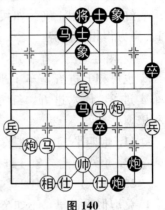

图 140

如图140所示，黑方进马压制红马的活动，着法老练，由此夺得胜势。此时若卒6进1，炮三平五，炮7退1，帅五退一，卒6进1，仕四进五，炮7进1，马四退三，炮7平9，炮五平一，黑方欲速则不达，反而处于劣势。

31. 炮八进一　炮7退1　　　　32. 帅五退一　炮7进1

33. 帅五进一　炮7退1　　　　34. 帅五退一　炮7进1

35. 帅五进一　马4进3

黑方进马捉中兵是抢先之着。如炮八平四打卒，以下可马3进5捉双炮，黑方大占优势。

36. 兵五平六　炮7退1　　　　37. 帅五退一　炮7进1

38. 帅五进一　卒6进1　　　　39. 兵六进一　炮7退1

40. 帅五退一　卒6进1　　　　41. 马四退三　后马进4

进马踏双子，红方失子，已无力抵抗，黑方胜定。

第141局　吕钦胜聂铁文

1. 马八进七　卒3进1　　　　2. 炮二平四　马2进3

3. 马二进三　马8进9　　　　4. 车一平二　车9平8

5. 兵三进一　炮8平7　　　　6. 车二进九　马9退8

7. 马三进四　卒7进1

红方进河口马积极主动。如相三进五，车1进1，黑方不难走。

8. 相三进五　卒7进1

红方上右相正确。如兵三进一，炮7进7，仕四进五，车1进1，黑方得相占优势。

9. 相五进三　车1进1　　　　**10.** 相三退五　炮7平6

也可相七进五，车1平4，炮八进二，炮7平8，相三退一，车4进7，仕六进五，红方主动。此刻黑方不如炮2进3，较为积极。

11. 炮四平三　车1平7　　　　**12.** 炮八进四　车7进3

13. 炮八平七　象3进5　　　　**14.** 车九平八　炮2退2

15. 车八进四　炮2平3

兑炮似乎过早，不如卒9进1较好。

16. 炮七进三　象5退3　　　　**17.** 兵七进一　车7平6

18. 马四退二　象3进5　　　　**19.** 马七进六　车6平4

20. 兵七进一　车4平3　　　　**21.** 马二退四　士6进5

红方退马调整位置，更有利于攻守，运子功力深厚。

22. 马四进三　象5进7　　　　**23.** 车八进二　车3平4

24. 马六退四　炮6平7　　　　**25.** 马四进三　象7进5

红方用马吃象，弃子争先，有胆识。如马四退二，象7退5，黑方的防守加强，红方难以进取。

26. 车八进一　车4平2　　　　**27.** 前马进四　士5进6

28. 车八平七　炮7进5　　　　**29.** 车七平五　士6退5

30. 车五退一　马8进7　　　　**31.** 车五平九　车2平7

32. 兵五进一　马7进8

如炮7进2，仕四进五，炮7平9，仕五进四，马7进8，车九平二，马8进7，兵五进一，黑方仍难有所作为。

33. 车九平二（图141）　炮7退1

如图141所示，黑方退炮效力太低。应马8进7，马三进五，车7退4，黑方仍可抗争。

34. 车二平一　炮7平6

35. 车一退二　马8进7

36. 车一平二　士5退6

落士求攻不现实，应炮6平9打边兵，力求和局方为上策。

37. 仕四进五　士4进5

38. 兵五进一　炮6平2

39. 兵五进一　炮2进3

40. 车二退二　马7退5

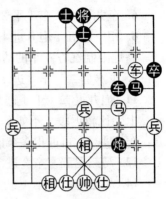

图 141

如马7进5，车二平五，车7进1，车五进一，车7平3，仕五退四，车3进4，帅五进一，红方占优。

41. 车二进一　马5退3		**42.** 车二平五　炮2退4
43. 兵五进一　炮2退2		**44.** 兵一进一　炮2平7
45. 马三进五　炮7平5		**46.** 马五退三　炮5平7
47. 马三进五　炮7平5		**48.** 马五退三　炮5进2
49. 兵一进一　将5平4		**50.** 兵九进一　车7退2
51. 兵五进一　士6进5		**52.** 兵九进一　车7平4

应炮5退3，不至于失子，仍可应对。

53. 兵九平八

黑方丢失一子，形势一落千丈，现已无法支撑，只好推枰认负。

第 142 局　赵庆阁和王德志

1. 马二进三　卒7进1　　　　**2.** 兵七进一　马8进7

3. 马八进七　车9进1　　　　**4.** 车一进一　象3进5

5. 炮八平九　马2进3

如炮2进4，车九平八，炮2平7，相三进五，黑方右路子力出动较慢，容易受攻。

6. 车九平八　车 1 平 2　　　　**7. 车八进六　车 9 平 6**

8. 相三进五　炮 8 进 1

高炮限制红方左车的活动，使防守更为平稳。

9. 车八退二　车 6 进 3　　　　**10. 炮九进四　炮 2 进 1**

11. 炮九退二　士 4 进 5

上士比较迟缓。不如车 6 进 2，马七进六，车 6 平 7，马三退五，车 7 平 5，可取得多卒的实利。

12. 马三退五　卒 3 进 1　　　　**13. 马七进六　车 6 平 4**

14. 兵七进一　车 4 平 3　　　　**15. 马五进七　马 3 进 4**

16. 车八退一　车 2 平 3　　　　**17. 车一平四　前车进 2**

如炮二退一，马 7 进 6，马六进四，前车进 3，仍无便宜可占。

18. 车八平七　车 3 进 6　　　　**19. 兵三进一　马 4 进 2**

20. 兵三进一　马 2 进 3

如炮二进一打车，马 2 进 4，红方不合算。

21. 马六退七　象 5 进 7　　　　**22. 炮九平三　象 7 退 5**

23. 炮二平三　马 7 进 8　　　　**24. 车四进四　马 8 进 9**

红方进车捉马，是当务之急，否则容易遭受攻击。

25. 前炮退一　车 3 退 5　　　　**26. 前炮平二　士 5 退 4**

27. 炮三平一　炮 8 退 3　　　　**28. 马七进六　车 3 平 8**

29. 炮二进六　车 8 退 1

30. 马六进五　车 8 进 7

31. 马五进三　士 4 进 5（图 142）

32. 车四平八　车 8 平 9

如图 142 所示，红方如炮一进四，车 8 退 4，炮一平八，车 8 平 2，车四平五，车 2 平 7，马三退五，车 7 平 6，红方虽然多兵，但马位不好，难以保持优势。

33. 车八进一　车 9 平 6

34. 车八退一　马 9 进 7

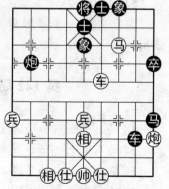

图 142

35. 仕六进五　车 6 退 4

36. 马三退四　车6平5　　　　**37.** 兵五进一　马7退6

如车5进2，马四进六，车5平4，车八进四，士5退4，马六进四，将5进1，车八退一，车4退4，车八退五，红方得子占优。

38. 车八退一　马6进8　　　　**39.** 帅五平六　士5退4

40. 车八退一　马8退7　　　　**41.** 车八平五　马7退6

42. 帅六平五　士6进5　　　　**43.** 马四退六　车5平4

44. 马六退八　车4平1　　　　**45.** 马八退六　车1平5

46. 马六进七　卒9进1　　　　**47.** 兵九进一　卒9进1

48. 兵九进一　卒9平8　　　　**49.** 兵九平八　卒8进1

50. 马七退六　卒8进1　　　　**51.** 马六退八　卒8平7

52. 马八进七　卒7进1　　　　**53.** 马七进六　卒7平6

54. 相五进三　车5平3　　　　**55.** 相七进五　车3平5

56. 相五进七　车5平7

黑方应对得法，红方难以施展攻击力，终于达到和局。

第143局　阎文清胜孙勇征

1. 马八进七　马8进7　　　　**2.** 兵三进一　卒3进1

3. 马二进三　马2进3　　　　**4.** 炮八进四　象7进5

5. 炮八平七　车1平2

应炮2进2，准备兑7路卒打开要道，有利于局势的展开。

6. 马三进四　炮2进2　　　　**7.** 炮二平三　炮8进5

红方平炮，好着。如马四进三，炮8进4，以下黑方有炮8平7和车2进3的反击手段，红方不合算。

8. 相七进五　车9平8　　　　**9.** 车九平八　士4进5

如车8进4，兵三进一，车8平7，车一平二，红方可借势出车控制局势。

10. 车一进一　车2进3　　　　**11.** 兵三进一　象5进7

进三路兵紧凑有力。如炮七平三，卒5进1，以下有车2平6捉马的先手，红方的攻击力反而被化解。

12. 炮七进三　车8进5

退马是导致失利的根源。应车8平6，车二进一，马3进4，车二进五，车6退3，黑方还有反击之机。

14. 炮七平九　卒5进1

15. 车八进四　炮2平1（图143）

16. 炮三进二　车8退5

如图143所示，红方进炮保车，是保持攻势的关键之着，打消了黑方兑子解围的意图，从此步入佳境。一步好着便可决定胜负，这话一点不假。

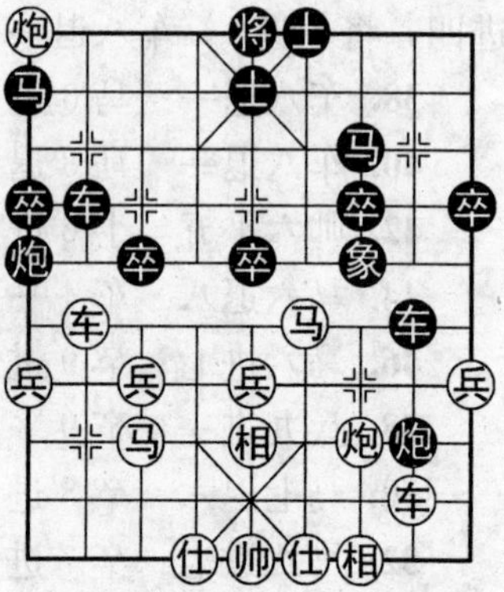

17. 兵九进一　炮1平2

18. 马七退五　炮8退2

19. 马五进三　炮8平6

13. 车一平二　马3退1

图143

20. 车二进八　马7退8

21. 马三进四　马8进6

22. 兵七进一　象7退5

23. 兵七进一　象5进3

24. 马四退六　马6进5

25. 炮三平二　马5退7

26. 马六进七　马1进3

27. 仕六进五　卒7进1

28. 马七退六　车2退1

由于形势不利，黑方超时，如不超时也是败势。

第144局　赵庆阁胜伍天龙

1. 马二进三　卒7进1

2. 炮八平五　马2进3

3. 马八进七　车1平2

4. 车九进一　马8进7

5. 兵五进一　象7进5

进中兵，准备从中路突破。

6. 车一进一　士6进5

可卒3进1，然后再补士，较为灵活。

7. 兵三进一　卒7进1

应车9平6，严阵以待，才是上策。

8. 马三进五　卒7进1

9. 兵五进一　炮2进2

10. 车九平四　卒 3 进 1　　　11. 兵五平四　炮 8 进 4

12. 车一平三　车 9 平 7　　　13. 兵四进一　炮 2 进 2

14. 兵七进一　卒 7 平 6　　　15. 马五进四　马 7 进 6

16. 车三进八　象 5 退 7　　　17. 车四进二　卒 3 进 1

18. 车四平二　马 3 进 4

红方通过先弃后取，仍然掌握主动攻势。

19. 车二进二　炮 2 退 2

20. 兵四平五　车 2 进 2

21. 兵五平四　象 3 进 5

22. 车二进四　将 5 平 6

23. 炮二进五　车 2 进 1（图 144）

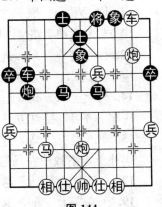

图 144

红方借打车之机，使炮可以移入攻杀之中，巧妙。

24. 炮二平一　马 4 退 6

如图 144 所示，红方乘势平边炮，准备进底路要杀。黑方各子无力阻挡，只得任由红方攻击，黑方局势异常危险。

25. 炮一进二　将 6 进 1　　　26. 车二退一　将 6 进 1

27. 炮五平四　炮 2 平 5　　　28. 车二退四　车 2 进 3

29. 车二平四　车 2 平 5　　　30. 马七退五　象 5 退 3

31. 车四进一　将 6 平 5　　　32. 炮四进四

黑方连失双马，已无力进行攻防，只好投子认负。

第 145 局　李来群胜胡远茂

1. 马二进三　卒 7 进 1　　　2. 兵七进一　马 8 进 7

3. 马八进七　车 9 进 1　　　4. 车一进一　象 3 进 5

5. 炮八平九　炮 2 进 4　　　6. 车九平八　炮 2 平 7

红方出车捉炮是正常的走法。如兵五进一，马 2 进 3，车九平八，车 1 平 2，车一平四，车 9 平 2，红方阵形较乱，不易控制局势。

7. 相三进五　马2进3　　　　**8. 车一平四　炮8平9**

平四路车正确。如车八进七，马7进6，车一平四，马3退5，车八进一，炮8退1，待红车避开后再马5进7，黑方好走。

9. 炮二进二　卒7进1　　　　**10. 相五进三　车9平8**

11. 炮二平一　炮9进3

黑方轻易送掉7路卒，损失较大。不如卒9进1，仍是对等形势。

12. 兵一进一　车8进3　　　　**13. 车八进七　马3退5**

应车八进六，容易把握先手。

14. 马七进六　马5退3

应车8平4，待红方马六退五之后，再炮7平8，黑方不吃亏。

15. 车八退三　马3进4　　　　**16. 相三退五　卒3进1**

应补士，不致使左马退底线，又失中卒，造成损失。

17. 车四进六　马7退8　　　　**18. 马六进五　卒3进1**

19. 车八平七　车8退1　　　　**20. 车七平五　炮7平1**

红方平车保马，不如车四退四提炮。黑方如交换，红方兵种齐全，又多中兵，获胜希望较大。

21. 马三进四　士4进5　　　　**22. 车四退二　车1平2**

23. 车四平六　车2进3

此时应车2进6谋取中兵，以下红方如炮九进四，车8进2，争取和局仍有希望。

24. 炮九平六　马4退3

25. 车五平七　车2退2

26. 炮六进二　马3进4

27. 炮六平五　车8平6

28. 车七进二（图145）　　车2进1

如图145所示，红方车占要津，炮镇中路，双马控制要道。黑方面临红方车六进二和车七平九两步凶着，无法兼顾，防不胜防。

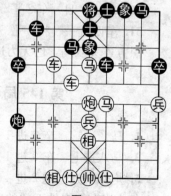

图145

29. 车七平九　炮1平3　　　　**30. 马四进二　车6平7**

31. 马二退四　车7平6　　　**32.** 相五进七　马4退3

33. 马五进七　炮3退4　　　**34.** 车九平四　炮3进7

35. 帅五进一　车2进6　　　**36.** 帅五进一　车2退2

37. 帅五平六

红方在围城的攻击中，逐渐施行重点打击的战术，最后以马换车，取得大子优势，红方胜。

第146局　刘宗泽负杨岘

1. 马八进七　卒3进1　　　**2.** 炮二平五　马2进3

3. 马二进三　马8进7　　　**4.** 车一平二　车9平8

5. 兵三进一　象7进5　　　**6.** 炮八进四　马3进4

7. 炮八平三　炮2平3

红方利用起马局转变成中炮局势，意图打持久战。

8. 车九平八　车1进1　　　**9.** 车二进五　马4进3

10. 炮五平六　车1平4　　　**11.** 仕六进五　车4进4

黑方进车控制要道，各子相互联系，局势的发展已不可阻挡。

12. 相七进五　卒3进1　　　**13.** 车八进六　炮3进2

14. 马七退九　士6进5　　　**15.** 炮六平七　炮3平5

16. 车二退一　车4进3　　　**17.** 马九进八　车8平6

黑方平车弃8路炮，着法果断有力，显示敢于搏斗的风格，否则左路车马炮难以投入战斗，一时尚无机会突破红方阵地。

18. 相五进七（图146）　炮8退2

如图146所示，如车二进三吃炮，则要遭受黑方的强大反击。以下黑方可马3进5，相三进五，炮5进3，仕五进六，炮5平3，车二平三，卒3进1，仕四进五，车4平2，马八

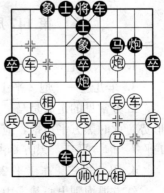

图 146

进七，车2退5，炮三平八，炮3平7，车三平一，象5进3，黑方车炮卒攻势较强，大占优势。

19. 车二进三　　车6进8　　　　**20.** 车八平六　　车4平2

红方平车兑车力图化解危机。如车二平三吃马，炮8进8，红方更难应付。

21. 车二平三　　车2进1　　　　**22.** 车六退六　　车2退3

23. 炮七退一　　车6退2　　　　**24.** 炮七平六　　马3进2

25. 车六平八　　炮8进6

及时进炮打兵，突破红方防守的佳着，由此控制了形势。

26. 兵五进一　　炮5平2　　　　**27.** 相七退五　　炮8进2

28. 仕五进六　　车2平3　　　　**29.** 车八平九　　炮2平1

30. 车九平八　　炮1平2　　　　**31.** 车八平九　　马2退4

32. 车三平二　　炮8退2　　　　**33.** 车二进二　　士5退6

黑方可车6进2，仕四进五，炮8平5，黑胜。

34. 车二退四　　炮2平3　　　　**35.** 车二平六　　马4退5

36. 仕四进五　　车6平4　　　　**37.** 车六退二　　车3平4

38. 车九进一　　炮3平5　　　　**39.** 车九平七　　车4平1

40. 车七退一　　马5进6　　　　**41.** 帅五平六　　炮8平4

黑方各子占尽要点之后，利用车马双炮发动攻击，红方难以阻挡，终于败下阵来。

第147局　金波胜李少庚

1. 马八进七　　卒3进1　　　　**2.** 兵三进一　　马2进3

3. 车九进一　　炮2平1

红方常见的走法是马二进三，车1进1，车九进一，形成复杂形势。此时黑方平边炮，应法老练。如仍车1进1，车九平六，车1平7，炮二平三，黑方不占好处。

4. 马二进三　　车1平2　　　　**5.** 炮八退一　　马8进7

红方退炮别出心裁，由此可以引出复杂的攻击变化。

6. 相三进五　　炮 8 进 4

进炮过早。不如车 9 进 1。以下红方如走马三进四，车 9 平 6，炮二进二，车 2 进 7，炮八平四，车 6 平 4，炮四进一，马 3 进 2，黑方伏下一定的反击能力。

7. 兵七进一　　卒 3 进 1　　　　**8.** 相五进七　　炮 8 平 7

9. 兵一进一　　马 3 进 4

红方可改走炮八平二，使九路车尽快参加战斗。

10. 车一进三　　车 9 平 8　　　　**11.** 炮二退三　　炮 7 平 1

12. 马七进九　　车 8 进 7　　　　**13.** 兵五进一　　车 8 平 7

由于红方的战略方针不够有力，反让黑方乘机而入。此时冲中兵使局面复杂化，有利于争夺先机。

14. 兵五进一　　卒 5 进 1　　　　**15.** 炮八平五　　士 6 进 5

16. 车九平六　　马 4 退 5　　　　**17.** 车六进五　　马 5 进 6

进马打算反击，但难有成效。不如卒 7 进 1，相七退五，炮 1 进 4，车一平九，车 2 进 4，各有千秋。

18. 相七退五　　卒 5 进 1

19. 车六平三　（图 147）　　车 2 进 2

如图 147 所示，黑方应象 7 进 5 巩固中防，以下红方如马九进七，车 7 平 6，炮五进三，车 6 退 2，兵三进一，马 6 进 4，车一平五，马 4 退 5，虽然仍居下风，但还有谋和的实力。

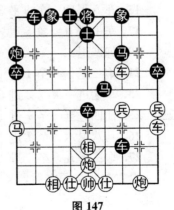

图 147

20. 马九进七　　卒 5 平 4

21. 车一平四　　马 6 进 8

22. 马七进六　　车 2 平 4

23. 相五退三　　卒 4 平 5

24. 马六退五　　马 8 退 7

25. 马五进七

红方得手之后，加紧追击，攻击力准确有力，黑方无力防守而失败。

第 148 局　朱俊奇负陈思飞

1. 马二进三　卒 7 进 1　　　　**2.** 兵七进一　马 8 进 7

3. 马八进七　车 9 进 1　　　　**4.** 炮八平九　马 2 进 3

5. 相三进五　车 1 平 2

也可炮二进四，较为灵活。

6. 车九平八　车 9 平 4　　　　**7.** 车一进一　车 4 进 3

8. 车一平四　卒 3 进 1　　　　**9.** 车四进三　卒 3 进 1

如兵七进一，车 4 平 3，马七进六，炮 2 进 5，黑方占先。

10. 车四平七　马 3 进 2　　　　**11.** 炮九平八　车 2 平 1

不如车八平九，然后再车九进一开出，仍是平稳局势。

12. 炮八进二　卒 1 进 1

不如炮八进五交换，以下再车八平九，红方形势仍然平稳。

13. 车八进一　炮 2 平 3　　　　**14.** 炮二进二　象 3 进 5

15. 车八平四　车 1 平 3　　　　**16.** 马七退九　炮 3 平 1

17. 车七进五　象 5 退 3　　　　**18.** 车四平七　象 7 进 5

19. 炮八退二　炮 1 进 4　　　　**20.** 马九进八　马 2 进 3

21. 炮二退一　卒 1 进 1　　　　**22.** 兵三进一　车 4 进 4

23. 车七进一　马 3 进 5　　　　**24.** 炮八平五　卒 7 进 1

25. 仕四进五　卒 7 进 1

26. 马八退六　卒 7 进 1

27. 炮二平九　卒 1 进 1

黑方夺回一子之后，又有双卒过河，大占优势。

28. 车七进二（图 148）　卒 7 平 6

如图 148 所示，如车七进四，炮 8 进 7，炮五进四，马 7 进 5，车七平五，卒 7 进 1，帅五平四，炮 8 平 4，红方仍难摆脱失败的命运。

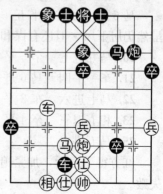

图 148

29. 车七平二　卒6平5	30. 车二进三　马7进6
31. 马六进七　卒1平2	32. 车二退五　马6进4
33. 兵五进一　象5进3	34. 车二进一　马4进3
35. 车二平八　前卒进1	36. 仕六进五　车4平5
37. 帅五平四　车5退3	

黑方退车吃兵之后，车马卒已具有强大的攻击力，红方无力防守，黑方胜局已定。

第 149 局　赵汝权胜李旭英

1. 马八进七　卒3进1	2. 兵三进一　马2进3
3. 马二进三　象7进5	4. 相三进五　车1进1
5. 车九进一　卒7进1	

弃卒可以抢先出动1路车，是夺取先手的走法。也可车1平6，车一进一，马8进7，车一平四，车9进1，黑方可以满意。

6. 兵三进一　车1平7	7. 马三进四　车7进3
8. 马四退二　车7退2	9. 马二退四　车7进5

进车捉马炮华而不实，毫无效力。应马8进6，马四进三，炮8进2，炮二平三，炮8平7，黑方满意。

10. 马四进三　象5进7

11. 马七退五　车7退1

12. 车一平三（图149）　车7平6

如图149所示，红方采用兑子战术扩大先手，黑方难以阻拦。如车7进3，马五退三，马8进7，炮二平三，象3进5，兵七进一，卒3进1，车九平七，红方仍然占优势。

13. 兵七进一　卒3进1

红方先弃后取，抢先出动左车，力图扩大控制范围。

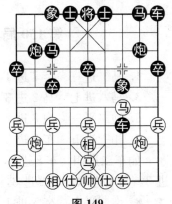

图 149

14. 车九平七   象 3 进 5   **15.** 车七进三   马 8 进 6

16. 马五进七   炮 2 退 2

退炮并不是当务之急，应车 6 退 2。红方如马七进六，车 6 平 3，兑车减轻压力，然后再调动左车出击，仍可对抗。

17. 马七进六   车 6 进 2

应车 6 退 1，炮二进二，车 6 进 3，还可支撑。

18. 仕六进五   炮 2 平 3   **19.** 车七平八   炮 8 进 3

错过时机。应车 6 退 3 牵制，比较好一些。

20. 炮二平四   车 6 平 8   **21.** 车八进三   炮 8 平 4

22. 车八平七   炮 3 平 2

如车 9 平 8，炮八进七，士 6 进 5，相五进七，红方有攻势。

23. 炮四平二   车 9 平 8

如车 8 平 6，马三退四，车 6 平 9，炮二进四，卒 1 进 1，炮二平四，车 9 进 2，车三进四，红方大占优势。

24. 炮八退一   前车退 1   **25.** 马三退二   车 8 进 7

26. 车三进四   炮 4 退 1   **27.** 车三平六   炮 4 平 3

28. 车六进四

以下如士 6 进 5，红方可炮八进七。黑方败局已定，只好投子认负。

第 150 局   李国勋负林宏敏

1. 马二进三   卒 7 进 1   **2.** 兵七进一   马 8 进 7

3. 马八进七   马 2 进 3   **4.** 炮二进四   象 3 进 5

5. 炮二平三   炮 8 进 2   **6.** 车一平二   车 9 平 8

7. 相七进五   车 8 进 3

如车二进四，车 8 进 3，炮三平七，卒 5 进 1，兵七进一，象 5 进 3，马七进六，炮 2 进 3，双方形成牵制，黑方较为满意。

8. 炮三平七   卒 5 进 1

应仕六进五较为适宜。以下黑方如车 8 平 7，车二进五，红方可开通六路车的要道，仍然好走。

9. 兵七进一　象 5 进 3

10. 马七进六　炮 2 进 3（图 150）

如图 150 所示，黑方进炮巧妙，准备平车提马，红方无法进车保护。

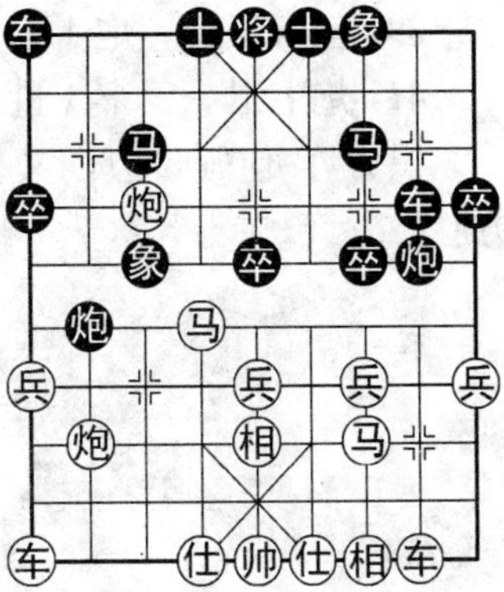

11. 仕六进五　士 4 进 5

12. 车九平六　象 7 进 5

13. 炮七平八　车 1 平 4

14. 前炮进一　炮 8 进 2

15. 车二进一　车 4 进 4

16. 车二平四　炮 2 退 2

图 150

17. 车四进三　马 7 进 5

如炮八进三，车 4 退 4，炮八退三，马 7 进 8，仍是黑方好走。

18. 马六退七　车 4 进 5　　　　19. 仕五退六　卒 5 进 1

20. 车四平五　马 3 进 4　　　　21. 马七进六　马 5 进 6

如马七进八，炮 2 进 4，炮八退五，马 4 进 6，马八进六，炮 8 退 1，以下红方只好一车换双马，仍是难以应付的局势。

22. 兵三进一　马 6 进 7　　　　23. 炮八平三　卒 7 进 1

24. 车五平三　炮 8 平 1　　　　25. 相五退七　炮 2 平 3

26. 相三进五　炮 1 平 9　　　　27. 仕六进五　炮 3 平 2

上仕之后，被黑方平炮发动攻势，局势更加受困，不如炮八退二打马，仍可周旋。

28. 马六退七　炮 9 进 3　　　　29. 炮三退二　马 4 进 3

30. 车三平七　炮 2 平 3

如兵五进一，车 8 平 5，车三平一，炮 9 平 8，兵五进一，车 5 进 1，车一进二，炮 2 平 5，红方仍难化解受困之势。

31. 车七平一　炮 9 平 8　　　　32. 马七进九　卒 1 进 1

应炮八退一打车，还可支撑一阵。

33. 马九进七　炮 3 平 2　　　　34. 相五进三　炮 2 进 6

35. 相七进五　炮 2 平 1　　　　36. 车一退四　车 8 平 2

37. 车一平二　车 2 退 1　　　　38. 炮三进一　车 2 进 7

39. 仕五退六　炮1平4　　　　**40.** 炮三平七　炮4退4

41. 炮七退一　卒1进1

黑方车炮马归边，又打仕捉死红马，形成必胜的攻势。黑方胜。

第二章 起边马对各种应法

（第 151～183 局）

第 151 局　庄玉庭胜李鸿嘉

1. 马二进一　卒 3 进 1

用进 3 路卒的应法对上边马，主要意图是限制红方马八进七的出路。

2. 车一进一　象 3 进 5

如象 7 进 5，形成另一路变化。

3. 相七进五　卒 9 进 1

如马 8 进 7，兵三进一，炮 8 平 9，炮二平三，车 9 平 8，炮三进四，马 2 进 3，马八进六，车 8 进 4，车九平七，红方好走。

4. 兵七进一　卒 3 进 1

5. 车一平七　马 8 进 9

6. 车七进三　马 9 进 8

如车 9 平 8，马八进七，炮 8 进 5，炮六平二，马 8 进 7，炮二进四，车 8 进 3，马一进三，马 2 进 4，车九平八，红方略优。

7. 炮八平六　马 8 进 7

8. 炮二进四（图 151）　马 7 进 9

如图 151 所示，黑方进边马兑马，正合红方的心意。应马 7 进 6，保持马的反击力。如帅五进一，马 2 进 4，帅五平四，车 9 进 3，炮二退六，车 9 平 8，黑方弃子争先，较为好走。

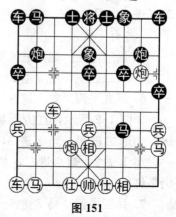

图 151

9. 炮二平五　士 6 进 5　　　　**10.** 炮六平一　卒 1 进 1

11. 马八进七　车 1 进 3　　　　**12.** 炮五退一　车 1 平 6

13. 车九平八　马 2 进 1　　　　**14.** 仕六进五　车 9 进 3

15. 车七平二　卒 7 进 1　　　　**16.** 兵五进一　车 6 进 3

17. 马七进五　车 9 平 7　　　　**18.** 马五进七　卒 7 进 1

19. 车二进一　卒 7 进 1　　　　**20.** 炮一进三　将 5 平 6

21. 炮五平六　炮 2 平 4

红方大兵压境，黑方苦无良策，渐入险境。

22. 车八进七　卒 7 进 1　　　　**23.** 车八平九　卒 7 进 1

24. 马七进五　车 7 平 2　　　　**25.** 车二平四　车 6 退 2

26. 炮六平四　车 2 平 5　　　　**27.** 车九平七　炮 4 进 2

28. 炮一进四　象 7 进 9　　　　**29.** 车七平五

红方弃车杀象入局，终于获胜。

第 152 局　童赐福胜荆长友

1. 马八进九　卒 7 进 1　　　　**2.** 车九进一　马 8 进 7

也可炮 8 平 5，另成一路变化。

3. 兵三进一　炮 2 平 5

反架中炮容易被红方所算。应卒 7 进 1，车九平三，马 7 进 6，车三进三，马 6 进 5，车三进二，炮 2 平 5，各有千秋。

4. 兵三进一　炮 5 进 4

5. 马二进三　炮 5 退 2

6. 车九平四　象 7 进 9（图 152）

如图 152 所示，红方形势明显占优。如炮二进四，马 2 进 3，兵九进一，车 1 平 2，炮八进二，卒 3 进 1，仍是红优。

7. 兵三平四　马 7 进 6

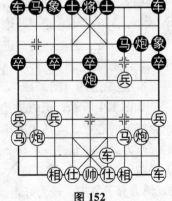

图 152

8. 车四进四　车9平7　　　　**9.** 马三进四　车7进6

10. 炮八进一　车7平5

红方进炮打车佳着，为以后谋取优势创造了条件。

11. 仕四进五　车5平9　　　　**12.** 车四平五　车9进3

13. 车五进一　士6进5

如炮8平5，相七进五，马2进3，车五平三，车9平8，炮二进三，仍是红优。

14. 车五平三　车9退5　　　　**15.** 炮八进四　车9平6

红方进炮打象，紧凑有力。如车9平7，炮八平一，车7退1，马四进三，马2进1，炮二平五，红方伏下了很大的攻击力，黑方很难应付。

16. 炮二平五　象3进5　　　　**17.** 炮八平二　车6进1

18. 炮二进二　马2进4　　　　**19.** 炮二平一　将5平6

应马九退七，才能发挥强悍的攻击力。

20. 马九退七　车6进1　　　　**21.** 炮五平二　车6平8

可炮五平四，车6平3，马七进五，车3平5，炮四平二，车5平8，马五进四，形势更为好一些。

22. 车三平四　士5进6　　　　**23.** 炮二平四　将6平5

24. 车四平三　车1进1　　　　**25.** 马七进五　车8退1

26. 炮四平三　车8退4　　　　**27.** 马五进四　马4进2

28. 炮三平五　象5进7　　　　**29.** 马四进五　象7退5

30. 车三进三　将5进1　　　　**31.** 马五进七

红方接连叫杀，终于取胜。

第153局　陈启明负曹岩磊

1. 马二进一　马2进3　　　　**2.** 兵七进一　卒9进1

3. 马八进七　马8进9　　　　**4.** 车一进一　车9进1

5. 车一平四　车9平4　　　　**6.** 车四进四　车4进7

进车下二路针锋相对，有意打乱红方的布阵方法。

7. 仕六进五　　象3进5　　　　　**8.** 车四平一　　炮8进2

红方平车去卒因小失大，容易被黑方所利用，可考虑炮八进二。

9. 炮二退一　　车4退2　　　　　**10.** 相七进五　　炮2平1

11. 炮八进六　　车1进1　　　　　**12.** 车九平八　　车4平3

13. 炮二进一　　卒3进1　　　　　**14.** 兵七进一　　车3退2

15. 车一退一　　士4进5　　　　　**16.** 炮八退七　　车1平2

17. 车一平六　　车3进2

如马七进八，炮1平2，对红方不利。

18. 车六退四　　炮8平7

平炮对准红相，预防红走炮八平七，着法机敏有力。

19. 炮八平七　　车2进8　　　　　**20.** 炮七进二　　车2退3

21. 炮七进一　　车2平3　　　　　**22.** 炮七平三　　炮7平3

23. 炮三平七　　马3进2

红方由于在开局时，走了平车吃边卒的消极之着，从此影响了出子速度，在黑方的积极应对中，失去了先手。

24. 兵一进一　　马9进8

跃马助攻，加强了黑方的反击力度。

25. 马一进二　　马8进6

26. 马二进四　　卒5进1

27. 马四进二　　马6进4

28. 马二进三　　将5平4

29. 马三退四　　炮3退1

30. 炮二退一　　炮1平4（图153）

31. 车六平八　　车3退1

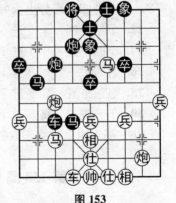

图 153

如图153所示，红方平车捉马必然失子，造成无法挽回的失利局面。应马四进六兑炮，还可应付一阵。

32. 车八进五　　车3进2　　　　　**33.** 车八平六　　车3退1

34. 仕五进六　　炮3平5　　　　　**35.** 炮二进二　　车3平1

36. 仕四进五	马4退3	37. 马四退三	炮5平2
38. 车六进一	车1进3	39. 仕五退六	炮2进6
40. 相五退七	马3进2	41. 仕六退五	车1退5
42. 炮二进二	卒5进1	43. 炮二平六	卒7进1
44. 马三进五	马2进3	45. 帅五平四	将4平5
46. 马五进六	士5进4	47. 兵五进一	士6进5
48. 炮六平五	车1进2	49. 车六平四	炮2退9
50. 车四退四	车1平7	51. 车四平七	车7平6
52. 仕五进四	将5平6	53. 仕六进五	马3进1
54. 炮五平六	车6平4	55. 炮六平八	马1退2

借机退马，发挥子力作用，好着。

56. 兵五进一	马2退1	57. 车七进二	卒1进1
58. 兵一进一	车4平3	59. 车七平四	将6平5
60. 相七进五	车3退2		

黑方多马有卒，红方无法防守，终成败局。

第154局　王嘉良胜黄勇

1. 马八进九　马2进3

如卒7进1，相三进五，象3进5，马二进四，马8进9，兵九进一，马2进3，炮八平七，车9进1，炮七进四，车9平4，车九平八，车1平2，形成另一路变化。

2. 炮八平七	车1平2	3. 车九平八	炮2进4
4. 兵七进一	象3进5	5. 相三进五	马8进9
6. 马二进四	车9进1	7. 炮二平一	车9平4

如车9平6，红方马四进六，以下仍有炮七进四打卒的先手，黑方不占便宜。

8. 车一平二	炮8平6	9. 兵一进一	车4进3
10. 车二进四	卒1进1		

如车4平6，马四进六，炮6进7，炮七进四，红方好走。

11. 炮一进四　士4进5	**12.** 车八进二　车4进2
13. 仕四进五　炮2平5	**14.** 车八进七　马3退2
15. 马四进五　车4平5	**16.** 炮七进四　马2进4
17. 炮七平九　车5平7	

过于贪吃兵造成不利形势。可车
5平4，守护右马，局势较为稳健。

18. 车二平六　马4进2

19. 车六平五　马2退4

20. 马九退七（图154）　炮6进6

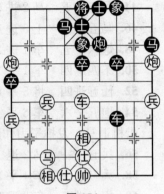

图 154

如图 154 所示，双方兵力相等，
但黑方的右路比较空虚，容易被红方
所攻击。此刻红方退马七路，不让黑
车占肋道，以后可借助红车捉马之
机，跃马六路加强攻势。

21. 车五平六　马4进3

不能交换，否则黑方右路受攻，异常不利。

22. 兵七进一　马3进5

如马3退2捉炮，炮九进三，炮6平3，车六平八，黑方难以
防守。

23. 车六平五　炮6平3	**24.** 炮一平五　车7平8
25. 兵七平六　车8进3	**26.** 仕五退四　炮3平9
27. 兵六平五　炮9进1	**28.** 兵一进一　卒7进1

黑方沉底炮展开进攻，红方对此已有准备，并加快控制局势，
伺机攻击。

29. 车五平一　卒7进1	**30.** 仕六进五　卒7进1
31. 炮九进三　马9进7	

红方进炮攻击，和对方争抢进攻速度。

32. 炮五平七　将5平4	**33.** 车一平六　士5进4
34. 车六进三　将4平5	**35.** 帅五平六　车8退8
36. 相五退三　车8平3	**37.** 炮七平五　象5进7

38. 相七进五　马7进5

上中马失利。应马7进9，虽然仍处劣势，但还可周旋下去。

39. 车六平五　车3平5　　　　**40.** 炮五进二　象7退5

41. 炮五退三　象5进7　　　　**42.** 兵一平二　象7退9

43. 炮五进一　卒7平6　　　　**44.** 炮五平九　卒6平5

45. 前炮退四　卒5平4

如卒5进1，红方可后炮平五叫杀。黑方必然解杀，因此失卒，也难防守。

46. 后炮平六　炮9退3　　　　**47.** 兵九进一

红方多子多兵，黑方无法防守。红方胜定，余着略。

第155局　胡荣华负赵国荣

1. 马八进九　马8进7　　　　**2.** 兵三进一　卒1进1

3. 炮八平七　马2进1　　　　**4.** 车九平八　车1平2

5. 相三进五　炮8进2　　　　**6.** 车八进四　炮2平4

7. 车八进五　马1退2　　　　**8.** 炮七进四　炮8平9

红方炮打3卒企图获取多兵之势。如马二进三，马2进1，马三进四，炮8平6，双方均势。

9. 炮二平一　车9平8　　　　**10.** 炮一进三　卒9进1

11. 马二进三　象7进5

可马二进四，象7进5，车一平三，车8进4，马四进六，以下再马六进七，红方形成多兵优势。

12. 车一平二　车8进9　　　　**13.** 马三退二　卒7进1

兑卒紧要之着，双方已成平等形势。

14. 兵三进一　象5进7　　　　**15.** 马二进三　马2进1

16. 炮七退一　象7退5　　　　**17.** 炮七平六　马1进3

18. 炮六退四　炮4平1　　　　**19.** 炮六平九　马3进4

如炮六平一，炮1进4，炮一进四，卒1进1，红方虽然多一兵，但边马受制，并不便宜。

20. 马九退七　炮1平3　　　　**21.** 马七进六　马4进2

22. 炮九平一　炮3平1　　　　**23.** 马三进四　炮1进4

24. 马四进六　士6进5　　　　**25.** 仕四进五　马7进8

26. 相七进九　马8进9

红方上边相的效力不大，不如炮一进四打卒，较为适宜。

27. 炮一进四　马9退8　　　　**28.** 帅五平四　士5进6

29. 兵五进一　马8进7　　　　**30.** 兵五进一　马7进8

31. 帅四进一　卒5进1　　　　**32.** 后马进五　士4进5

33. 相五进七　马2进3　　　　**34.** 马六进八　炮1平2

35. 马八进七　将5平4

如炮一平九，马8退7，帅四退一，马3退1，仕五进六，马1进3，仕六进五，马7进8，帅四进一，炮2进2，炮九进四，象3进1，马八进七，将5平4，马五进七，马3进5，士五退六，马5退4，帅四平五，马4退6，黑方胜势。

36. 马五进七　马8退7

37. 帅四退一　马3退1

38. 仕五进六　马1进3

39. 仕六进五　炮2进3（图155）

40. 后马退五　马7进8

如图155所示，双方寻机展开攻势，各不相让，而红方在攻击中改变了主意，准备退马回防，由此导致了败势。应前马退六，士5进4，马七进八，将4进1，炮一平五，象5进7，红方仍有对攻的机会。

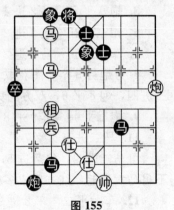

图155

41. 帅四进一　炮2退1

应马五退四，较为好些。

43. 帅四退一　马7进8　　　　**42.** 马五退三　马8退7

45. 仕五进四　马8退7　　　　**44.** 帅四进一　马3进5

47. 相七退五　炮2进1　　　　**46.** 帅四退一　马5退4

　　　　　　　　　　　　　　　48. 仕四退五　马4进3

49. 仕五退六　马 7 进 5　　　　**50.** 帅四平五　马 5 进 4

黑方残局功夫老练，取得胜局。

第 156 局　刘殿中负孟昭忠

1. 马八进九　象 3 进 5

以中象应对上边马，是少见的走法。

2. 炮二平五　车 9 进 1　　　　**3.** 马二进三　车 9 平 4

4. 车一平二　士 4 进 5　　　　**5.** 仕四进五　卒 1 进 1

6. 炮五进四　马 2 进 1

红炮打中卒过于贪实利，不如炮八平七，下一步车九平八出车，使子力平衡发展，较为合理。

7. 兵五进一　车 4 进 3

挺中兵过早，造成子力结构不协调。可炮八平四，伏下炮四进五得子的着法，然后开出九路车，较为适宜。也可炮五平一打卒，较为主动。

8. 炮八平五　马 8 进 7　　　　**9.** 前炮退一　炮 8 平 9

10. 车二进六　炮 2 进 1　　　　**11.** 车二进二　车 1 平 2

12. 车二平三　马 7 进 5　　　　**13.** 车三退二　车 4 进 1

吃 7 路卒不好，应车三平四施以攻击，才是上策。此时黑方进车谋吃中兵，使局势明朗并减轻了压力，好着。

14. 车三退二　炮 2 进 2

应前炮进二，象 7 进 5，炮五进四，车 4 平 5，炮五平八，车 2 进 3，车九平八，车 2 进 6，马九退八，红方略好。

15. 前炮进二　象 7 进 5　　　　**16.** 炮五进四　炮 2 平 5

17. 相七进五　车 2 进 4（图 156）

如图 156 所示，黑方升车，貌似准备调车左路展开攻击，其实是黑方设下的陷阱。红方果然不察而随手兑车，被黑方乘势出将反捉红车，由此落入下风。此时应兵七进一，准备下一手马九进七，仍然较为好走。

18. 车九平八　　将5平4
19. 马三进五　　炮9进4
20. 车八进五　　马1进2
21. 帅五平四　　炮5进2
22. 马五退三　　炮5退1

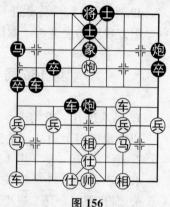

图 156

红方局势已经不妙，理应求兑。
应炮五退四，炮9平5，车三平六，
马2进4，兵七进一，和局机会较多。

23. 炮五平二　　车4退1
24. 炮二进三　　将4进1
25. 马三进一　　车4平6
26. 仕五进四　　炮5平9
27. 帅四平五　　车6平4

应车三平八压马，才是正着。

28. 炮二退一　　将4退1
29. 车三平八　　车4进5
30. 帅五进一　　车4退5
31. 兵九进一　　卒1进1
32. 车八平九　　士5进6
33. 车九平五　　马2进1

红方对马2进1的变化估计不足，应车九平八拦马，尚可
一战。

34. 炮二退六　　车4进4
35. 帅五退一　　车4进1
36. 帅五进一　　车4平7
37. 车五进三　　士6进5
38. 车五平九　　车7退3

不如车五退一谋卒，尚有对抗机会。

39. 车九进二　　将4进1
40. 车九退五　　车7进1
41. 车九平六　　士5进4
42. 炮2进5　　士6退5
43. 炮二进一　　士5退6
44. 炮二退三　　马1进3
45. 帅五进一　　车7退3
46. 马九进八　　车7平5
47. 帅五平六　　车5平8
48. 马八进七　　将4平5
49. 车六平五　　将5平6
50. 马七退五　　炮9进1
51. 帅六退一　　车8进4
52. 仕四退五　　马3进2

黑方计算准确，攻势强大，获得了胜利。

第157局 李智屏和廖二平

1. 马八进九　马8进7　　　2. 兵三进一　卒3进1
3. 马二进三　马2进3　　　4. 相三进五　象7进5
5. 车九进一　卒1进1　　　6. 车九平四　士6进5
7. 车四进三　炮8进2　　　8. 炮二平一　车1进3
9. 车一平二　车9平8　　　10. 兵一进一　炮8进3

如车二进四，车1平4，兵一进一，车4进1，黑方可以抗衡。

11. 兵七进一　卒3进1
12. 车四平七　马3进4
13. 车七平六　马4退3
14. 炮八平七（图157）　马3进2

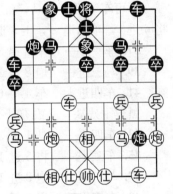

图 157

如图 157 所示，黑方的着法紧凑，因形势不错而放松了警惕，随手进马，导致出现了问题。应车1平3，相五进七，炮8平3，车二进九，马7退8，炮一平七，炮2进3，兑去双车之后，大体均势。

15. 车六进一　马2进1　　　16. 炮七进五　马7退6
17. 炮七退六　炮2进5　　　18. 马三进四　车1平3
19. 炮七平一　马6进7

红方灵活地将炮运调到右路，取得了优势。可见其有一定的中局实力。

20. 前炮进四　马7进9　　　21. 炮一进五　车8进3
22. 炮一退一　卒1进1　　　23. 车六平八　炮2退2
24. 马四进六　车3平4

应炮2平4，马六进四，炮4退4，车八平六，卒5进1，黑方可以应付。

25. 仕四进五　炮2平9　　　26. 马六进四　士5进6

27. 兵三进一　卒7进1　　　　**28.** 车八平三　卒5进1

冲中卒并不好。应车4退2，炮一进四，车4平9，还可坚守下去。

29. 炮一平五　将5平6　　　　**30.** 车三平一　车4平6

31. 车一退一　象5退7

如车一进四，象5退7，红方得不到好处。

32. 马九进七　车6进1　　　　**33.** 炮五平八　卒1平2

34. 炮八进四　卒2平3　　　　**35.** 马七进五　卒3平4

36. 马五退三　车6平4

不可车6平7捉马，红方可车一平六，车7进2，车六进五，将6进1，车六退一，士6退5，车二平四，红胜。

37. 车一平三　车8退3　　　　**38.** 车三进三　车4退2

39. 马三进一　炮8退2　　　　**40.** 车二平四　将6平5

41. 车四进七　车4平6　　　　**42.** 车三平四　车8进4

黑方士残缺，又没有什么攻势，只好尽力抵抗。

43. 车四平三　马1进3　　　　**44.** 车三进二　将5进1

45. 车三退一　将5进1　　　　**46.** 车三退二　车8平9

47. 马一退二　炮8进1　　　　**48.** 车三平五　将5平6

49. 车五平四　将6平5　　　　**50.** 车四平二　车9进2

51. 车二平五　将5平6　　　　**52.** 车五平七　车9进1

53. 马二进四　炮8平5

红方进马简明有力，不怕对方的反攻。

54. 马四进五　将6退1　　　　**55.** 车七平四　将6平5

56. 帅五平四　车9进2　　　　**57.** 帅四进一　车9退7

58. 车四进二　将5退1　　　　**59.** 车四平六　卒4平5

红方临门攻杀出现失误，颇为可惜。应马五退三，炮5退4，马三进四，红胜。

60. 车六进一　将5进1　　　　**61.** 车六平五　将5平4

62. 马五进七　车9平3　　　　**63.** 车五平七　炮5平3

64. 炮八退八　将4平5

红方退炮再一次失去机会。应车七退一，将 4 退 1，马七进五，车 3 平 5，车七退五，红方仍有作为。

65. 车七退二　炮 3 退 4

至此已成和势，余着从略。

第 158 局　胡荣华胜柳大华

1. 马八进九　马 2 进 3　　　**2.** 炮八平七　车 1 平 2

3. 车九平八　卒 7 进 1　　　**4.** 兵三进一　卒 7 进 1

红方以往多走车八进四，现在弃三路兵，力图加快子力出动，积极展开进攻。

5. 车八进四　卒 7 进 1　　　**6.** 相三进五　炮 8 平 6

平炮效力不大。应马 8 进 9，马二进四，卒 7 平 8，炮二进五，炮 2 平 8，力求稳住局势，比较有利。

7. 马二进四　卒 7 平 8　　　**8.** 炮二退一　象 3 进 5

9. 车一平三　马 8 进 9　　　**10.** 炮七进四　卒 9 进 1

11. 马四进六　车 9 进 1　　　**12.** 车八平六　炮 2 进 2

13. 马六进七　炮 2 平 3　　　**14.** 车六进二　士 4 进 5

红方利用黑方子力不够协调的缺点，使各子乘势开出，占尽战略要地，顺利实现了战斗计划。

15. 炮七平五　车 2 平 4

16. 车六进三　将 5 平 4

17. 炮五平六　车 9 平 7

18. 车三进八　马 9 退 7

19. 马七进五　马 3 进 5

20. 兵七进一　炮 3 退 3

21. 炮二平三　将 4 平 5（图 158）

如图 158 所示，重压之下，黑方被迫兑去双车，形成了对红方有利的残局形势。此时炮二平三是静中求变

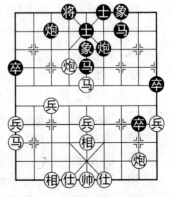

图 158

的好着。如过早走兵七进一渡河抢攻，黑方可炮6进1兑炮，兵七
进一，炮6平4，兵七平六，马5进7。兑掉一炮之后，形势比较
缓和，红方不合算。

22. 马五退三	马5进4	**23.** 兵五进一	卒8平9
24. 兵九进一	后卒进1	**25.** 炮三进七	炮3平7
26. 马三进二	炮6平8	**27.** 马九进八	马4退5
28. 马二退一	炮8进7		

红方得还一卒，并控制了马5进7的要路，老练。

29. 相五退三	炮8退4	**30.** 马一进二	炮7平6
31. 马八进九	马5进7	**32.** 马九退七	炮8平3

应马7进6，仕六进五，炮8平3，加强反击能力，对红方有
所牵制。

33. 相七进五	炮3平2	**34.** 相五进三	炮2退2
35. 马二进三	炮2退2	**36.** 兵五进一	炮2平4
37. 马七进八	炮4平3	**38.** 炮六平三	士5进4
39. 炮三进三	士6进5	**40.** 炮三退四	象5进7

运炮兑马紧着，可减少黑方的反扑机会，并不影响红方的取胜
能力。

41. 马三退四	将5平4	**42.** 相三退五	炮6退1
43. 仕六进五	卒9平8	**44.** 兵九进一	象7退9
45. 兵九平八	象9退7	**46.** 兵八平七	炮6进2
47. 马八退六	炮6平9	**48.** 马六退五	卒8进1
49. 兵七进一	炮3平2	**50.** 兵五进一	炮9进1
51. 兵五平六	炮9平7		

红方兵马已有明显的优势，以后逐渐把优势扩大为胜势。

52. 马四退三	卒8平7	**53.** 马三进一	炮7退1
54. 马一进三	士5进6	**55.** 马三退二	炮4平7
56. 相三进一	士4退5	**57.** 兵六平五	卒7进1
58. 兵五平四	后炮平6	**59.** 马二进一	炮7平8
60. 马一退三	炮8进7	**61.** 相一退三	卒7平6

62. 马三退一　炮 6 退 1　　　**63.** 兵七平六　炮 8 退 8

64. 兵六平五　炮 6 平 5　　　**65.** 马一进二　炮 8 平 6

66. 马五退三　卒 6 平 7　　　**67.** 马二进三　将 4 进 1

68. 后马进一　炮 5 平 1　　　**69.** 马一进三　将 4 退 1

70. 后马退五　卒 7 平 6　　　**71.** 马五进七　炮 1 进 6

72. 马三退二　炮 1 平 5　　　**73.** 马二退三　炮 5 平 8

74. 马七进九　炮 8 退 4　　　**75.** 兵四平三　炮 6 退 1

76. 兵三进一　炮 8 平 9　　　**77.** 马九进八　将 4 平 5

78. 帅五平六　炮 6 进 1　　　**79.** 马八退七　炮 9 进 1

80. 马七退五　象 7 进 9　　　**81.** 兵五平四　象 9 进 7

82. 兵四进一　士 5 进 6　　　**83.** 马五进四

黑方无法抗衡，红胜。

第 159 局　刘殿中和徐天红

1. 马八进九　马 2 进 3　　　**2.** 相三进五　炮 8 平 5

3. 马二进三　马 8 进 7

上马容易使布局结构缺少灵活性。可炮八平七。

4. 车一平二　卒 7 进 1　　　**5.** 车九进一　炮 2 平 1

6. 车九平四　卒 3 进 1　　　**7.** 炮二平一　车 1 平 2

8. 炮八平六　车 2 进 7　　　**9.** 仕四进五　马 3 进 4

红方出子计划失调，使黑方抢得布局上的便宜，但此时不如马 3 进 2 较为有力。

10. 炮六进二　车 2 进 1

如卒 3 进 1，兵七进一，炮 5 平 3，兵七进一，炮 3 进 7，相五退七，车 2 平 7，兵七平六，车 7 平 9，炮六平一，红方得车占优。

11. 车二进四　炮 5 平 3

平炮失策，导致白丢一士，使局势跌入下风。应士 4 进 5，先补一手为好。

12. 炮六进五　卒 3 进 1　　　**13.** 炮六退三　卒 3 平 2

14. 炮六平七　车2平4　　　　**15.** 兵三进一　马4退5

退马反使局势混乱。不如卒7进1，车二平三，象7进5，形势较为工稳，虽然少士，但可对抗。

16. 炮七退一　车9平8　　　　**17.** 车二进五　马7退8

18. 车四进三　卒2进1

如兵三进一，车4退4，车四进四，卒5进1，红方失子，局势不利。

19. 车四平八　卒2平1　　　　**20.** 车八进三　炮3退1

21. 炮七进四　炮1退1　　　　**22.** 马九退八　卒7进1

红方应兵三进一，弃马求攻为佳。

23. 相五进三　马8进7　　　　**24.** 车八进二　将5进1

25. 车八退一　炮1退1　　　　**26.** 马三进四　车4退3

如车4退8捉死红炮，炮一平七，车4平3，马四进六，马7进6，马六进八，红方得还一子占优。

27. 马四进三　车4退4

退车巧妙，顽强抵抗。

28. 相七进五　马5进7

29. 炮一平三　炮3进2

30. 车八退二　炮3平4

31. 炮七退五　象7进5

32. 炮七平六　炮4平3（图159）

33. 车八平七　车4进4

如图159所示，现已成为红方的关键时刻。红方平车吃炮得回失子，

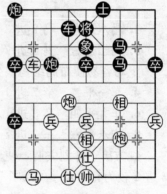

图 159

结果并不理想，不如炮六退二，车4平3，兵七进一，不急于得回失子而先调理好各子，可获取优势。以下黑方后马退8，兵七进一，象5进3，炮三进四，炮3平7，车八平五，红方占优。

34. 炮三进四　车4平2　　　　**35.** 马八进六　车2进3·

36. 车七平六　炮1平2　　　　**37.** 仕五退四　炮2进6

针对红马位置不佳，黑方适当调动子力进行反击，此时进炮是

上乘之着，准备车2平3后，再沉炮抢攻，迫使红方放弃中兵，从而形成双方平等的局势。

38. 马六进四　炮2平5　　　　**39.** 仕四进五　车2退3

40. 车六退三　炮5退2　　　　**41.** 车六平四　车2平7

红方弃相抢占要路，争取主动。如车六平五，车2平6，炮三平九，马7进6，红方没有先手。

42. 车四进三　车7退1　　　　**43.** 帅五平四　炮5平2

44. 炮三平五　马7进5　　　　**45.** 车四平五　车7平6

46. 车五退三　前卒平2

随手退车造成损失。应兵七进一，车6进2，兵七进一，红方较有取胜之机。此时黑方平卒，准备乘机对攻，是以攻代守的好着。

47. 兵七进一　卒2进1　　　　**48.** 帅四平五　卒2平3

49. 相五退七　卒3进1　　　　**50.** 马四进六　炮2退4

51. 车五进三　炮2平5　　　　**52.** 相七进五　卒3平4

53. 车五平一　将5平6

红方平车吃卒有惊无险，以谋取最后的取势机会。

54. 车一进二　将6进1　　　　**55.** 车一退四　卒1进1

进1路卒可以威胁红兵，红方七路兵难以过河，将形成和势。如炮5进7吃相，兑车后形成败局。

56. 车一平四　车6进1　　　　**57.** 马六进四　卒1进1

58. 马四退六　炮5进7　　　　**59.** 仕五进四　将6退1

60. 兵一进一　士6进5　　　　**61.** 兵一进一　将6退1

62. 兵一平二　炮5平3　　　　**63.** 兵二进一　炮3进2

64. 仕六进五　炮3退3　　　　**65.** 兵二平三　卒1平2

双方无力进取，握手言和。

第160局　李镜华和庄玉庭

1. 马八进九　马2进3　　　　**2.** 兵三进一　卒3进1

3. 马二进三　象7进5　　　　**4.** 车九进一　车1进1

5. 相三进五　车1平6　　　　6. 车九平六　车6进3

7. 车六进三　马8进7　　　　8. 仕四进五　士6进5

上士加强防守，等待变化。也可卒7进1，车一平四，车6进5，仕五退四，卒7进1，车六平三，马7进6，形成平稳之势。

9. 车六进二　炮2退1　　　　10. 车六平七　马7退6

11. 车一平四　车6进5　　　　12. 仕五退四　卒7进1

13. 兵三进一　炮2平3　　　　14. 车七平六　象5进7

15. 车六进二　炮8退1　　　　16. 车六退四　马6进7

17. 车六平三　炮8平7　　　　18. 车三平二　象7退5

19. 兵九进一　马7进6　　　　20. 车二平四　车9平8

21. 车四进一　车8进7　　　　22. 兵五进一　炮3平1

23. 兵七进一　卒3进1　　　　24. 马三进五　车8退2

红方先弃后取兑去3路卒，将右马跃到了好的位置上，但黑方的阵形也很牢固，一时难有扩大先手的机会。

25. 马五进七　炮1进4　　　　26. 马七进六　车8平6

27. 车四平二　车6进1　　　　28. 车二进四　炮7退1

29. 炮八平七　马3进4　　　　30. 车二退四　马4退6

红方退车捉马正确。如马六进七，将5平6，炮七进七，象5退3，车二平三，将6进1，仕六进五，炮1进1。红方虽然多得一象，但黑方兵种较好，并又多卒，足可对抗。

31. 车二进一　马6进7　　　　32. 车二进三　士5进4

进车牵制黑炮力求稳健。如车二平五，炮7平8，仕四进五，炮8进9，车五平三，士5进4，形成相互牵制之势，各有顾忌。

33. 仕六进五　马7退9　　　　34. 车二退三　马9进8

35. 车二平三　炮7平6　　　　36. 炮七进一　马8退7

37. 炮七进三　炮1进1　　　　38. 炮七平五　马7退5

39. 车三平五　卒9进1　　　　40. 车五退一　炮6进9

运炮夺仕有些勉强，以后难以把握形势。不如士4进5，车五平一，炮1平9，形成和势为好。

41. 车五平一　炮6平9　　　　42. 车一平二　士4进5

43. 兵一进一 车6平7	44. 仕五进四 卒1进1
45. 兵五进一 卒1进1	46. 马六退四 炮1平5
47. 帅五平六 车7进3	48. 帅六进一 车7退1
49. 帅六退一 炮5平9	50. 车二退二 后炮进2
51. 帅六平五 车7退1	52. 马九进七 后炮平1
53. 马四进二 卒1进1	54. 马七进六 炮1进1
55. 相七进九 炮9平8	

黑方由于双炮左右分离一时难成杀机，而后防又比较空虚，此时应赶快车7退4加强防守，还可周旋下去，否则有很大的危险。

56. 马二退三 卒1进1	57. 车二进六 士5退6

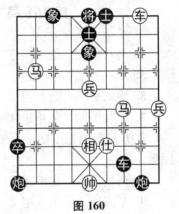

58. 马六进八 车7进2	
59. 帅五进一 车7退1	
60. 帅五退一 士4退5（图160）	
61. 车二退三 车7平3	

如图160所示，红方退车失去了取胜良机。应帅五平六要杀，车7平3，相五进七，士5进4，马八进六，将5平4，车二平四，将4进1，车四退一，将4退1，兵五平六，卒1平2，车四进一，将4进1，马六进八，炮8平6，仕四退五，红方胜定。

图 160

62. 相五进七 车3进1	63. 帅五进一 车3平4
64. 相七退九 炮1退1	

退相吃卒过于缓慢。应抓紧机会兵五平六，炮1平3，马三进四，士5进6，马四进六，将5平4，马六进八，将4进1，相七退九，炮3退7，兵六进一，士6退5，兵六平七，炮3平1，兵七进一，攻势强大，黑方不好应付。

65. 兵五平六 炮1平4

应马三进四比较紧凑。以下黑方如炮8平7，马四进三，将5平4，马八退六，炮7退7，车二平六，士5进4，车六平三，炮7

平 6，马六进七，将 4 进 1，车三平八，炮 6 退 1，车八平四，炮 6
平 5，车四进三，炮 5 进 3，车四平七，红方胜定。

66. 车二退三　炮 4 退 3　　　**67.** 马三进四　炮 8 平 7
68. 车二平三　车 4 平 2　　　**69.** 马八进七　将 5 平 4
70. 车三平六　车 2 退 1　　　**71.** 帅五退一　车 2 退 3
72. 兵六进一　炮 7 退 7　　　**73.** 马四退六　车 2 退 4
74. 马六进八　炮 7 退 1　　　**75.** 车六进一　炮 7 平 3
76. 兵六平七　炮 3 平 4　　　**77.** 车六进二　车 2 进 1

红方提议作和，黑方当然同意。

第 161 局　刘殿中胜梁文斌

1. 马八进九　炮 8 平 5　　　**2.** 马二进三　马 8 进 7
3. 车一平二　卒 1 进 1　　　**4.** 兵三进一　马 2 进 1
5. 炮二平一　炮 5 退 1　　　**6.** 车九进一　炮 2 平 5
7. 车九平四　前炮进 4

红方双车抢先出动，不怕黑方空头炮的威胁，战术运用，意境
深远。

8. 马三进五　炮 5 进 5
9. 车四进三　炮 5 退 2
10. 兵三进一　（图 161）　卒 7 进 1

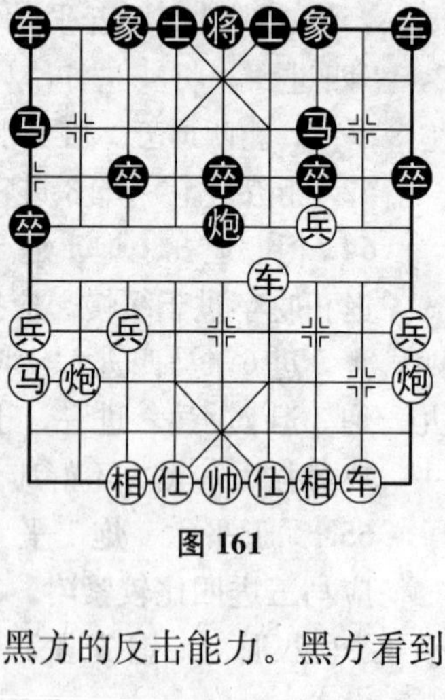

如图 161 所示，红方强渡三路
兵，展开了对黑方的攻击，使黑方的
防守阵形大乱，红方由此取得优势。

11. 炮八平三　卒 7 进 1
12. 车四平三　马 7 进 6
13. 车三平四　马 6 退 7
14. 车二进七　马 7 退 5
15. 马九退七　炮 5 平 3

图 161

红方退边马，准备威胁中炮，打消黑方的反击能力。黑方看到

中炮已站不住，只好争先打马，黑方已处于困境中。

16. 车四进四	马5进3	17. 兵七进一	炮3进4
18. 车二平七	马1进2	19. 车七平三	车1进2
20. 车三退二	马2进4	21. 车三平六	车9进2

由于子力位置太差，4路马被捉死，虽然此时抢先出车，但仍难以解除受攻之势。

22. 车六退一	车9平6	23. 车四平六	士6进5
24. 后车退三	将5平6	25. 仕六进五	车6平7
26. 炮三平四	炮3平5	27. 仕四进五	车7进7
28. 炮四退二			

红方子力强大，黑方无力反抗，红胜。

第162局　庄玉庭胜丁健全

1. 马八进九	炮8平5	2. 马二进三	马8进7
3. 车一平二	车9平8	4. 炮二进四	卒7进1
5. 车九进一	马7进6	6. 车九平四	马6进5
7. 马三进五	炮5进4		

马踏中兵过早，虽然有空头炮的威胁，但后援无法接应，很难作出有效的攻击。

8. 车四进五	马2进3	9. 炮八平二	车8平9
10. 后炮平四	车9平8	11. 车二进四	卒5进1
12. 炮四平二	车8平9	13. 前炮进三	士4进5

如车二平八，车1平2，车四退一，红方仍占先手。

14. 后炮平四	炮2进3	15. 帅五进一	炮2平5
16. 帅五平四	卒7进1	17. 车二进三	后炮平6
18. 炮四平三	卒5进1	19. 兵三进一	车9平8

弃车谋取攻势，积极主动，形成复杂的攻守形势。

20. 车二进二	象7进5		

不如象3进5，较为平稳。

21. 帅四平五　车1平2　　　22. 炮三退一　马3进5

23. 车二退七　车2进4　　　24. 车二平六　炮6退1

25. 炮三平二　炮6平4　　　26. 马九退七　马5进4

27. 车六平四　炮4退2

28. 前车退一　车2进4

29. 兵七进一（图162）　炮4平1

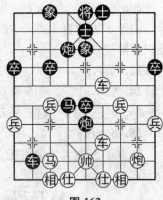

图 162

如图 162 所示，黑方应象 5 退 7，在防守中加强反击，把战线拉长，黑方仍有一定机会。

30. 前车进三　士5进6

31. 帅五平四　炮5平7

32. 后车进一　炮7平1

33. 后车平八　车2平1

34. 车八平二　前炮退2　　　35. 车二进六

红方进车要杀，黑方无法防守，只好认负。

第 163 局　刘殿中负柳大华

1. 马八进九　炮8平5　　　2. 马二进三　马8进7

3. 炮八平六　炮2进5　　　4. 相三进五　马2进3

5. 炮二进二　车1平2　　　6. 炮二平七　卒5进1

如马 3 退 5，兵九进一，卒 3 进 1，炮七平八，炮 2 退 1，形成平稳局势。

7. 炮七进三　马7进5　　　8. 炮七平六　卒5进1

9. 兵五进一　马5进7　　　10. 仕六进五　马7进5

11. 帅五平六　车9进1　　　12. 前炮退三　车2进5

13. 相五进七（图163）　炮2平7

如图 163 所示，红方进相打车失误，由此被黑方得还一子，形势大为不利。应前炮退一，马 5 进 4，仕五进六，车 9 平 4，炮六平五，车 2 平 5，仕四进五，炮 5 进 4，马三进五，车 5 进 1，车九平八，形成平稳局势。

14. 车一平三　炮7平6

15. 车三进二　车2进2

16. 后炮退一　车9平6

17. 车九平八　炮6平4

18. 后炮平七　车2进2

19. 马九退八　炮4退1

20. 帅六平五　车6平4

21. 炮七平六　炮4平5

22. 仕五进六　前炮平1

23. 仕四进五　炮1进3

25. 帅五平四　车2进8

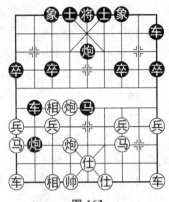

图163

24. 相七退九　车4平2

红方如炮六退一保马，车2进7，帅五平四，炮1平3，帅四进一，炮3退2，黑方主动。

26. 后炮退一　车2退4　　**27.** 兵七进一　车2进1

28. 后炮平九　车2平6　　**29.** 帅四平五　车6平4

30. 炮九进六　车4退1

由于在第6回合红方平炮打马失去先手，以后又不慎被黑方得还失子，形势落入下风。现少一子，终于无法抗衡而失利。

第164局　李智屏胜汤卓光

1. 马八进九　卒7进1　　**2.** 相三进五　象7进5

3. 马二进四　马2进1　　**4.** 车一平三　车1进1

5. 兵九进一　车1平6　　**6.** 马四进六　车6进4

红方马进六路积极有力，为以后开车作好了准备。

7. 炮八平七　马8进7　　**8.** 车九平八　马7进8

9. 炮二进五　炮2平8　　**10.** 车八进四　车6退1

11. 车八平五　卒5进1　　**12.** 车五平六　士6进5

13. 车六进二　炮8平7　　**14.** 车三平二　马8进7

15. 仕六进五　车 9 平 6 　　　　**16.** 马九进八　马 7 进 6

17. 车二进七　炮 7 退 2 　　　　**18.** 马八进六　前车退 1

退车兑子，企图缓和形势，平稳。如后车进 3，车六进二，后车退 1，车二进二，炮 7 平 6，兵五进一，红方占优。

19. 车二退一　前车平 8 　　　　**20.** 车六平二　车 6 进 5

21. 炮七退一　马 6 退 7

红方及时退炮，有利于攻守的好着。

22. 车二平一　车 6 平 1

可卒 7 进 1 争取反击。以下红方如车一退一，炮 7 进 4，黑方有对抗的机会。

23. 马六进八　车 1 平 4（图 164）

如图 164 所示，平车 4 路，企图

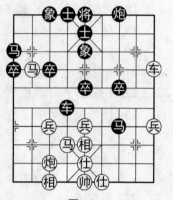

图 164

诱使红方平炮打车，然后再平车捉马，这样可使红炮的地位不佳。其实不如直接车 1 平 2，马八退七，卒 5 进 1，兵五进一，卒 3 进 1，马七进五，马 7 退 5，黑方足可对抗。

24. 炮七平六　车 4 平 2 　　　　**25.** 马八退七　卒 5 进 1

26. 兵五进一　卒 3 进 1 　　　　**27.** 马七进五　马 7 进 5

如卒 1 进 1，车一平四，红方有马五进三的攻势，比较好走。

28. 仕五进四　马 5 退 6

上仕困马并可开通炮路，扩先的好着。

29. 车一平四　马 6 进 8 　　　　**30.** 马五进三　士 5 进 6

弃士无可奈何。为防止卧槽马攻击，不得不如此应付。

31. 车四进一　卒 7 进 1 　　　　**32.** 马三进一　车 2 退 4

33. 炮六平四　卒 7 平 6 　　　　**34.** 车四平三　车 2 平 8

35. 兵五进一　炮 7 平 6 　　　　**36.** 兵五进一　马 1 退 3

37. 马一进三　炮 6 进 1 　　　　**38.** 兵五平四　士 4 进 5

39. 车三退四　将 5 平 6

如将 5 平 4，炮四进三，黑方依然难以防守。

40. 马三退二 将 6 平 5   41. 车三平二

红方车马炮的攻势强大，红胜。

第 165 局 林宏敏和吕钦

1. 马八进九 卒 7 进 1   2. 炮八平七 马 2 进 1

如相三进五，象 3 进 5，马二进四，马 8 进 9，兵九进一，马 2 进 3，炮八平七，车 9 进 1，炮七进四，车 9 平 4，车九平八，车 1 平 2，炮七平一，炮 2 进 4，兵五进一，炮 8 进 3，炮一退二，车 4 进 5，红方多兵，黑方子力活跃，各有千秋。

3. 炮二平五 马 8 进 7   4. 马二进三 车 9 平 8

5. 车九平八 车 1 平 2   6. 车八进四 炮 2 平 3

红方可车一进一，黑方如炮 2 进 4，车一平四，再而车四进三，局势较易展开。

7. 兵九进一 炮 3 进 4

不如车八进五，马 1 退 2，兵九进一，形势较为有利。

8. 炮七平八 车 2 进 5   9. 马九进八 炮 3 平 7

10. 相三进一 象 7 进 5

红方飞边相，为右车谋出路，并可避开黑炮的锋芒，只好这样应对。

11. 仕四进五 士 6 进 5   12. 车一平四 车 8 平 6

平车兑车，以后可以发挥多卒的优势。

13. 车四进九 将 5 平 6   14. 马八进六 炮 8 退 1

先行退炮，攻不忘守。如卒 3 进 1，马六进四，捉炮又有攻势，黑方不利。

15. 兵五进一 卒 3 进 1   16. 炮八进一 炮 8 平 6

17. 炮八平五 士 5 进 4

平中炮打卒，力争主动。

18. 相七进九 炮 6 平 2   19. 马六退四 卒 3 进 1

20. 前炮进三　马7进5　　　　**21.** 马四进五　马1进3

22. 马三进五　卒3进1　　　　**23.** 后马进七　士4进5

24. 炮五平四　卒3进1　　　　**25.** 仕五进六　炮2进8

26. 仕六进五　炮7平3

弃卒平炮抢攻，制造进马捉炮吃
相的机会。

27. 帅五平四（图165）　卒3进1

如图165所示，如炮四平七打
卒，马3进2，马五退六，马2进1，
仕五进四，马1进3，帅五平四，炮2
退4，红方局势被动。

28. 马七进八　卒3平4

29. 帅四进一　炮2退1

30. 炮四进一　炮3进2　　　　**31.** 帅四退一　炮2进1

32. 帅四进一　炮2平5　　　　**33.** 相九进七　炮5退4

红方飞相阻炮，全力展开反击，意欲以攻代守，进行较量。

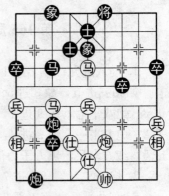

图165

34. 马五进三　将6平5　　　　**35.** 马八进七　将5平4

36. 炮四进三　士5进6　　　　**37.** 帅四退一　炮5退2

38. 炮四退五　马3进5　　　　**39.** 马七退六　炮3退2

40. 炮四平六　炮3平6　　　　**41.** 相七退九　炮6退3

42. 马六退七　马5退6　　　　**43.** 仕五进四　马6退8

44. 帅四平五　马8进9　　　　**45.** 炮六进六　象5进3

46. 马三退四　炮6进4　　　　**47.** 炮六退四　马9进7

48. 帅五平六　马7退5　　　　**49.** 帅六进一　马5退6

50. 马四退六　马6进4　　　　**51.** 马六进五　炮6平1

如象3进5，仕六退五，以下有捉死马的手法，黑方不利。

52. 马五退三　卒9进1　　　　**53.** 仕六退五　将4平5

54. 马三进四　将5进1　　　　**55.** 马四退五　马4退6

56. 马五退三　炮1平9　　　　**57.** 兵九进一　卒1进1

58. 马七进九　象3进5　　　　**59.** 马九退七　象5进7

60. 马七退五

双方尽管展开了一阵攻杀，但各自防守稳固，都难以突破对方城池，终以和局告终。

第166局 郑海文胜徐耀荣

1. 马八进九 炮2平5 　　**2.** 马二进三 马2进3

3. 车九进一 车1平2 　　**4.** 炮八平六 车2进7

5. 车九平三 炮8平7

红方平车保马，暗中伏下进炮得炮之着，使黑方的牵制计划落空，由此扩大了先手。

6. 仕四进五 卒7进1 　　**7.** 相三进五 马8进9

8. 车一平二 车9平8 　　**9.** 炮二进四 炮7进4

10. 车三平四 炮5平7

黑方运子到了理想的位置上，有了对抗的力量，但比起红方的阵势还要差一些。

11. 兵九进一 士4进5 　　**12.** 兵七进一 车2退3

13. 炮二进一 后炮退1 　　**14.** 车四进三 卒9进1

15. 炮六平七 后炮进2 　　**16.** 车四平六 马3退4

17. 兵一进一 卒9进1 　　**18.** 车六平一 马4进5

19. 车一平二 卒1进1

可马5退7，车二进三，后炮平8，车二平三，车8进2，黑方棋形工稳，可以满意。

20. 兵九进一 车2平1

21. 后车进三 车1平6

22. 炮七平八 车6平2

23. 炮八平六 士5退4

24. 兵五进一 车8进1

25. 炮六进一（图166） 卒5进1

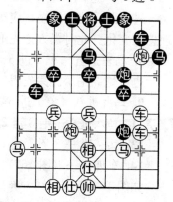

图166

如图 166 所示，红方进六路炮，准备平中路展开攻击，形势逐渐进入佳境。

26. 炮六平五　卒 5 进 1　　　27. 车二平五　士 4 进 5
28. 车五进二　车 8 平 6　　　29. 车五平七　车 2 退 4
30. 车七退一　卒 7 进 1　　　31. 炮二平三　前炮平 6
32. 炮五进二　车 6 进 2　　　33. 车二进三　车 6 进 1
34. 马三进五　车 6 进 1　　　35. 马五进六　卒 7 平 8
36. 马六进七　象 3 进 1　　　37. 车七平六　车 2 平 3
38. 炮三平二　炮 7 进 1　　　39. 车六退二　车 6 退 3
40. 车二平六

红方平中炮攻击中路，再配合车马抢攻，势如破竹，一举获胜。

第 167 局　刘殿中胜李家华

1. 马八进九　卒 7 进 1

进 7 路卒是针对性的下法，即红方马二进三时，难以打开道路。

2. 炮八平七　马 2 进 1　　　3. 车九平八　车 1 平 2
4. 炮二平五　马 8 进 7　　　5. 马二进三　车 9 平 8
6. 车八进四　炮 2 平 3　　　7. 兵九进一　炮 3 进 4

进九路兵比较缓慢，应车八进五兑子，然后再兵九进一，才是理想的变化。此时黑方抢先炮打七路兵，由此反夺主动。

8. 马三退五　车 2 进 5

也可炮 3 平 7 打兵先得实惠。

9. 马九进八　象 7 进 5　　　10. 车一进二　炮 8 进 4
11. 马八进六　炮 3 退 2　　　12. 车一平四　车 8 进 5
13. 兵三进一　卒 7 进 1
14. 车四进一（图 167）　士 4 进 5

如图 167 所示，红方弃兵之后再车四进一，无可奈何。若被黑方车 8 平 4 占据要道，红方更加难应。

15. 炮七平八 马7进6

不如炮 3 平 2 较为稳健，以下红方如炮八进二，卒 7 进 1，车四平三，马 7 进 6，车三平四，卒 3 进 1，黑方形势较好。

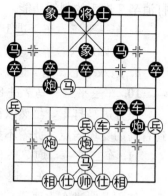

图 167

16. 马六进四 卒7平6

17. 车四退一 卒6进1

18. 车四进一 炮8平5

19. 炮八平六 卒5进1

进中卒忽视了红方潜在的威力。

应士 5 进 6，车四进二，车 8 平 3，相七进九，车 3 平 4，车四退二，车 4 进 1，马四退三，炮 3 进 2，弃子取势后，红方不易防守。

20. 马四进三 将5平4 **21. 炮六进一 车8平7**

应炮 5 退 1，红如炮六退一，可炮 5 进 1 拦车。

22. 车四平五 车7退4 **23. 车五进二 马6进8**

24. 马五进七 炮3进2 **25. 仕六进五 马8进6**

26. 车五平六 将4平5 **27. 炮六平五 马1退2**

由于黑方应对不佳，被红方反手得势，现在平中炮，攻击力更加凶悍。

28. 车六进三 车7进1 **29. 车六平八 车7进3**

30. 仕五进四 车7平4 **31. 车八进一 车4进2**

32. 仕四进五

以下黑方如车 4 平 3 吃马，帅五平六，伏下后炮打象的杀着。黑方无力阻挡，只得认负。

第 168 局 李智屏胜黄海林

1. 马八进九 卒7进1 **2. 相三进五 马8进7**

3. 马二进四 马2进3

红方出拐角马可以加快右路子力的出动，着法灵活有力，并可打消卒7进1的制约功能。

4. 车一平三　车1进1　　　**5.** 兵三进一　车1平6

6. 马四进六　卒7进1　　　**7.** 车三进四　车6进1

8. 炮八平七　炮2退1　　　**9.** 车九平八　炮2平7

10. 车三平二　马7进8

黑方进马打车，虽然取得了马炮换一车的目的，但却没有考虑到右马的受攻弱点，此着不如炮8平9，保持变化为好。

11. 车二进一　炮7平8　　　**12.** 车二进二　车6平8

13. 炮二进六　车8退1　　　**14.** 车八进六　马3退5

红方及时进车占要道，有力地牵制了黑马，从此渐入佳境。

15. 车八平七　马5进7　　　**16.** 车七进三　马7进6

进车吃象，破坏黑方的防守能力，是一种选择，也可马六进七加强攻击力。

17. 炮七退一　车9进2　　　**18.** 车七退三　车8平4

19. 仕六进五　车4进2　　　**20.** 车七退二　车4进2

21. 车七进二　车4退2　　　**22.** 车七退二　车4进2

23. 车七进一　马6进5

红方处于优势之中，当然不愿意不变作和，所以进车强行求变。

24. 车七进一　车9平5

25. 兵九进一　车4退1

26. 兵七进一　马5进7

27. 兵七进一　车4平6 (图168)

28. 马六进五　卒5进1

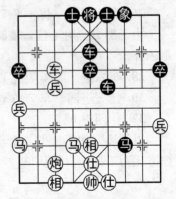

图168

如图168所示，红方也可炮七平八对攻，车5平6，炮八进八，士4进5，车七进三，士5退4，帅五平六，象7进5，车七退三，士4进5，马九进七，马7进6，马七进八。红方进攻速度较快，占有优势。

29. 马五退四　车6进2　　　**30.** 马九进八　马7退6

31. 车七平四　士 4 进 5　　　**32.** 炮七平六　车 5 平 2

33. 马八进六　车 2 进 7

如车 6 平 4，红方可相五退三反打，反而不好。

34. 炮六进一　车 2 退 3　　　**35.** 马六进七　象 7 进 5

36. 车四平九　士 5 退 4　　　**37.** 兵七平六　马 6 进 4

如卒 5 进 1，车九进三，士 6 进 5，炮六进七，红胜。

38. 兵六平五　马 4 退 5　　　**39.** 车九平五　马 5 进 4

40. 马七退六　士 6 进 5

红方借退马捉象之机调整马位，运子老练。

41. 马六进五　车 2 退 4　　　**42.** 马五进七　将 5 平 6

43. 马七退六　车 2 平 1　　　**44.** 车五平一　车 1 进 3

45. 车一进三　将 6 进 1　　　**46.** 车一退一　将 6 退 1

47. 车一进一　将 6 进 1　　　**48.** 车一退四　车 1 退 2

49. 马六退五　车 1 平 7　　　**50.** 兵一进一　车 6 退 1

51. 马五进七　马 4 退 3　　　**52.** 车一平七　车 6 平 9

53. 马四进三　车 9 进 2　　　**54.** 车七平四　士 5 进 6

55. 炮六进一　车 7 平 4　　　**56.** 炮六平四　将 6 平 5

57. 马三进五　车 9 进 3　　　**58.** 马五进四　车 4 平 5

59. 炮四退二　车 9 平 4　　　**60.** 仕五退六

形成车马炮仕相全对黑方双车单士的残局。黑方虽尽力防守，但终难抵挡红方的左右攻击，只好投子认负。

第 169 局　李智屏负徐天红

1. 马八进九　炮 8 平 5　　　**2.** 马二进三　马 8 进 7

3. 车一平二　卒 7 进 1　　　**4.** 车九进一　马 2 进 3

5. 炮二平一　炮 2 平 1　　　**6.** 车九平六　马 7 进 6

7. 车二进四　车 1 平 2　　　**8.** 车二平四　车 2 进 4

9. 车六平四　马 6 退 7

可兵九进一，炮 5 平 6，车四平八，车 2 进 1，马九进八，卒 3

进1，马八进六，象7进5，兵七进一，形成复杂变化。

10. 兵九进一　卒5进1　　　　**11.** 马九进八　卒5进1

进马打车过急。应仕四进五，马3进5，前车平八，红先。

12. 炮八进三　卒5平6　　　　**13.** 炮八平五　马3进5

如马7进5，马八进七，黑方难有反先手段。

14. 炮五进二　象7进5　　　　**15.** 马八进六　车9平8

16. 马六退四　马5进6　　　　**17.** 车四进三　车8进6

18. 马三退五　车8平7　　　　**19.** 马五进七　车7进3

应车四退一兑车，耐心应付，仍可支撑下去。

20. 炮一平五　车7退4（图169）

21. 车四进二　马7进8

如图169所示，如车四平三，卒7进1，兵五进一，炮1进3，马七进五，卒7平6，兵五进一，炮1平5，黑方胜势。

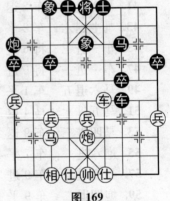

图 169

22. 车四退三　车7进1

23. 车四进二　车7平9

24. 兵七进一　马8进7

25. 车四退二　卒7进1

26. 炮五平三　车9进1

如兵五进一，卒7平6，车四进一，马7进5，相七进五，车9平3，黑方胜定。

27. 马七退五　炮1进3　　　　**28.** 兵七进一　马7退9

29. 兵七进一　卒7进1　　　　**30.** 车四进一　炮1进4

31. 炮三平四　马9退7　　　　**32.** 马五进六　士4进5

33. 马六退八　卒7平6　　　　**34.** 马八退九　马7进8

35. 车四平六　马8进6　　　　**36.** 帅五进一　车9进1

37. 帅五进一　马6进8　　　　**38.** 帅五平六　马8进6

黑方利用车马卒加紧攻击，红方竭力阻击，但子力位置不好，终于不敌而失利。黑胜。

第170局　胡荣华和吕钦

1. 马八进九　卒7进1　　　**2.** 相三进五　马8进7

3. 车九进一　马2进3　　　**4.** 马二进四　炮8平9

5. 车九平六　车9平8　　　**6.** 兵七进一　车1进1

7. 车一进一　炮2平1

红方起双横车，弈法奇特，另创一格。

8. 炮八平七　车1平2　　　**9.** 车六进四　车2平6

10. 车六平三　马7进6　　　**11.** 车三退一　象3进5

12. 炮二退一　车8进5

骑河兑车，避开红方马四进二打车的先手。

13. 马四进二　车8平7

14. 马二进三（图170）　炮1进4

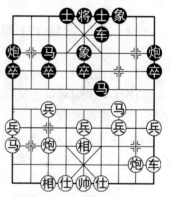

图170

如图170所示，红方进马吃车正确。如兵三进一，马6进5，炮七进四，马5进7，仕六进五，车6进7，红方车炮被牵制，形势反而不好。

15. 炮二平九　马6进4

不如炮1进2，车一平九，马6进4，黑方马路灵活，并不难走。

16. 炮九进二　马4进3　　　**17.** 炮九平八　车6平4

18. 车一平七　前马退5　　　**19.** 马三退五　炮9进4

20. 马九进七　车4平2

如车七进二，车4平2，炮八进一，卒1进1，黑方反占优势。

21. 车七平一　炮9平8

如车七平八，车2进5，车八进二，炮9平5，仕四进五，炮5平2，黑方多子胜定。

22. 车一平二　炮8平9　　　**23.** 炮八平九　车2进5

24. 马五进六　车2平1　　　**25.** 马七退八　车1平7

26. 马六进七   车 7 平 2

平车牵制车马，并可炮镇中路，运子积极主动。

27. 马八进六   车 2 平 4

如马七退五，炮 9 平 5，相五退三，炮 5 退 2，车二进四，炮 5 平 1，车二退四，车 2 平 5，车二平五，炮 1 平 5，相三进五，车 5 平 4，黑方大占优势。

28. 仕四进五   车 4 退 4   **29.** 马七退九   车 4 平 2

30. 车二进二   车 2 进 1

双方斗智斗力，着法细致，都毫无机会突破对方的阵地，终于握手言和。

第 171 局   汪建平胜王贵福

1. 马八进九   炮 2 平 5   **2.** 马二进三   马 2 进 3

用反架中炮对付边马局，形成后手中炮的布局，如对手实力较强，往往难得便宜。

3. 车九平八   车 1 平 2   **4.** 兵九进一   马 8 进 7

5. 炮二进二   卒 7 进 1   **6.** 炮二平八   车 2 平 1

7. 相三进五   车 9 平 8   **8.** 仕四进五   卒 1 进 1

9. 兵九进一   车 1 进 4   **10.** 前炮平七   马 3 退 5

11. 炮八进七   卒 3 进 1

12. 车八进八（图 171）   车 1 退 4

如图 171 所示，红方进车弃炮攻杀，紧凑有力，迫使黑方退车防守，从而可以乘机运子全力攻击。

13. 炮七平八   马 7 进 6

14. 车一平四   马 5 进 7

15. 后炮进三   炮 5 平 6

16. 车四平二   炮 8 进 5

17. 后炮平三   马 6 退 7

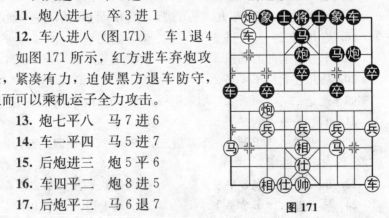

图 171

红方打马换炮，可再平车牵制炮马，争取扩大攻势。

18. 车二平四　士6进5　　　　19. 炮八平六　炮8平5

红方平炮打士，削弱了黑方的防守力量，机智。

20. 相七进五　车1进7　　　　21. 炮六退七　象7进5
22. 车八退四　车8进6　　　　23. 车四进六　炮6退2
24. 兵三进一　车8平7　　　　25. 车四平三　马7退9
26. 车三平五　车1平4

运车吃炮，一车换马炮，着法虽然强硬，但很难打破红方的防守。如卒7进1，车八平三，车7退1，相五进三，红方先手。

27. 仕五进六　车7进1　　　　28. 车八进五　卒7进1

红方进底车展开攻击，是对抢攻势的好着。

29. 车五进一　卒7平6　　　　30. 仕六进五　马9进7
31. 车五退二　车7平5　　　　32. 车八退五　车5平7
33. 车八平四　车7进2　　　　34. 车四退四　车7退3
35. 兵一进一　炮6平8　　　　36. 车五平七　车7平5
37. 车七平三　车5退4　　　　38. 车四进八　炮8平6
39. 兵七进一　车5平3　　　　40. 车四平三　马7进5

红方在优势的情况下，更不能大意。如兵七进一，马7进5，红方将会出现危险。

41. 后车平五　马5退7　　　　42. 兵七进一　将5平4
43. 车五平六　将4平5　　　　44. 车六平五　将5平4
45. 帅五平六　车3平1　　　　46. 兵七进一　炮6进8
47. 仕五进四

黑方虽然尽力攻击，但不见成效，而红方的攻击却异常猛烈。黑方无力防守，只得起座认负。

第172局　王嘉良负林宏敏

1. 马八进九　马2进3　　　　2. 炮八平七　车1平2
3. 车九平八　炮2进4　　　　4. 兵七进一　象3进5

5. 相三进五　卒7进1　　　　**6.** 马二进四　马8进7

7. 兵七进一　象5进3　　　　**8.** 炮七进二　象7进5

可兵三进一，再车一平三抢夺主动。

9. 马九退七　炮2退5　　　　**10.** 车八进七　马7进6

11. 炮二进三　马6进4　　　　**12.** 兵五进一　车9进1

13. 马四进六　炮2平1

如炮二平七打象，黑方平炮兑车，红方得不到好处。

14. 车八进二　马3退2　　　　**15.** 仕四进五　马2进4

16. 马七进八　马4进3　　　　**17.** 兵五进一　车9平6

18. 兵五平四　卒7进1

红方从中路展开进攻，展示了积极的进取精神。此时平兵阻挡车路，可以保持变化，如车一平四兑车，形势较为平稳。

19. 车一平四　卒7进1　　　　**20.** 马六进五　车6平7

可兵四进一，车6平7，兵四平五，马4进5，车四进六，马5进4，马六进五，红方形势较佳。

21. 马五进六　马3退5　　　　**22.** 兵四进一　卒5进1

23. 炮七平八　马4进2　　　　**24.** 炮八进二　马2进4

25. 炮八平六　车7进3

26. 炮二进一　马5进7

27. 车四进四　车7平8

28. 炮六平五　炮1平5

29. 炮二平三（图172）　炮5进2

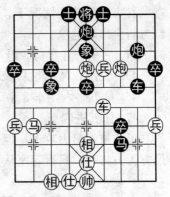

图 172

如图172所示，黑方在以上的争斗中，抢得了一定的好处，但此时兑炮不太妥当。可炮8平7，炮三退四，炮7进5，马八进六，炮7平9。黑方炮卒集结一侧，并伏下一定的攻势，形势大好。

30. 炮三平五　士6进5　　　　**31.** 仕五退四　车8平7

32. 兵四进一　车7退1　　　　**33.** 炮五平九　车7进1

双方展开对攻。此时黑方应炮 8 进 7，相五退三，卒 7 平 8，车四进一，马 7 退 5，炮九平三，马 5 退 6，黑方多卒略占优势。

34. 兵四进一　炮 8 进 7　　　　**35.** 相五退三　卒 7 平 8

36. 车四进二　象 3 退 1

红方进车攻法有误。应炮九进三打将，象 5 退 3，再车四进二，以下有车四平五及车五平一的攻势，仍占主动。

37. 车四平一　士 5 退 6　　　　**38.** 仕六进五　马 7 进 9

39. 帅五平六　马 9 进 7　　　　**40.** 相七进五　马 7 退 8

41. 帅六进一　炮 8 退 1　　　　**42.** 帅六退一　炮 8 进 1

43. 帅六进一　车 7 进 2　　　　**44.** 马八进九　车 7 平 3

45. 车一平七　象 5 进 3　　　　**46.** 马九退七　马 8 退 6

47. 车七平五　士 4 进 5　　　　**48.** 相五退三　车 3 退 1

红方虽然可以吃还一子，但兵力位置较差，仍是败势。

49. 兵四进一　将 5 平 6　　　　**50.** 车五平四　将 6 平 5

51. 车四退三　车 3 平 4　　　　**52.** 仕五进六　卒 8 进 1

53. 车四平三　炮 8 平 6　　　　**54.** 车三进六　炮 6 退 9

55. 车三退四　将 5 平 4　　　　**56.** 炮九平二　车 4 进 2

57. 帅六平五　卒 8 平 7

黑方胜。

第 173 局　张晓平负许波

1. 马八进九　炮 8 平 5　　　　**2.** 马二进三　马 8 进 7

3. 车一平二　马 2 进 3　　　　**4.** 相三进五　车 9 进 1

起横车加快控制局势，并准备从中路展开攻势。

5. 炮二平一　卒 5 进 1

红方平炮对黑方中炮的攻击，起不到防守作用。应仕四进五，卒 5 进 1，炮二进四，防守较为稳健。

6. 车二进四　马 3 进 5　　　　**7.** 炮八进四　车 1 进 2

8. 仕四进五　炮 2 退 1　　　　**9.** 兵九进一　车 1 平 4

10. 炮八平五   马7进5   **11.** 车九平八   车9平6

黑方车炮马进入要道，时刻准备发起攻势。红方稍有不慎，便有落败的危险。

12. 车八进四   卒5进1

红方进车河口加强防守，除此没有更好的良策。如炮一进四，马5进7，炮一进三，马7进6，黑方进马先声夺势，红方仍然不好应付。

13. 兵五进一   马5进4

如马5进6，车八进四，车6平2，车二平四。红方一车换马炮，形势可以满意。

14. 车八退二   炮2平4

平炮可防止红方车八平六的牵制，此时有马4进5的攻着。

15. 马三退二   炮4平5

红方退马导致局势更加恶化，应马九进八，尚可坚持下去。

16. 炮一平四   马4进5（图173）

如图173所示，黑方马踏中相，强行突破红方中路的防守，是巧妙的攻杀手段，是获取胜利的关键之着。

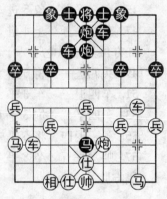

图173

17. 相七进五   前炮进5   **18.** 帅五平四   车6进5

19. 兵五进一   后炮平6   **20.** 兵五平四   炮5退6

21. 马二进四   车4进2   **22.** 车二退三   车6平7

红方如车八平五，车4平6，车五进六，士6进5，炮四进三，车6进2，帅四平五，车6退4，红方少双相，难以谋取和局。

23. 车二退一   车4平6   **24.** 炮四进六   车6退3

25. 马九进八   车7进2   **26.** 车八平四   车6进6

27. 仕五进四   炮5进8

黑方进炮打车干脆利索地取得了胜势。如炮5平6也是胜局，但没有这着意境深远。红方由此失车，无力支撑，只好认负。

第 174 局　戴荣光负黄少龙

1. 马八进九　炮 8 平 5　　　　**2.** 马二进三　马 8 进 7

3. 车一平二　车 9 平 8　　　　**4.** 炮二进四　卒 7 进 1

5. 车九进一　马 2 进 1　　　　**6.** 相三进五　炮 2 平 3

如车九平六，炮 2 平 3，车六进四，车 1 平 2，炮八平五，卒 1 进 1，车六平三，车 2 进 7，双方对攻。

7. 兵九进一　车 1 平 2

如车九平四，车 1 平 2，炮八平六，车 2 进 7，仕四进五，卒 1 进 1，车四进五，士 6 进 5，以下黑方有马 1 进 2 的反击，红方有所顾虑。

8. 炮八进二　车 2 进 4　　　　**9.** 车九平二　士 6 进 5

10. 前车平四　象 7 进 9

此时黑方不能平车兑车，因红方有炮二平七叫杀得车的手法。

11. 车四进五　卒 1 进 1

不如车 8 平 6 兑车，车四进三，卒 3 进 1，炮二平五，车 2 退 1，车二进六，车 6 进 7，马三退一，将 5 平 6，黑方有对攻机会。

12. 兵九进一　车 2 平 1　　　　**13.** 车四平三　车 1 平 6

14. 仕四进五　车 8 平 7

如卒 3 进 1，炮八平二，车 8 平 7，前炮平五，马 7 进 5，车三平五，车 7 平 8，红方先手。

15. 兵七进一　卒 3 进 1

16. 炮二退一　卒 7 进 1

17. 炮二平七　炮 3 进 3

18. 炮七进二　炮 3 进 2（图 174）

19. 相五进三　士 5 进 4

如图 174 所示，如炮八平七，车

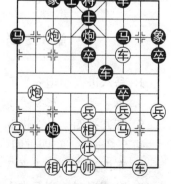

图 174

6 平 3，前炮平三，炮 3 平 7，红方三路受到牵制，形势并不乐观。

20. 炮八平五　炮 3 退 4

红方由于用时紧张，慌忙中出现失误。应炮七退四。马 1 进 3，炮八平七，炮 3 退 2，炮七进三，炮 3 平 4，仍是互缠局势。

21. 炮七平五　象 3 进 5　　　　**22.** 车二进六　炮 3 平 7
23. 车二平三　车 6 平 7　　　　**24.** 车三退一　象 9 进 7

红方如闪开三路车，黑方可再平底车兑车抢先，红方仍是受困难行。

25. 相三退五　马 7 进 6　　　　**26.** 兵三进一　马 1 进 3
27. 炮五平九　车 7 进 1　　　　**28.** 马三进四　车 7 平 1
29. 马九进七　车 1 进 3　　　　**30.** 马四进六　马 3 进 4
31. 马六进八　马 6 进 5　　　　**32.** 马八进六　将 5 平 6
33. 炮九退二　车 1 进 2　　　　**34.** 马七进五　士 4 进 5
35. 马六退八　卒 5 进 1　　　　**36.** 马五退三　车 1 平 2
37. 马三退四　马 5 进 3　　　　**38.** 马八退七　车 2 平 9
39. 马四进二　卒 5 进 1　　　　**40.** 马七进六　马 4 进 2
41. 炮九平八　卒 5 进 1　　　　**42.** 马六进五　马 3 退 4
43. 兵三进一　车 9 平 8　　　　**44.** 马二退三　象 5 进 7
45. 马三进四　车 8 进 3　　　　**46.** 相五退三　卒 5 平 6
47. 马四进六　车 8 平 7　　　　**48.** 仕五退四　马 2 进 4

红方走出失着之后，黑方乘势追击，使红方难有挽救危局的机会，最后无力防守而失败。

第 175 局　戴荣光胜郑会斌

1. 马八进九　炮 8 平 5　　　　**2.** 马二进三　马 8 进 7
3. 车一平二　车 9 进 1　　　　**4.** 车九进一　车 9 平 4
5. 车九平四　马 2 进 3

可卒 3 进 1，车四进四，马 2 进 3，再马 3 进 4，较为灵活。

6. 车四进六　车 4 平 7　　　　**7.** 炮二进七　士 4 进 5
8. 车四退二　卒 7 进 1

不如卒 5 进 1，以下可用中炮盘头马展开反击。

9. 车四平三　炮 5 平 4

10. 炮八进四　象 3 进 5

11. 炮八平五　车 7 平 6

12. 炮五退二　车 6 进 6

13. 炮二平一　车 6 平 7（图 175）

14. 车三平五　马 3 退 4

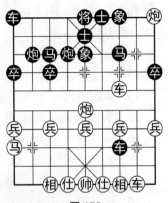

图 175

如图 175 所示，红方可车二进九要杀，黑方将 5 平 4，炮五平六，将 4 平 5，炮六平三，形成复杂的攻势，红方好走。此刻黑方退回 4 路马，不如炮 4 进 1，车二进六，车 1 平 4，黑方足可应付。

15. 相三进五　车 7 退 1　　16. 兵九进一　炮 2 进 4

17. 兵七进一　炮 4 进 4　　18. 马九进七　车 7 退 3

19. 仕四进五　车 1 进 2　　20. 车五平六　卒 9 进 1

不如炮 4 平 9，炮一退六，车 7 进 3，尚可在乱战中抵挡一阵。

21. 车六进三　炮 4 退 3　　22. 兵七进一　炮 4 平 5

23. 马七进六　炮 5 进 3　　24. 车六平五　马 7 退 5

25. 车二平四

在红方的有力攻击下，黑方没仔细观察，被红方大胆弃车形成穿心之杀法，终成绝杀，红胜。

第 176 局　乔松年胜邱日明

1. 马二进一　马 8 进 7　　2. 炮八平五　车 1 进 1

3. 马八进七　炮 2 平 5　　4. 车九平八　马 2 进 3

5. 车八进四　卒 3 进 1　　6. 炮二平三　车 9 平 8

7. 车一平二　炮 8 进 4　　8. 仕六进五　车 1 平 8

平车 8 路对红方施加压力，是流行的走法。也可车 1 平 4 或车 1 平 6。

9. 兵七进一　前车进 3　　10. 兵三进一　炮 8 平 7

如兵一进一，卒3进1，车八平七，马3进4，炮三进四，卒1进1，黑方反而易走。

11. 车二平一　炮7平6　　　　**12.** 车一进一　士6进5

13. 车一平四　炮6退6　　　　**14.** 马一进三　炮5平6

15. 车四进六　士5进6

红方弃车换取一炮抢攻，是积极进取的着法。

16. 兵三进一　前车进1　　　　**17.** 兵三进一　马3进4

18. 炮五进四　马4进6　　　　**19.** 炮五退二　马6进7

红方一味抢攻，此时再弃一炮，形势更加复杂多变。

20. 兵三进一（图176）　后车进3

如图176所示，黑方在多子受攻的情况下，不如展开反击为好。此时可炮6进9打仕对攻。红方如车八进二，前车平6，马七进六，炮6平3，马六进五，车6平5，马三进五，炮3平7，黑方不难走。

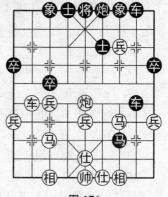

图 176

21. 兵三平四　后车平6

22. 马七进六　车8平6

应车6退1吃兵，以下红方马六进五，车6平5，迫使红方以炮换车，黑方尚可支持。

23. 兵四平五　士4进5　　　　**24.** 前兵进一　将5平4

25. 马三退五　卒3进1　　　　**26.** 车八进四　后车平4

27. 马六进五　车6平5　　　　**28.** 后兵进一　象7进5

29. 车八退二

由于黑方防守不得法，红方乘机进取，运用车炮马兵形成强攻之势，红胜。

第 177 局　李庆先负言穆江

1. 马二进一　炮2平5　　　　**2.** 马八进七　马2进3

3. 车九平八　车 1 平 2　　　　**4.** 车一进一　车 2 进 6

红方不如炮八进四，卒 3 进 1，车一进一，红方布局并不吃亏。

5. 兵七进一　马 8 进 7　　　　**6.** 相七进五　卒 5 进 1

7. 车一平六　马 7 进 5　　　　**8.** 炮八平九　车 2 进 3

9. 马七退八　车 9 进 1

及时开出左横车，攻守两利。

10. 车六进五　车 9 平 2

不如炮 8 进 1 更有进取能力。

11. 马八进六　炮 8 进 1

不如炮二进四，仍可对抗。

12. 炮九平七　车 2 进 5

13. 炮七进四　卒 5 进 1

运炮打卒过急，不如仕四进五加强防守。

14. 兵五进一　马 5 进 7

15. 炮七进三　士 4 进 5

16. 车六退二　炮 8 进 2

17. 兵五进一　炮 8 退 1（图 177）

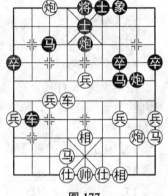

图 177

如图 177 所示，黑方进炮打车和退炮打中兵，由此加强了中路的攻势，是取势的关键之着。

18. 马六进八　炮 8 平 5

如马 7 进 6，炮二进一，黑方不占便宜。

19. 仕六进五　马 7 进 6　　　　**20.** 炮二进一　前炮平 7

21. 帅五平六　马 6 退 4　　　　**22.** 炮二平八　马 4 进 3

23. 帅六进一　炮 7 平 4

红方攻守失据，大局观不强，所以被黑方突袭成功。

第 178 局　王嘉良负蔡福如

1. 马八进九　卒 7 进 1　　　　**2.** 炮八平七　马 2 进 1

3. 炮二平五　马8进7　　　**4.** 马二进三　车9平8

5. 兵九进一　车1平2

不如车九平八，车1平2，车八进四，仍持先手。

6. 车九平八　炮2进4　　　**7.** 仕四进五　炮8进6

进炮作用不大。不如象7进5，相三进一，炮8进4，车一平四，士6进5，车四进四，炮8平5，马三进五，炮2平5，车八进九，马1退2，马九进八，马2进1，黑方先手。

8. 车一平二　象7进5　　　**9.** 炮七退一　炮8退2

10. 车八进二　士4进5

不如士6进5，对防守较为有利。

11. 车八平六　车2进4　　　**12.** 车六进二　卒1进1

应炮2平5打兵，马三进五，炮8平5，车二进九，马7退8，马九进八，马8进7，炮七平八，车2平6，马八进六，炮5退2，黑方足可对抗。

13. 兵九进一　车2平1　　　**14.** 兵三进一　车1平6

15. 炮七平九　炮2进1　　　**16.** 炮九进六　象3进1

17. 兵三进一　车6平7　　　**18.** 马三进四　炮8进1

19. 马四进六　象1进3　　　**20.** 兵七进一　炮8平9

21. 车二平一　炮9平8　　　**22.** 车一平二　炮8平9

23. 车二进九　车7进5

24. 仕五退四　马7退8

25. 兵七进一　炮9进2

26. 车六平八（图178）　象5进3

如图178所示，红方平车提炮正确。如误走车六平二，马8进7，马六进五，马7进6，马五进七，将5平4，车二退三，车7退1，车二退一，车7平4，车二平一，车4进1，帅五进一，车4退1，帅五退一，马6进4，炮五平六，车4退1，仕四进五，车4平3，黑方大占优势。

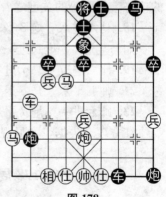

图178

27. 炮五进四　士 5 退 4

可车八退二去炮，以下黑方车 7 退 5，仕四进五，车 7 平 4，炮五进四，士 5 退 4，车八平一，车 4 平 5，炮五平六，炮 9 平 7，炮六退四，红方好走。

28. 马六进五　士 6 进 5		**29.** 马五进七　将 5 平 6	
30. 车八平四　马 8 进 6		**31.** 炮五平四　马 6 进 7	

红方平炮失利。应帅五进一，先解除抽将的威胁，以后仍有平炮叫将的攻势，还有一定的机会。

32. 车四退二　马 7 进 6		**33.** 炮四平六　士 5 进 6	
34. 炮六平四　士 6 退 5		**35.** 炮四平六　士 5 进 6	
36. 炮六退五　车 7 退 7		**37.** 仕四进五　车 7 进 7	
38. 仕五退四　车 7 退 6		**39.** 仕四进五　将 6 进 1	
40. 马九进八　车 7 进 6		**41.** 仕五退四　马 6 进 7	
42. 帅五进一　炮 9 退 2		**43.** 车四平三　车 7 退 2	
44. 炮六进三　车 7 退 2		**45.** 炮六平五　炮 2 平 8	
46. 帅五平六　炮 9 进 1			

黑方车炮归边，攻势猛烈，红方无力化解，只好推枰认负。

第 179 局　戴荣光负于红木

1. 马八进九　炮 8 平 5		**2.** 马二进三　马 8 进 7	
3. 车一平二　车 9 平 8		**4.** 炮二进四　卒 7 进 1	
5. 车九进一　马 7 进 6			

进马河口抢夺中兵，积极进取，但也容易遭受反击。

6. 车九平四　马 6 进 5		**7.** 马三进五　炮 5 进 4	
8. 车四进五　马 2 进 3		**9.** 炮八平二　车 8 平 9	
10. 后炮平四　车 9 平 8		**11.** 炮四平二　车 8 平 9	
12. 帅五进一　车 9 进 2			

红方如不变着，可判和局。由于红方不愿成和，所以进帅求变化，但黑方升起 9 路车之后，红方无从发动有效攻势，形势的发展

反而对黑方有利。

13. 后炮平四　车 9 平 8

15. 车二进四　车 1 平 4

应帅五平四避开中炮的威胁。

16. 车二平五（图 179）　马 3 退 5

如图 179 所示，黑方退中心马捉车，然后再反架中炮，是保持攻势的关键之着。如车 4 进 5，帅五平四，士 4 进 5，仕四进五，成为相互牵制之势，黑方不占便宜。

17. 车四进二　炮 2 平 5

18. 车五进二　车 4 进 8

19. 炮四平二　马 5 进 3

14. 兵七进一　车 1 进 1

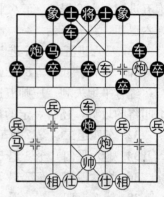

图 179

20. 帅五平四　马 3 进 5

21. 车四进一　将 5 进 1

22. 车四退一　将 5 退 1

23. 后炮进五　车 4 退 1

24. 帅四进一　车 4 退 3

红方进帅易受攻击，不如仕四进五更好一些。

25. 前炮进二　象 7 进 9

26. 前炮平四　后炮平 8

27. 车四退二　马 5 退 4

28. 炮四退二　炮 5 退 4

29. 炮二退五　车 4 进 2

30. 相三进五　炮 8 退 2

如帅四退一，车 4 平 8，炮二进六，车 8 进 1，帅四进一，车 8 退 6，黑方得子胜定。

31. 炮四进二　炮 5 平 6

32. 车四平二　炮 8 进 8

33. 炮四平六　将 5 平 4

34. 车二退五　车 4 退 1

35. 车二进八　炮 6 退 2

36. 帅四退一　车 4 平 6

黑方运子老练，攻势准确有力，黑胜。

第 180 局　于幼华负林宏敏

1. 马二进一　卒 3 进 1

2. 相七进五　马 8 进 7

3. 马八进七　马 2 进 3

红方不如车一进一，以后有兵七进一的争先之着。

4. 兵三进一　象 7 进 5　　　　　**5.** 车一进一　炮 8 平 9

6. 车一平六　车 9 平 8　　　　　**7.** 炮二平三　车 8 进 4

进河口车加强防守，黑方已取得满意的形势。

8. 车九进一　车 1 进 1　　　　　**9.** 炮八进四　马 3 进 2

10. 炮八平三　马 2 进 3　　　　**11.** 车九平八　炮 2 平 3

12. 车八进六　车 1 平 3　　　　**13.** 马一进三　车 8 进 3

如前炮平九，车 8 平 4，红方失去先手。

14. 马三进五　马 2 退 5　　　　**15.** 兵五进一　士 6 进 5

16. 马七进八　炮 3 平 4　　　　**17.** 车六进二　卒 3 进 1

18. 马八进七　车 8 退 3

红方进七路马，准备兵五进一从中路展开攻势，此计划难以占取好处。不如马八进九，先得实利，以下再车八进一兑车，足可应付。

19. 车八退一　车 8 平 3　　　　**20.** 车六平五　炮 4 进 1

红方平中车，准备兵五进一打开攻击之路。不料黑方妙手献炮，使红方展开攻势的企图落空，反而失势。

21. 马七进八　炮 4 平 7

进马明智。如前炮平六，马 7 进 6，先弃后取，黑方占优。

22. 炮三进四　前车平 8

平车伏下威胁红炮的手段，黑马可以跃出助战，黑方已反先得势。

23. 炮三平四　卒 3 平 4（图 180）

24. 马八退九　车 3 进 3

如图 180 所示，红方不如马八退七，阻挡黑方 3 路车的活动范围，暂时还能抑制黑方先手的发挥。此时黑方进车之后，伏下捉死红炮的凶着，一举控制了局势。

25. 炮四退二　卒 4 平 5

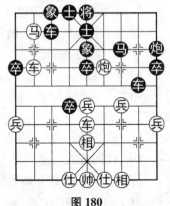

图 180

不如炮四退四较为稳妥，现在位置反而不好。此刻黑方卒4平5兑换中兵，简捷有力地控制了局势，见识深远。

26. 车五进一　车3进2　　　　**27.** 炮四退二　炮9进4

由于黑方子力占据要津，此时边炮打出，加强攻势，令红方更难应付。

28. 仕六进五　车3平1　　　　**29.** 马九退八　车1进3

30. 仕五退六　炮9进3　　　　**31.** 马八退六　车8进4

红方应车八平九，车1平2，马八退七，车2退1，车九退五，红方还有谋取和局的机会。

32. 马六退八　车1退1　　　　**33.** 车五平六　车1平6

34. 马八退六　车8进1

由于红方在第31回合走出马八退六的失误之着，被黑方进车攻破了防线。黑方着法精确，值得学习，黑胜。

第181局　刘殿中和蔡福如

1. 马八进九　卒7进1　　　　**2.** 相三进五　马8进7

3. 车九进一　马2进3　　　　**4.** 兵三进一　卒7进1

弃兵是必要的争先手段，可以较快出动主力。

5. 车九平三　马7进6

黑方不甘落后，跃马河口。如卒7平6，车三进五，炮8退1，车三平四，红方先手。

6. 车三进三　马6进5　　　　**7.** 车三平二　炮8平5

不如车三退一，炮8平5，马二进四，马5退4，兵七进一，红方先手。

8. 马二进四　车1进1　　　　**9.** 马四进五　炮5进4

10. 仕四进五　象7进5

应车1平7占领要地较为稳妥，以后可车7进5保炮，并可牵制红方子力的出动。

11. 车一平三　车9平7　　　　**12.** 车三进九　象5退7

13. 车二平五　炮5平8

14. 车五平七　象3进5

15. 车七进二　炮8退4

16. 炮八进四　卒5进1（图181）

17. 炮八平一　炮2退2

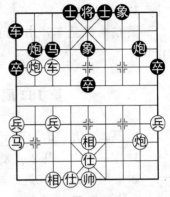

图 181

如图181所示，红方平炮打边卒，使牵制力减弱。不如炮二进二，黑方如炮2退2（又如卒5进1，相五进三，卒5进1，炮八退三，打死中卒，红方占优），炮二平七，炮2平3，车七平二，炮3进5，兵七进一，炮8平9，车二平七，卒9进1，兵七进一，红方占优。

18. 炮二平三　炮2平3　　19. 车七平四　炮8平9

黑方平炮拦挡红炮，为车1平8出车闪开道路，为反击创造条件。

20. 帅五平四　炮9退2

红方出帅吃士，以为黑方会补士，这样可阻挡黑方1路车的出路。不料黑方退炮保士，红方的计划落空，子力位置反而不好。

21. 炮三进五　马3进2　　22. 炮一退一　马2进4

23. 车四退二　马4退3　　24. 车四进二　马3进4

25. 炮三退二　卒5进1

应车1平8弃卒对攻，比较积极主动。

26. 炮三平五　士4进5　　27. 车四平三　将5平4

28. 车三平六　将4平5　　29. 炮一退一　车1平3

30. 兵七进一　车3进2

应炮一平六，卒5平4，车六退二，车3进3，炮五退一，红方还有一定的取胜希望。

31. 车六平七　马4退3　　32. 炮五平一　炮9进5

33. 兵一进一　炮3平1　　34. 兵九进一　炮1进5

35. 马九进七　炮1平2　　36. 兵七进一　象5进3

37. 马七进五

黑方乘机兑车，由此子力攻势减弱，双方无力取势，愿意作和。

第182局　陈富杰胜郑新年

1. 马八进九　炮8平5　　　　**2. 马二进三　马8进7**
3. 车一平二　马2进3

如车9平8，炮二进四，马2进3，兵三进一，马7退9，炮二进一，炮2进4，兵七进一，卒5进1，炮八平五，马9进7，炮二平五，象3进5，车二进九，马7退8，车九平八，车1平2，马九退七，炮2退1，炮五进三，士4进5，相三进五，马8进7，车八进三，红方占优。

4. 相三进五　车9进1　　　　**5. 炮八平七　卒5进1**
应车1平2，待机而动。

6. 车九平八　炮2退1　　　　**7. 炮二进五　炮2平5**
8. 炮二平五　象3进5　　　　**9. 车二进六　卒7进1**
10. 车二平四　卒5进1
平车控制要道，紧凑有力。

11. 兵五进一　炮5进4　　　　**12. 仕四进五　马3进5**
13. 车八进四　炮5平4　　　　**14. 马三进五　炮4退2**
15. 车四退六　车1进1
如车1平3，兵七进一，黑方形势仍然难走。

16. 炮七进四　炮4进3　　　　**17. 马五进六　车9平4**
18. 马六进四　车4进4　　　　**19. 车八进一　车1平3**
20. 炮七退二　车3平8
如象7进9，车八平五，车3平6，兵九进一，红方仍占优势。

21. 车八平三　炮4平5　　　　**22. 车三平五　炮5平4**
红方如误走车三进二吃马，车8平4，马四进三，将5进1，黑胜。

23. 马九退七　炮 4 平 9
24. 车五平三　炮 9 平 3
25. 马七进八　车 8 平 2
26. 车三进二　士 4 进 5
27. 马八退九 (图 182)　车 4 进 1

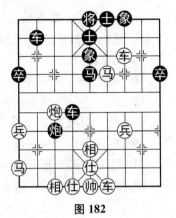

图 182

如图 182 所示，如车 2 进 7 捉马，车四进三，炮 3 平 4；马四进三，将 5 平 4，车三退一，马 5 进 3，炮七退二，炮 4 进 1，仕五进六，车 4 进 2，仕六进五，车 4 平 3，车三平六，马 3 退 4，马九进八，红方多子胜。

28. 炮七平二　炮 3 平 7
29. 马九进七　车 2 进 6
30. 炮二退二　炮 7 平 1
31. 车三退一　将 5 平 4
32. 马四进五

红方运马踏中士，打开了黑方的防线，黑方无力防守，只得推枰认负。

第 183 局　刘殿中胜徐天利

1. 马八进九　马 2 进 3
2. 炮八平七　马 8 进 9
3. 车九平八　车 1 平 2
4. 兵七进一　象 3 进 5
5. 兵一进一　车 9 进 1

进兵制住黑方马路，并有一定的攻击力，红方形势不错。

6. 马二进一　车 9 平 4
7. 相三进五　炮 2 进 4
8. 仕四进五　士 4 进 5
9. 车一平四　炮 8 平 6
10. 炮七进四　车 4 进 3

面对黑方严密的防守，红方以炮谋卒先取实利，并防范车 4 进 5 的反击，着法谨慎，方向正确。

11. 马一进二　车 2 进 4
12. 兵五进一　卒 9 进 1
13. 马九进七　车 2 退 1

红方跃马打乱黑方的防守，争先之着。如兵一进一，车4平9，车四进三，车9进1，红方不占好处。

14. 车四进五　车4进2　　　　　**15.** 兵一进一　车4平7

16. 兵七进一　车7平8　　　　　**17.** 炮二平三　车8退1

18. 兵一进一　马9退8

红方进边兵捉马，反使黑马退回发挥作用，应炮三进一较好。

19. 炮三进一　炮2进1　　　　　**20.** 马七进八　车8进4

21. 仕五退四　车8退3　　　　　**22.** 炮三平七　卒7进1

23. 车八进二　马8进7

红方经过弃子抢攻，终于夺回一子，现有双兵过河，略占优势。

24. 车四平六　车8平3

应车四进一，象5进3，车四平三捉马，仍占优势。此刻黑方用车吃炮，强行交换子力，红方虽然没有失子，兑子后要取胜，还要经过一番周折。

25. 炮七退三　马3进4　　　　　**26.** 炮七平八　车2平4

27. 车八平六　马7进9　　　　　**28.** 车六进三　车4进1

29. 兵七平六　马9进8　　　　　**30.** 炮八平五　马8进9

不如马8进6，位置较好。

31. 马八进六　马9进7　　　　　**32.** 帅五进一　士5进4

应炮6平8谋取对攻，形势还好一些。

33. 炮五进三　士6进5

34. 帅五平六　炮6平8

35. 仕六进五　炮8进2

36. 兵五进一　炮8退1

37. 兵九进一　马7退6

38. 马六进八　卒7进1

39. 帅六退一　卒7平6

40. 兵六进一　马6退4

41. 兵五平六　将5平6

42. 马八退七（图183）　马4进3

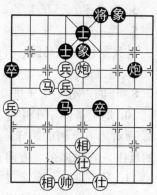

图183

如图 183 所示，黑方进马叫将造成失败。应炮 8 进 6，相五退三，马 4 进 3，帅六平五，马 3 退 2，后兵平五，炮 8 退 6，马七进八，马 2 进 4，红方要想取胜，颇费周折。

43. 帅六进一　马 3 退 5　　　44. 后兵平五　炮 8 进 5
45. 仕五进六　马 5 进 7　　　46. 炮五平四　卒 6 进 1
47. 帅六退一　炮 8 平 1　　　48. 炮四平九　炮 1 退 5
49. 马七进九　马 7 进 6　　　50. 兵九进一　马 6 退 7
51. 兵九平八　马 7 退 6　　　52. 兵八平七

此刻形成马三兵对马卒的残局。黑方难以抵挡红方的攻势，投子认负。